中国魏晋南北朝史学会会刊

第三卷

中国魏晋南北朝史学会　编

广西师范大学出版社
GUANGXI NORMAL UNIVERSITY PRESS
·桂林·

图书在版编目（CIP）数据

中国魏晋南北朝史学会会刊. 第三卷 / 中国魏晋南北朝史学会编. --桂林 ：广西师范大学出版社，2022.6
ISBN 978-7-5598-4957-1

Ⅰ. ①中… Ⅱ. ①中… Ⅲ. ①中国历史—魏晋南北朝时代—丛刊 Ⅳ. ①K235.07-55

中国版本图书馆 CIP 数据核字（2022）第 069716 号

广西师范大学出版社出版发行
（广西桂林市五里店路 9 号 邮政编码：541004
网址：http://www.bbtpress.com）
出版人：黄轩庄
全国新华书店经销
三河市三佳印刷装订有限公司印刷
（河北省三河市杨庄镇杨庄村 邮政编码：065200）
开本：710 mm × 1 000 mm 1/16
印张：18.5 字数：254 千
2022 年 6 月第 1 版 2022 年 6 月第 1 次印刷
定价：88.00 元

目　录

第一部分　2020年度魏晋南北朝史研究

第二部分　专题综述

第三部分　书评

第四部分　学界动态

【第一部分】

2020年度魏晋南北朝史研究

2020年度魏晋南北朝史研究综述[①]

陈志远

一、学术活动·理论反思

受新冠肺炎疫情影响，本年度学术活动多数停办或顺延。中国魏晋南北朝史学会组织全国魏晋南北朝史学工作者，修订《中国大百科全书》第一、二版魏晋南北朝史卷的词条，[②]并撰写第三版的词条。11月29日，学会召开理事视频会议，讨论章程修改，审议并通过学会章程的修改。本年魏晋南北朝史学会有两种出版物，楼劲主编《魏晋南北朝时期的政治与社会》[③]汇集了第十二届年会发表的会议论文，其中既有专题研究，也有回顾与综述。新创办的《中国魏晋南北朝史学会会刊》[④]则主要刊载综述和书评，由于语言障碍和学术交流的局限，书中所收欧美、韩国学界的研究进展尤其值得关注。

---

① 此篇议论范围不包括中国台、港、澳地区，中国台、港、澳地区另有专文综述。

② 《中国大百科全书》编辑委员会编：《中国大百科全书》，中国大百科全书出版社，1986年第一版；2009年第二版。

③ 楼劲主编：《魏晋南北朝时期的政治与社会》，中国社会科学出版社，2020年。

④ 中国魏晋南北朝史学会编：《中国魏晋南北朝史学会会刊》第一卷，广西师范大学出版社，2020年。

中古史青年学者联谊会本年度无缘邀请日本和中国台湾地区同仁与会，11月7—8日，由厦门大学历史系主办召开“多元视角下的汉唐制度与社会”青年学者工作坊，是联谊会中国大陆地区代表的一次聚会。会议设立“汉魏南北朝边境地带的政治与族群”“中古中国的制度、宗教与社会”“唐代制度的时空运作”“梁武帝与南朝佛教的展开”四个场次，议题颇为集中。

2019年在山东大学举办的联谊会，邀请三地学者代表畅谈“重绘中古史的可能性”，讲稿收载于《文史哲》第6期[①]。魏斌提出“走向历史场景”，倡导调动多学科的研究方法，在极度匮乏的史料中逼近具体的结构和情境中人的活动，“从而更好地理解生活于其中的有血有肉的人们的生命状态”。胡鸿展望了魏晋南北朝民族史最具潜力的研究路径，强调放弃宏大叙事，放下华夏中心主义偏见，并且要在南方族群中寻求突破。仇鹿鸣检讨了时代分期论、专门史分野和史学的“理论饥渴”等贯穿于近代以来中古史研究的重要问题。每位学者的论述，都洋溢着强烈的反思意识。

陈怀宇《中国中古史研究：从中国走向世界》[②]呼吁中国的中古史学者，尽量掌握多语种材料，突破传统的断代史和以陈寅恪为代表的近代学术所给出的解释框架，尝试与拜占庭、阿拉伯及其他中古社会的比较研究，从世界看中国。

相信这些理论反思会在具体的研究中展现端倪，释放新的研究活力。

二、政治

本年度政治史研究，热点话题是魏晋之际的政局，共有3部专著出版

① 魏斌、孙正军等：“重绘中古史的可能性”（笔谈），《文史哲》2020年第6期，第73 ~ 92、163页。

② 陈怀宇：《中国中古史研究：从中国走向世界》，《历史研究》2020年第4期，第14 ~ 21页。

或再版。仇鹿鸣《魏晋之际的政治权力与家族网络》（第三版）[①]在旧版基础上有所修订。福原启郎的名著《晋武帝司马炎》中译本[②]出版。该书以司马炎为基点，上溯其祖、父两代，下延其子、孙两代，以河内司马氏五代人的事迹为主轴，生动描述了曹魏、西晋时代的政治变迁与社会风貌。前半部分以司马懿、司马师、司马昭、司马炎三代四人的活动为中心，叙述了汉末群雄割据、三国鼎立、司马氏代魏、西晋统一、司马攸出镇等主要政治事件及其意义。后半部分以发生于晋惠帝、怀帝、愍帝时代的贾后专政、八王之乱、永嘉之乱等事件为线索，叙述了西晋王朝逐渐崩溃的过程。最后，本书考察了西晋王朝统一、灭亡过程中的内在动因，揭示了西晋王朝的特征及其在中国古代史中的位置。全书的叙事线索受到京都学派“豪族共同体”学说的强烈影响，始终以公权、私权的对立和摇摆来阐释魏晋两朝的兴衰。其观点可商榷之处不少，但不失为个性鲜明的历史通俗读本。权家玉《魏晋政治与皇权传递》[③]也讨论魏晋两代中枢权力，认为魏明帝与晋武帝对顾命大臣的选择奠定了此后的政治格局，分别导致了司马氏代魏与八王之乱。

围绕一些重要历史人物的评价，学界仍有新的反思。三国人物一如既往是学者津津乐道的话题。郭硕《制造曹操：兼论历史人物研究范式的问题与取向》[④]指出，百年来的曹操研究呈现出两种趋势：一是以善恶是非的道德观念和历史进步观这两种标准对历史人物及其行为进行评价，二是将曹操纳入地域集团或者其他理论体系中进行解读，对其所处的时代加以分析。朱子彦

① 仇鹿鸣：《魏晋之际的政治权力与家族网络》，上海古籍出版社，2020 年。

② ［日］福原启郎著，陆帅译：《晋武帝司马炎》，江苏人民出版社，2020 年。

③ 权家玉：《魏晋政治与皇权传递》，社会科学文献出版社，2019 年。

④ 郭硕：《制造曹操：兼论历史人物研究范式的问题与取向》，《云南大学学报》（社会科学版）2020 年第 1 期，第 59 ~ 67 页。

《解构与重塑：司马懿历史形象再思考》[①]提出，司马懿受儒学之风熏染，却具备强烈的个人魅力。从王朝嬗代的视角看，司马氏固然是曹魏事业的掘墓人，但从民众的呼声、时代的主旋律来看，又是曹魏事业的继承人。

还有一些论著聚焦于南朝政局。张金龙《宋武帝传》[②]采取了章回体的形式，对刘裕崛起过程中诸多人物的权力较量做了细描，花费较大篇幅检讨了刘裕北伐的得失。王永平《论“一代名臣”刘穆之——以晋宋之际社会变革为中心的考察》[③]充分肯定了刘穆之辅佐刘裕的历史贡献，认为在内政改革方面，刘穆之辅助刘裕推行抑制豪强权贵的诸多措施，特别是通过限制土地兼并，有效缓和了社会矛盾，为刘裕对外征讨提供了物质保障。此外，刘穆之还帮助刘裕抑制高门士族和屡生异端的其他北府武将，确保了刘裕的政治地位。王蓉《从庶民到三公：刘宋名将沈庆之的崛起》[④]指出，沈庆之的崛起是社会因素和个人因素共同作用的结果，其中社会因素起基础性作用，包括门阀士族衰落、皇权重振、寒人兴起等；同时其个人因素起决定性作用，包括他卓越的军事才干、敏锐的政治眼光、忠勇有义的个人品行等。张金龙、张锐《南朝宋齐顾命危机述论》[⑤]指出，南朝宋齐延续魏晋政治传统，以“顾命”来保障新旧君主的顺利交替。然而，宋齐顾命经常出现危机，其原因既在于顾命制度本身的结构性矛盾，也在于南朝皇权复兴的有限性和王朝权力结构的不稳定性。路径依赖与政治格局的限制造成宋齐诸帝无法突破顾命制度的框架。

---

① 朱子彦：《解构与重塑：司马懿历史形象再思考》，《史学集刊》2020 年第 3 期，第 29 ~ 40 页。

② 张金龙：《宋武帝传》，人民出版社，2020 年。

③ 王永平：《论“一代名臣”刘穆之——以晋宋之际社会变革为中心的考察》，《史林》2020 年第 2 期，第 12 ~ 22 页。

④ 王蓉：《从庶民到三公：刘宋名将沈庆之的崛起》，《南京晓庄学院学报》2020 年第 4 期，第 28 ~ 36 页。

⑤ 张金龙、张锐：《南朝宋齐顾命危机述论》，《河北学刊》2020 年第 2 期，第 61 ~ 67 页。

北朝方面，台湾著名史学家康乐《从西郊到南郊：北魏的迁都与改革》在大陆地区出版，[①]该书是研究北魏政治文化史的名著。如本书标题所示，“西郊”与“南郊”分别指拓跋早期代表北亚草原游牧文化的祭祀仪式和汉族王朝的国家祭典。全书以礼仪、礼制为中心，考察了冯太后、孝文帝迁都和汉化改制的一系列措施，同时也兼顾了政治格局中的各方势力，作者提出的“代人集团”这一概念，至今仍具有较强的解释力。

三、制度

制度史是魏晋南北朝史研究的传统强项。本年度制度史的研究，最值得关注的是对研究方法的反思。徐冲主编《中国中古史研究》第七卷“何谓制度”专号[②]汇集了中日学者有关秦汉魏晋南北朝制度史的18篇研究论文。其中，孙正军《另一种“制度史观”——“制度取径”的历史研究刍议》全面回顾了2009年阎步克提出的“制度史观”，意指“基于政治体制观察、阐述中国社会历史变迁”研究取径以来的学术史。他指出所谓“制度史观”，意味着制度史研究已经超越了专门史畛域，制度成为理解历史演进内在逻辑的独特视角。黄桢《从“书写”到“阅读”：中古制度文献研究的回顾与展望》强调了制度史研究与史书编撰形成过程的互动关系，文章将制度文献分为“指示性（prescriptive）”与“描述性（descriptive）”，尤具启发性。

具体的制度史研究成果，专著有刘雅君《汉魏六朝东宫官制变迁研

---

① 康乐：《从西郊到南郊：北魏的迁都与改革》，北京联合出版公司，2020年；原版由台北的稻乡出版社在1995年出版。

② 复旦大学历史学系、《中国中古史研究》编委会编：《中国中古史研究》第七卷“何谓制度”专号，中西书局，2019年；孙正军：《另一种“制度史观”——“制度取径”的历史研究刍议》，第305～319页；黄桢：《从“书写”到“阅读”：中古制度文献研究的回顾与展望》，第146～153页。

究》[①]一书。本书运用较详细的文献材料，以实证研究为主要方法，对汉魏六朝时期东宫官职的设置、员额、品秩、职掌、地位、领属、转迁、选任等问题做了较详尽的实证研究。并在此基础上，对东宫职官进行分类，考察东宫不同体系的职官之间的统属、分工关系，分析东宫官员在不同职官间的流转情况，探讨东宫职官的运行方式和运行体系，最后总结出汉魏六朝东宫职官制度的时代特征，并从皇帝制度、门阀制度的发展以及特定的政治形势及统治阶级内部矛盾之间的微妙关联来阐释汉魏六朝东宫官制变迁。除此之外，制度史研究的论文也有不少。朱华《北魏后期至唐初赠官、赠谥异刻出现与消失原因试析》[②]指出北魏后期私家请求封赠、国家主动赐谥与私家请谥制度混杂、墓志发展等诸多新现象共存，丧家的误判造成了异刻的格式差异。戴卫红《魏晋南北朝谥法制度研究述评》[③]全面回顾了有关谥法文献著述、谥法起源、“生称谥”问题、谥号及谥法、谥法的作用及影响5个方面的相关研究。戴卫红还撰文讨论了南北朝时期中国官品制度向东亚的辐射，其《百济官品冠服制的创制：东亚视角下的百济官品冠服制（一）》[④]关注《周书·百济传》中所载百济“官有十六品”，利用1980年代以来韩国忠清南道扶余郡出土的百济时期木简、金属制冠及冠饰等实物材料，有力论证了百济官品受到中原王朝影响的事实。《百济与中古中国官品冠服制的比较研究：东亚视角下的百济官品冠服制（二）》[⑤]则以韩国武宁王

① 刘雅君：《汉魏六朝东宫官制变迁研究》，湖北人民出版社，2019年。

② 朱华：《北魏后期至唐初赠官、赠谥异刻出现与消失原因试析》，《中国史研究》2020年第3期，第90～110页。

③ 戴卫红：《魏晋南北朝谥法制度研究述评》，载楼劲主编：《魏晋南北朝时期的政治与社会》，第484～507页。

④ 戴卫红：《百济官品冠服制的创制：东亚视角下的百济官品冠服制（一）》，《文化杂志》2020年总第108期，第106～125页。

⑤ 戴卫红：《百济与中古中国官品冠服制的比较研究：东亚视角下的百济官品冠服制（二）》，《文化杂志》2020年总第109期，第62～90页。

墓和弥勒寺出土冠饰为例，弥补中古中国文献记载官品服制之缺。

本年度法律制度方面有一部专著值得关注。李俊强《魏晋令初探》[①]聚焦于魏晋时期律、令的分化，并将晋令条文与唐宋令逐一比勘，考证其条目分合及条文沿革。令是古代中国重要的法律形式之一，目前对于唐以前令的研究还比较薄弱。本书比较深入地梳理了魏晋时期令典的编纂史及发展演变史。

四、军事

本年度军事史的研究，比较集中在政权分立时期军事战略部署、军政制度等方面。宋杰《曹操在赤壁之役后的战略防御部署》[②]指出，赤壁之战后，曹操为应对被动局势而采取了先东后西、东守西攻的战略方针，即先消除孙权在扬州方向的军事威胁，再逐步兼并关中、陇西和汉中等地，以巩固自己的后方，最后在西线让出汉中以采取守势。为贯彻此方针，曹操通过如下军事举措：留驻外军，建立以“三征”为长官的边境防区；在江淮、江汉平原和汉中、陇南等地收缩防线，内徙居民；集中军队防守合肥、襄阳、祁山、陈仓等水陆要冲；四越巢湖，以攻代守，力争作战主动权；协调中军和州郡兵支援边防前线，从而建立起坚固的防御体系，有效地遏制了孙权、刘备的扩张攻势，使中原经济的恢复发展得到保障，为日后魏、晋相继消灭蜀、吴的胜利奠定了基础。宋杰《三国战争中的夷陵》[③]认为，夷陵是三国重镇与交战热点，原因在于它扼守峡口交通枢要，附近岭谷交错，利于设防。曹操、刘备将夷陵与邻近各县并置临江、宜都郡，成为独

---

① 李俊强：《魏晋令初探》，科学出版社，2020年。

② 宋杰：《曹操在赤壁之役后的战略防御部署》，《军事历史研究》2020年第6期，第45～61页。

③ 宋杰：《三国战争中的夷陵》，《史学集刊》2020年第6期，第20～32页。

立的军政建置。猇亭之战后，孙权设立西陵都督辖区。孙吴后期分宜都数县，立建平郡，又将西陵、乐乡都督辖区反复合并分离，下诏调离步阐而引起叛乱。蜀汉亡国以后，西晋以峡江航道作为伐吴的主攻路线。孙皓忽视荆州西部的防务，致使王濬舟师顺利出峡攻占西陵，乘势而下灭亡孙吴。

朱绍侯《论王猛在前秦的政绩与军功》[①]指出，王猛是十六国时期杰出的政治家、军事家。在政绩方面，他帮助苻坚诛暴君，除豪强，改革政治，发展生产及文化教育事业，关心民瘼，使中国北方一度出现升平景象。在武功方面，他先是负责完成攻灭前燕，后又负责灭前凉的前期战事，为前秦最终统一北方做出了重要贡献。虽然王猛死后，前秦因淝水一战而败亡，但不能因此埋没王猛的功绩。作者批评了部分研究者的狭隘民族主义立场，认为凡是中国古史中的人物，只要其对中国历史发展有过贡献，应不分族别、“国别”而予以肯定和表彰。熊昕童《两晋南北朝督护制度考索》[②]指出，督护制度是两晋南北朝地方军政制度的重要组成部分。督护起源于西晋武帝时期，最初是由都督、校尉等地方军事长官在战时委派的、用以代表自己监督统率一支临时军队的差遣之职。两晋之际的战乱使地方藩镇坐大，差遣督护成为地方军事长官控制管内军事力量的重要方式。东晋时期的地方军事结构中，隐约存在着“中央—都督—督护”三级军事指挥体系。南朝地方军事长官自主权缩小，督护失去了存在的土壤，与参军等职结合，成为参军督护等军府闲散僚佐。广州地区的三江督护还保留着军事职能，但其除授权已收归中央，与两晋时期的督护性质不同。督护制度在北朝进一步发展，形成督护郡县制度，主要职能由军事转向行政。督护郡县制度与“州—郡—县"的行政结构并行，成为州郡长官支配下属郡县的有效手段。隋朝经过自上而下的改革，重

① 朱绍侯：《论王猛在前秦的政绩与军功》，《军事历史研究》2020 年第 1 期，第 1 ~ 11 页。

② 熊昕童：《两晋南北朝督护制度考索》，《史学月刊》2020 年第 12 期，第 15 ~ 28 页。

塑了地方行政秩序，督护制度随之退出历史舞台。

五、经济与社会

本年度经济史的研究重要成果较少，值得关注的是张荣强《从户下奴婢到在籍贱民身份转变的考察》[①]一文。该文从战国至隋唐时期的户口统计方式入手，分析这一时期奴婢的法律身份从“物”到“人”的变化轨迹，并在此基础上，探讨良贱身份制的形成和发展过程。作者指出，中国古代法律对平民、奴婢的地位有严格规定，二者身份差异也明确体现在户籍中。战国至汉初奴婢主要且合法的来源是被罚没的罪犯，在“刑人非人”的理念下，“户下奴（婢）”被当作特定财产，附着于主人户籍之下，不计入家内人口和官府户口数。西汉中期以后，破产农民成为奴婢主要来源，统治者视奴婢为“人”的意识逐渐抬升。魏晋之际奴婢以“人”的身份著入户籍，与平民并列纳入官府的户口统计，标志着良贱身份制的形成。此后，统治者通过禁止自卖、典身等方式，斩断了平民沦为奴婢的途径。与秦汉时期相比，魏晋隋唐时期的奴婢身份有其鲜明特征。凌文超《秦汉魏晋丁中制衍生史论》[②]梳理了西晋创设的丁中制在秦汉三国时期逐步摆脱爵制影响，化合成为兼具年龄分层和赋役义务的丁中身份这一衍生过程。

本年度社会史的研究，最集中的议题是魏晋南北朝史的家族文化。魏晋南北朝时期是门阀士族主导的社会，世家大族通过婚宦关系结成社会网络，确保了权力的代际传承。以往家族研究从属于政治史范畴，近年也出现了新的迹象。范兆飞一直致力于这一领域，并且积极促成引进海外重要

---

① 张荣强：《从户下奴婢到在籍贱民身份转变的考察》，《历史研究》2020 年第 4 期，第 46 ～ 73 页。

② 凌文超：《秦汉魏晋丁中制衍生史论》，河南人民出版社，2019 年。

先行研究的译介。2020年出版的《六朝门阀：太原王氏家系考》[①]是已故日本著名魏晋南北朝史学家守屋美都雄先生的代表作，该书以太原王氏的家族谱系考证为切入点，呈现了六朝门阀政治的特点。范兆飞发表书评论文《范式的形成与分合——以守屋美都雄〈六朝门阀：太原王氏家系考〉为中心》[②]对家族史研究的范式进行回顾。范兆飞《文本与形制的共生：北魏司马金龙墓表释证》[③]则关注司马金龙墓表圆首方座的形制与河西同类作例的渊源关系，葬制所反映的联系与其家族同河西地区胡人家族联姻互为表里。王洪军的专著《名门望族与中古社会——以太原王氏为中心》[④]则进一步对这一延续千年的显赫家族考镜源流，订补谱系，特别注重其文化特色和优势的探讨。

冯渝杰《"汉家"的光影——中古刘、李、张氏神化的历史与宗教背景》[⑤]关注中古时期刘、李、张三姓氏成为民众、方士、胡人假托对象的现象，指出家族攀附现象背后作为公共知识资源的"汉家"政治文化传统具有持久而强烈的影响。两篇优秀论文反映了家族史研究从传统的婚宦关系等议题，转而与物质文化、信仰世界等诸多文化因素相结合的趋势。此外，社会史的研究还涉及士族语言、教育、行为风尚、墓葬文化、服饰等多个方面。陈昊《疾之成殇：秦宋之间的疾病名义与历史叙事中的存在》[⑥]一书，有相当的篇幅涉及汉唐之间的魏晋南北朝时代。作者明显受到福柯"知识–权力"理论的

---

① [日] 守屋美都雄著，梁辰雪译：《六朝门阀：太原王氏家系考》，中西书局，2020年。

② 范兆飞：《范式的形成与分合——以守屋美都雄〈六朝门阀：太原王氏家系考〉为中心》，《中外论坛》2020年第2期，第175～216页。

③ 范兆飞：《文本与形制的共生：北魏司马金龙墓表释证》，《复旦学报》（社会科学版）2020年第4期，第61～74页。

④ 王洪军：《名门望族与中古社会——以太原王氏为中心》，中华书局，2020年。

⑤ 冯渝杰：《"汉家"的光影——中古刘、李、张氏神化的历史与宗教背景》，《复旦学报》（社会科学版）2020年第2期，第33～43页。

⑥ 陈昊：《疾之成殇：秦宋之间的疾病名义与历史叙事中的存在》，上海古籍出版社，2020年。

影响，批评了传统医疗史研究中的时代错置，而关注疾病以及能够感知疾病的病人个体被制造的过程，还有塑造这一对象背后相互关联的知识基础和权力关系。作者的理论思考建基于大量个案，广泛利用了吴简、镇墓文、小说和宗教文本，力图探寻历史宏大叙事边缘大多数沉默者的情感和知识表达。桑东辉《药·酒·麈——论疾疫与魏晋风度的关系》[①]指出，汉末魏晋时期频发大疫对魏晋风度形成的影响不可忽视。在疾疫侵袭下，人们朝不保夕，畏惧死亡。魏晋名士通过服食五石散来防治疾疫，并因服散后行散而产生一系列怪诞行径。服散吃药，饮酒发药，以及麈尾驱蚊避疫等举措，因魏晋名士的名人效应而成为一种时人争相仿效的社会风尚，催生了魏晋风度的养成。戚悦《东晋南朝士庶用语之“北化”与“吴化”问题——陈寅恪〈东晋南朝之吴语〉补论》[②]对陈寅恪指出的“江左士族操北语，而庶人操吴语”这一现象的形成原因做了进一步挖掘。作者认为，除了政治变迁，导致东晋南朝士庶用语不同的原因尚有三端：一是中原文化占据优势地位，诗词写作须合乎中原正声，北人南渡以后的清谈和文会，更是引发了吴地士族的兴趣和追随；二是士庶生活环境不同，庶族置身南方之后，能够快速融入当地的吴语环境，而士族多居住在自给自足的庄园，接受着世代传承的家族教育，存有相对完整的北语环境；三是士族多文人而庶族多武将，后者很少参与赋诗清谈活动，仅以功勋而显达，不必在文化上征得士族之认同，故其语言但图便利、不求雅正。

王诗晓《汉墓羽人与南朝“中国化”飞天——墓葬系统象征符号的新发展》[③]指出，羽人和飞天分属两个宗教系统，伴随着佛教下移进入墓葬，跳

① 桑东辉：《药·酒·麈——论疾疫与魏晋风度的关系》，《南京晓庄学院学报》2020年第4期，第15～27页。

② 戚悦：《东晋南朝士庶用语之“北化”与“吴化”问题——陈寅恪〈东晋南朝之吴语〉补论》，《史学月刊》2020年第6期，第16～23页。

③ 王诗晓：《汉墓羽人与南朝“中国化”飞天——墓葬系统象征符号的新发展》，《西南民族大学学报》（人文社科版）2020年第6期，第30～35页。

足、裸身、头戴宝冠的西域飞天被秀骨清像的“中国化”飞天替代，儒家礼仪制约下的飞天中国化最终在南朝墓葬中完成，并对此后的佛教艺术产生深远影响。南朝时期中国化飞天在形制上以汉墓羽人常见范式为粉本，在符号功能上，除了继承汉墓羽人界定墓室时空超凡特性，指向“不死之境”，还因佛教信仰的介入与净土信仰的流行，使他们兼具往生净土的宗教功能。王永平《十六国北朝士族社会之“女教”与“母教”——从一个侧面看中古士族文化之传承》[①]指出，十六国北朝士族女性普遍接受良好的儒家礼法与经史学术教育，这为她们主持家族内部日常事务、实施家教提供了必具的条件。特别对那些遭遇变故的家族而言，士族女性训抚弱嗣，承担其维系家族传承的责任。经此母教，一些士族后继有人，其子弟为人、为学与功业皆有所成，不仅有助于其家族门第之延续，而且对华夏文化之传承也有深刻影响。宋丙玲《北魏平城的鲜卑帽》[②]指出，学界常称为“鲜卑服”的北魏平城时期服饰，尤以头上所着鲜卑帽最具特色，并对后世男子头饰产生深远影响。结合文献记载和图像表现可知，鲜卑帽已成为北魏平城的流行服饰，不分贵贱、场合、性别乃至季节均可服用，仅在形制、制作工艺以及材质上有所差别。鲜卑族由髡发转为披发，进而流行鲜卑帽，与魏晋南北朝气候进入寒冷期密切相关。拓跋鲜卑迁都平城后，鲜卑帽还成为民族认同和政治建构的重要标识物。

六、思想文化

礼制和礼学。近年来，中古礼制的研究方兴未艾。杨英《改革开放

① 王永平：《十六国北朝士族社会之“女教”与“母教”——从一个侧面看中古士族文化之传承》，《文史哲》2020 年第 2 期，第 137 ~ 150 页。

② 宋丙玲：《北魏平城的鲜卑帽》，《许昌学院学报》2020 年第 3 期，第 1 ~ 5 页。

四十年来的中古礼学和礼制研究》[①]是一篇内容博赡的学术综述，区分了中国古礼的3个层面，传统礼学在中古早期发展出三礼义疏之学，庙堂礼典则在政权对立之下反复曲折，构成"吉凶军宾嘉"五礼体系。乡里礼秩在中晚唐首先出现，"礼制下移"表现为私家庙制、敦煌书仪、乡饮酒礼等方面。这一概念的区分和对三者发展阶段的描述，对相关研究颇有正本清源之效。本年度的专题研究则多集中于北朝礼制。赵永磊《争膺天命：北魏华夏天神祭祀考论》[②]通过分析道武帝、孝文帝郊天礼对郑玄、王肃礼说的取舍，展现北族王朝与南方政权的正统性竞争以及对前代历史的继承观念。楼劲《北魏天兴定历及相关问题》[③]指出北魏天兴元年（398）颁布历法，内容参据《景初》《乾象历》，并推测可能循魏晋以来以颁历年号为其正称的故事，称为天兴历。刘凯《杂祀与东晋南北郊的成立》[④]独辟蹊径，关注东晋礼制，指出东晋帝王亲行杂祀，最终江南本地杂祀进入王朝正统祭祀体系，这一局面自然是南渡衣冠与江南土著势力合作、妥协的结果。

知识、思想和宗教。魏晋南北朝是一个思想相对自由、开放的时期，在以佛教为代表的域外思想冲击下，精神生活发生异彩纷呈的变化。本年度思想史的第一力作无疑是日本学者吉川忠夫的两本论文集《六朝隋唐文史哲論集Ⅰ　人·家·学術》《六朝隋唐文史哲論集Ⅱ　宗教の諸相》[⑤]。吉川先生是中古思想史研究的重镇，本书是作者一生重要论文的结集。吉川先生的学术每每聚焦于中古时期学术的家族传承和地域性，又能灵活地穿

① 杨英：《改革开放四十年来的中古礼学和礼制研究》，《文史哲》2020年第5期，第96～113页。

② 赵永磊：《争膺天命：北魏华夏天神祭祀考论》，《历史研究》2020年第4期，第74～97页。

③ 楼劲：《北魏天兴定历及相关问题》，《社会科学战线》2020年第12期，第88～95页。

④ 刘凯：《杂祀与东晋南北郊的成立》，《中外论坛》2020年第3期，第29～56页。

⑤ ［日］吉川忠夫：《六朝隋唐文史哲論集Ⅰ　人·家·学術》，《六朝隋唐文史哲論集Ⅱ　宗教の諸相》，东京：法藏馆，2020年。

梭于三教典籍之间，创获尤多。纪志昌《南朝清谈：论辩文化与三教交涉在南朝的发展》[1]也同样关注清谈名士的氏族谱系与社群网络，以此观察南朝时期三教交流、融合的模态与学理。吕博的论文《〈七录序〉与阮孝绪的知识、思想世界》[2]从《七录序》目录入手，分析了南朝私人藏书的规模，以及各个学术门类所反映的知识人的精神历程。

佛教史的研究方面，陈志远《六朝佛教史研究论集》[3]结集了过去10年的研究成果，全书分为3编：第一编"书物移动与佛教的地域展开"将佛教的传播过程还原为书籍载体的翻译和接受史；第二编"聚书·抄撰·叙事"探析佛教史传的衍生机理；第三编"礼仪与戒律：南朝教净记"围绕礼仪与戒律观察南朝的僧俗论争。本书广泛参考前人研究，精细考订传世文献和新出资料，试图描绘出开放跃动的中古精神史画面。苏小华《南北朝佞佛与废教事初探》[4]旨在揭示南北朝时期帝制国家宗教文化政策在佞佛与废教中摇摆的缘由，以及佛教在适应中国社会的过程中发生的蜕变。此外，佐野诚子《怪を志す：六朝志怪の誕生と展開》[5]延续了小南一郎对六朝隋唐志怪小说的研究思路，探讨了"不语怪力乱神"的儒教国家在中古时期集中记录灵异事件的动因所在，特别分析了诸家志怪对神僧、地狱等佛教主题表现方式的差异，对研讨佛教史颇具启发。黄崑威《十六国北朝时期的佛教与社会》[6]充分利用历史文献和出土文物，探索了佛教在民族融合过程中所发挥的文化中介和文明纽带作用。

道教史方面，争论的焦点仍然是古灵宝经的成立年代。王承文的两篇论

---

① 纪志昌：《南朝清谈：论辩文化与三教交涉在南朝的发展》，台大出版中心，2020年。

② 吕博：《〈七录序〉与阮孝绪的知识、思想世界》，《学术月刊》2020年第9期，第159 ~ 172页。

③ 陈志远：《六朝佛教史研究论集》，博扬文化，2020年。

④ 苏小华：《南北朝佞佛与废教事初探》，社会科学文献出版社，2020年。

⑤ [日] 佐野诚子：《怪を志す：六朝志怪の誕生と展開》，名古屋：名古屋大学出版会，2020年。

⑥ 黄崑威：《十六国北朝时期的佛教与社会》，社会科学文献出版社，2020年。

文《再论“元始旧经”和“新经”出世先后问题——兼评刘屹博士〈六朝道教古灵宝经的历史学研究〉》[①]《古灵宝经“新经”征引“元始旧经”问题新探》[②]与刘屹《六朝道教古灵宝经的历史学研究》[③]针锋相对，坚持认为 P.2861、P.2256 号陆修静撰“灵宝经目录”中“元始旧经”要比“新经”更早出世。青年学者郜同麟《〈太上洞玄灵宝智慧罪根上品大戒经〉考——兼论陆修静目录“未出一卷”和“卷目”问题》[④]和孙齐《古灵宝经“未出”经研究》[⑤]则将目光转向经目中的未出经以及经目性质的探讨。此外，曹凌《敦煌本〈元阳经〉研究——佛道经典比勘研究之一例》[⑥]深入分析了南北朝后期道教经典对佛教经典的借鉴和转用。总体来看，道教史研究仍然围绕核心文本的成立过程展开，我们期待这一领域能够引入更为丰富的研究范式。

七、民族关系

本年度民族史的研究，集中探讨魏晋南北朝时期的华夷关系认同和族群凝聚，热点问题是名号、称谓所反映的族群认同，以及胡、汉文化在政

① 王承文：《再论“元始旧经”和“新经”出世先后问题——兼评刘屹博士〈六朝道教古灵宝经的历史学研究〉》，《中山大学学报》（社会科学版）2020 年第 2 期，第 65 ～ 84 页。

② 王承文、张晓雷：《古灵宝经“新经”征引“元始旧经”问题新探》，载武汉大学中国三至九世纪研究所编：《魏晋南北朝隋唐史资料》第四十辑，上海古籍出版社，2019 年，第 89 ～ 120 页。

③ 刘屹：《六朝道教古灵宝经的历史学研究》，上海古籍出版社，2018 年。

④ 郜同麟：《〈太上洞玄灵宝智慧罪根上品大戒经〉考——兼论陆修静目录“未出一卷”和“卷目”问题》，《文献》2020 年第 1 期，第 116 ～ 127 页。

⑤ 孙齐：《古灵宝经“未出”经研究》，“多元视角下的汉唐制度与社会”青年学者工作坊会议论文，厦门，2020 年 11 月；后改名为《古灵宝“未出经”研究》，载刘中兴主编：《中外论坛》2021 年第 1 期，上海古籍出版社，2021 年，第 3 ～ 38 页。

⑥ 曹凌：《敦煌本〈元阳经〉研究——佛道经典比勘研究之一例》，《文史》2020 年第 2 辑，第 125 ～ 150 页。

治文化和社会生活中的共生和博弈。徐冲《观书辨音：历史书写与魏晋精英的政治文化》[①]涉及民族史领域的两篇论文《“五胡”新诠》[②]《谢灵运〈劝伐河北书〉所见“西虏”、“东虏”与“虏”辨析》[③]均发表于本年度，指出“五胡”这一称号最初产生于晋宋之际，反映了当时建康知识精英对北方政权兴衰的一种预言性的认识，而将赫连夏和北魏称为虏，显示了二者与之前五胡政权的差别。郭硕《“岛夷”称号与北朝华夷观的变迁》[④]则聚焦于北朝对南朝的称谓，北魏时期以僭伪之国称呼南朝，“岛夷”称号的兴起，是侯景之乱导致南方急剧衰败，同时以华夷之辨鼓吹魏齐禅代的产物。两位作者的论文相映成趣，显示了南北朝时期华夷观的复杂面相。冯渝杰《成汉政权的“汉家”认同与宗教乌托邦实践》[⑤]指出，成汉创立者李雄的出生神话明显带有模仿汉高祖及光武帝的痕迹。成汉政权的封国则反映了对“汉家”秩序的追慕及恢复之愿望。成汉政权的官僚组织结构，亦基本仿拟汉晋制度而设。这些都反映了成汉政权对“汉家”的强烈认同。与此同时，李氏发迹时“郫中细子”之自称，政权建立过程中李氏对范长生的尊崇，以及政权建立后尊贤重道与政教合一之治国方略的施行，皆可明确成汉政权的道教性格。成汉政权的“汉家”认同意识与道教性格具有内在的紧密联系，很大程度上契合了当时的时代思潮与巴蜀的地域文化，当是其宗教乌托邦实践能够在一段时间内获得成功的原因所在，这也有助于理解十六国的政治文化。

① 徐冲：《观书辨音：历史书写与魏晋精英的政治文化》，北京大学出版社，2020年。

② 徐冲：《“五胡”新诠》，《文史》2020年第3辑，第45～66页。

③ 徐冲：《谢灵运〈劝伐河北书〉所见“西虏”、“东虏”与“虏”辨析》，《复旦学报》（社会科学版）2020年第3期，第53～62页。

④ 郭硕：《“岛夷”称号与北朝华夷观的变迁》，《文史哲》2020年第4期，第26～35页。

⑤ 冯渝杰：《成汉政权的“汉家”认同与宗教乌托邦实践》，《中央民族大学学报》（哲学社会科学版）2020年第3期，第49～59页。

李磊《后燕建立之际的合法性诉求及其运作》[①]指出，淝水之战后次年（384）正月，慕容垂依晋元帝“建武故事”称燕王，然而慕容暐排斥慕容垂的人事安排，使慕容垂难以从前燕政治统绪中获得合法性资源。慕容垂最初构想在前燕故地建立称藩于前秦的诸侯国，故称王、称元年而不称皇帝、年号，并以大将军府而非燕王府建构政权。慕容暐、苻坚薨后，慕容垂称帝的法统障碍已经不复存在。他以收复龙城为称帝依据，建构了上溯至昌黎政权并与前燕帝系并行的正统谱系。慕容垂通过承认前燕君统断绝、肯定苻坚天王之位、绍续慕容皝法统的举措，完成了新王朝的建构。温拓《多重层累历史与双重正统建构：宇文部、北周与契丹先世史叙述的考察》[②]指出，宇文部到北周先世传说层累过程，体现了北周统治者为建构自身正统性做出的一系列努力，其不仅模仿《魏书·序纪》编纂了宇文氏的先世传说，同时亦将十六国时代有关宇文部政权的文本一并进行修改，使得北周政权的合法性得以解释。契丹建国之初同样利用了拓跋传说故事解释自身政权正统性问题。北魏及其之后的北族王朝大多面临中原、草原双重正统性的建构问题，北周与契丹亦从这两个向度使自身法统得以完备。

潘敦《可敦、皇后与北魏政治》[③]在田余庆对北魏“子贵母死”制度的典范研究基础上继续推进，指出北魏前期宫廷政治里可敦、保姆、皇后分别扮演不同的角色，其中的可敦得以享有虚位。孝文改制前后，可敦制度才逐渐向皇后制度转变，二者分别代表了内亚与华夏两种政治传统，以此为线索，论文给北魏政治史若干重要环节带来新的理解。黄桢《龙舟上的

---

① 李磊：《后燕建立之际的合法性诉求及其运作》，《史林》2020年第4期，第65 ~ 73页。

② 温拓：《多重层累历史与双重正统建构：宇文部、北周与契丹先世史叙述的考察》，《民族研究》2020年第2期，第119 ~ 131页。

③ 潘敦：《可敦、皇后与北魏政治》，《中国史研究》2020年第4期，第82 ~ 104页。

北魏皇帝》[①]则从孝文帝在平城北郊灵泉池御龙舟的活动，窥测骑射和行舟两种活动所体现的草原文化向华夏汉晋帝王好尚的转变。罗新《西魏晖华公主墓志所见的吐谷浑与柔然名号》[②]指出，2014—2015年，考古工作者在陕西省西安市长安区发掘了一座北朝后期墓葬，根据墓志确定为西魏吐谷浑晖华公主及其夫乞伏孝达的合葬墓。乞伏孝达墓志已漫漶不可释读，晖华公主墓志则载有非常重要的历史信息。由墓志可知，晖华公主“讳库罗伏，字尉芮文”，是“吐谷浑主明元之第四女也”。吐谷浑主明元之名，不见于中古史书，应该是指担任吐谷浑国主长达半世纪的伏连筹。明元很可能是一个模拟中原制度的谥号。晖华公主的姐姐即是柔然可汗阿那瓌的可敦。西魏文帝于大统三年（537）迎娶阿那瓌长女，是为悼皇后。阿那瓌请晖华公主夫妇到柔然，以送亲主使的身份陪送茹茹公主到长安。晖华公主墓志所记吐谷浑与柔然两大政治体的名号多种，都具有非常重要的分析价值。

刘连香《石刻中的乙弗昆裔踪迹与北朝社会格局》[③]指出，乙弗氏是北朝民族大融合中较小的部族，却在不同时期分别以武力、权术和姻亲等形式获取生存空间，成为众多中小部族的典型。目前散见北朝碑刻、墓志、石窟寺和佛教造像题记中的相关信息反映了其与拓跋鲜卑的密切关系及与不同民族的融合过程。乙弗氏为东部鲜卑之一支，随拓跋鲜卑南下西迁至盛乐，其中大部分在4世纪末离开拓跋部，建立了乙弗勿敌政权，因势小力弱，不断受到周边西秦、南凉等侵扰，后被吐谷浑兼并。乙弗余部依附于北魏者因欲控制皇权遭诛灭。北魏统一北方后，乙弗氏上层再次归

① 黄桢：《龙舟上的北魏皇帝》，载叶炜主编：《唐研究》第二十五卷，北京大学出版社，2020年，第403 ~ 440页。

② 罗新：《西魏晖华公主墓志所见的吐谷浑与柔然名号》，《中山大学学报》（社会科学版）2020年第5期，第124 ~ 127页。

③ 刘连香：《石刻中的乙弗昆裔踪迹与北朝社会格局》，《中央民族大学学报》（哲学社会科学版）2020年第1期，第135 ~ 145页。

附，并与皇室世代联姻，尊者男三世尚公主，女贵为后妃。到西魏北周时，其他姓氏被赐乙弗，一方面说明其仍具有较大影响力，另一方面也模糊了乙弗鲜卑的部族界限，最终以乙弗皇后被废自尽而衰落。乙弗部中下层与其他部族及汉人旧族的融合较上层更为深入，姻亲关系复杂，佛教信仰群体构成多元。北朝石刻中发现的关于乙弗氏的内容，为探讨乙弗部族不同等级人群的社会地位、婚姻结构和宗教信仰提供了佐证，而不同时期“一弗”“乙”“乙弗”的姓氏变化体现了汉化的曲折与反复。通过对乙弗氏的微观解读，可以深化对当时中小部族的发展及民族融合的认识。

吴洪琳《合为一家：十六国北魏时期的民族认同》[①]分别选取汉赵国号的取舍、吐谷浑的“中国”认同，以及佛教文物中所表现的胡汉服饰、供养人形象等角度，考察这一时期的民族认同。崔明德、杨秋红《刘裕民族关系思想初探》[②]指出，刘裕北伐南燕、后秦以及消灭西蜀等言行，集中体现了他的民族关系思想。其时错综复杂的民族关系和内政外交态势为其思想的形成提供了丰厚土壤，以收复中原为目标的“平齐”、以天下一统为目标的“当取关、洛”思想及以册封为主要形式的羁縻思想是刘裕民族关系思想的主要内容。立足现实、目标明确和务实管用是刘裕民族关系思想的三大特点。刘裕民族关系思想在巩固政权、开疆拓土、强化一统意识、协调民族关系等方面发挥了应有的指导作用，但对他在灭南燕和后秦过程中的一些残暴做法应当予以彻底否定。

本年度，“十六国史新编系列”再版了《前秦史》《成汉国史》两种重要著作[③]，值得关注。

---

① 吴洪琳：《合为一家：十六国北魏时期的民族认同》，社会科学文献出版社，2020 年。

② 崔明德、杨秋红：《刘裕民族关系思想初探》，《中南大学学报》（人文社会科学版）2020 年第 1 期，第 58 ~ 63 页。

③ 蒋福亚：《前秦史》，社会科学文献出版社，2020 年；高然、范双双：《成汉国史》，社会科学文献出版社，2020 年。

八、中外关系

本年度中外关系史的研究，热点话题是中古时期的东北亚秩序。李磊《“韩”号的建构与解构——汉魏朝鲜半岛上的权力竞争与族群聚散》[①]指出，“韩”作为朝鲜半岛南部族群的共称，是西汉真番郡撤置后遗民与辰国族群融合的产物。马韩、辰韩、弁韩三个族群发生了一系列利益纠葛。东汉末设立带方郡是为应对韩濊的挑战，曹魏分割辰韩八国隶乐浪郡引发韩人叛乱，最终导致“灭韩”之战。在百济、新罗的建国运动中，“韩”号不再是族群凝聚、政权建构最有效的政治资源。“韩”号的建构与解构都是以汉魏王朝在朝鲜半岛的郡县统治为背景。

宫健泽、李路《东夷校尉与慕容政权的东北亚秩序建构》[②]指出，东夷校尉曾在西晋王朝构建东北亚秩序的过程中发挥了核心作用。东晋时期，随着慕容政权的崛起，东夷校尉开始为鲜卑政权所掌控，职能逐渐淡化。而掌控了东夷校尉的慕容政权，实际上成为当时东北亚地区华夷秩序的新核心民族，这也迫使慕容鲜卑与中原文化进一步融合，客观上完成了东夷校尉设置最初的使命，实现对边疆民族在文化上的引导与招抚。

九、文献

官修史的编撰形成。官修史的编撰机制、书写体例，成为本年度魏晋南北朝史最热门的话题。《文献》第3期开设了“史源学与历史书写”专

① 李磊：《“韩”号的建构与解构——汉魏朝鲜半岛上的权力竞争与族群聚散》，《学术月刊》2020第5期，第153 ~ 162页。

② 宫健泽、李路：《东夷校尉与慕容政权的东北亚秩序建构》，《河北学刊》2020年第6期，第208 ~ 213页。

栏[①]。陈爽先生在为专栏所撰写的导言《漫说史源调查》（代前言）中首先从史书撰作的机理阐明抄撮旧文、拼缀杂糅是史书的常态，又简要梳理了20世纪以来史源学成立的过程，指出“近年来，无论是在文献研究还是史学研究领域，‘史源’的观念受到前所未有的重视”，其动因可归结于时代史料相对匮乏催生的深耕需求，在后现代思潮影响下“史料批判”研究的带动，以及古籍数字化所提供的便利条件。文章视野宏阔，具有相当的理论高度。

专栏收录刘凯《句读与书写程序：嘎仙洞石刻祝文释读再议》，详细比勘了嘎仙洞石刻祝文与《魏书·礼志》的文本，指出史书对石刻文本的改动，体现了孝文帝华夏化改革以后重构祖先记忆的意图。庄芸《〈隋书·经籍志〉所见萧梁旧史补考》指出姚氏父子承袭江陵国史的立场，为梁元帝隐恶，而此外诸家旧史，则有不同立场。这造成了《梁书》前后抵牾的现象。《唐研究》第二十五卷“中古史书的文本源流：编纂与传布”[②]收录了去年北京大学中古史中心主办的“中古正史文本的形态与流变”学术会议的一组论文，包括聂溦萌《官僚制对正史的双重影响：以正史孝义传为例》、王敬《十六国纪年问题探析——以〈晋书·载记〉及相关传记为中心》、林昌丈《观念、制度与文本编纂——论魏晋南北朝的“州记”》、景蜀慧《现存六种宋刊本〈陈书〉简述》、唐星《唐修〈晋书〉编撰考》等。

聂溦萌近年一直关注官修史编撰，今年发表了3篇重要论文，《编年史

① 《文献》2020 年第 3 期“史源学与历史书写”专栏。陈爽：《漫说史源调查》（代前言），第 4 ~ 9 页；刘凯：《句读与书写程序：嘎仙洞石刻祝文释读再议》，第 10 ~ 21 页；庄芸：《〈隋书·经籍志〉所见萧梁旧史补考》，第 22 ~ 37 页。

② 叶炜主编：《唐研究》第二十五卷，北京大学出版社，2020 年。聂溦萌：《官僚制对正史的双重影响：以正史孝义传为例》，第 3 ~ 22 页；王敬：《十六国纪年问题探析——以〈晋书·载记〉及相关传记为中心》，第 23 ~ 60 页；林昌丈：《观念、制度与文本编纂——论魏晋南北朝的“州记”》，第 61 ~ 98 页；景蜀慧：《现存六种宋刊本〈陈书〉简述》，第 99 ~ 114 页；唐星：《唐修〈晋书〉编撰考》，第 115 ~ 146 页。

与晋宋官修史运作》[①]《官僚制对正史的双重影响：以正史孝义传为例》[②]《辑佚的加减法：汤球〈十六国春秋辑补〉的工作方法》[③]，分别触及官僚机构与官修史的制作程序，制度环境对正史书写体例的影响，以及基于体例判断对辑佚方法的重新讨论。

徐冲的论文集《观书辨音：历史书写与魏晋精英的政治文化》[④]分为三个部分，分别对应“史学史、制度史和民族史”，但正如本书副书名所暗示的，其关注的核心仍然在于历史文本，用作者自己的话说是“3—5世纪的魏晋精英，（如何）以多样化的历史书写实践活动，构筑了独具特质的政治文化”。这些研究的视野不再限于传统的史学史领域，而是结合了文献学、文体学、制度史等多种路径，将史料作为特定环境中人物的写作实践，既考虑其制度环境、书写格套，又注意作者的主观意图和能动性，努力追求文本与历史之间的活跃互动。魏晋南北朝段的正史居二十四史之半，可以预期的是，随着中华书局二十四史修订工程的展开，多所高校和研究机构的师生参与其中，修订工作对版本、史源的重视，必将吸引更多学人关注官修史书编撰的相关问题。

传世文献整理。作为中华书局二十四史修订工程的成果之一，2020年出版了景蜀慧主持修订的《梁书》[⑤]。旧版“南朝五史”由王仲荦先生总负责，《梁书》由卢振华先生点校，宋云彬、赵守俨先生先后承担编辑整理，

---

① 聂溦萌：《编年史与晋宋官修史运作》，《中国史研究》2020年第1期，第65～79页。

② 聂溦萌：《官僚制对正史的双重影响：以正史孝义传为例》，载叶炜主编：《唐研究》第二十五卷，第3～22页。

③ 聂溦萌：《辑佚的加减法：汤球〈十六国春秋辑补〉的工作方法》，《文史》2020年第1辑，第101～127页。

④ 徐冲：《观书辨音：历史书写与魏晋精英的政治文化》，北京大学出版社，2020年。

⑤〔唐〕姚思廉撰，卢振华、王仲荦点校，景蜀慧、赵灿鹏修订：《梁书》，中华书局，2020年。

1973年出版。本次修订的优长之处主要有三：一是原点校本采用“不设底本，择善而从”的原则，今以百衲本为底本，在文字的改动上较为谨慎；二是校勘版本有了扩充，特别是以台北藏原北平图书馆宋大字本缩微胶片为通校本，并参考清人李慈铭批校的南监本、清人叶万等批校的汲古阁本、傅增湘校章钰题款的武英殿本，以及日本据南监本覆刻的荻生徂徕句读本等；三是对原点校本做了体例上的完善，并修正错讹。围绕新版《梁书》的刊行，《上海书评》①组织了系列约稿，包括赵灿鹏《谈〈梁书〉的编纂、点校与修订》、姜宝昌《卢振华先生治学二三事》、王素《梁元帝〈职贡图〉与〈梁书·诸夷传〉》、于溯《万卷，一个中古时代的收藏欲望》、陈志远《梁武帝崇佛的远景与近观》等篇，介绍了《梁书》点校工作的方方面面，也对梁代史事中若干重要问题的研究进展做了回顾。

李晓杰主编《水经注校笺图释·汾水涑水流域诸篇》②以《水经注》卷六汾水、涑水流域诸篇为研究对象，在前人考订的基础之上，充分利用传世文献和出土资料，以历史学、地理学、文献学多种方法，重新还原了文本，并以大比例尺编绘科学地图。作者团队此前曾出版《水经注校笺图释·渭水流域诸篇》③，广受好评。本书也会为深入研读《水经注》及探究中古时期的历史地理提供极大便利。李德辉《中古姓氏佚书辑校》④利用传世文献和出土资料，辑录了50多种先秦两汉至宋元的姓氏佚书，对中古家族史研究具有相当的参考价值。

---

① 《澎湃新闻·上海书评》“《梁书》专题”。赵灿鹏：《谈〈梁书〉的编纂、点校与修订》，2020年6月21日；姜宝昌：《卢振华先生治学二三事》，2020年6月22日；王素：《梁元帝〈职贡图〉与〈梁书·诸夷传〉》，2020年6月23日；于溯：《万卷，一个中古时代的收藏欲望》，2020年6月24日；陈志远：《梁武帝崇佛的远景与近观》，2020年6月25日。

② 李晓杰主编：《水经注校笺图释·汾水涑水流域诸篇》，科学出版社，2020年。

③ 李晓杰主编：《水经注校笺图释·渭水流域诸篇》，复旦大学出版社，2017年。

④ 李德辉：《中古姓氏佚书辑校》，凤凰出版社，2020年。

此外，2020年还出版了道教文献的重要整理成果。众所周知，《周氏冥通记》是南朝时期的神仙传记，记载了陶弘景弟子周子良冥通神仙，以及陶弘景将其笔录上进梁武帝的故事。此书前有日文译注本吉川忠夫、麦谷邦夫编《〈周氏冥通记〉研究》①。最近出版的王家葵《周氏冥通记校释》②以《正统道藏》本为底本，参稽诸本，并对其中的训诂、典实加以注释，在许多地方都超越前人，允称迄今最善之本。

十、考古发现

石刻史料。张永华、赵文成、赵君平主编《秦晋豫新出墓志蒐佚三编》③收录东汉至民国墓志905种，其中晋29种，南北朝75种。尤其被学界注意的有2008年洛阳市邙山出土的一批晋武帝泰始年间皇宫奴婢砖铭，以及著名文人邢子才所撰北齐《崔孝直墓志》与其子《崔宽墓志》等。孙贯文编《北京大学图书馆藏历代石刻拓本草目》④刊布了1960年北京大学历史系孙贯文先生所作汉至唐代中晚期石刻拓本条目4000余条，对石刻的年代、所在地、传流情况、真伪、书体、历代金石著录等信息，做了详细的考订，体例至为精善。佛教造像记可谓是北朝宗教、社会史研究尚待开垦的荒地，2020年有几种重要出版物。《高城佛光：黄骅市博物馆藏北朝石刻造像菁华》⑤首次刊布了河北省黄骅市博物馆藏残损石造像及其题记64件，为1980年该馆工作人员对旧城

① ［日］吉川忠夫、麦谷邦夫编，刘雄峰译：《〈周氏冥通记〉研究》，齐鲁书社，2010年。

② ［梁］陶弘景撰，王家葵校释：《周氏冥通记校释》，中华书局，2020年。

③ 张永华、赵文成、赵君平主编：《秦晋豫新出墓志蒐佚三编》，国家图书馆出版社，2020年。

④ 孙贯文编著：《北京大学图书馆藏历代石刻拓本草目》，三晋出版社，2020年。

⑤ 黄骅市博物馆编：《高城佛光：黄骅市博物馆藏北朝石刻造像菁华》，上海书画出版社，2020年。

和岭庄的两个窖藏进行抢救性考古挖掘时所得，除一件为唐代作品，其余全部是东魏、北齐所制。《相由心生：山东博兴佛造像展》[①]收录了国家博物馆展出的山东省博兴县出土金铜、白陶、石刻造像共119件，造像铭文上起北魏太和二年（478），下至隋仁寿三年（603），具有鲜明的地域和时代特色。

墓葬文化。张庆捷、张喜斌、王普军所著《走向大唐：山西北朝文明源流》[②]精心选取了平城、晋阳等地考古资料，以及近年山西出土的墓葬壁画和古代关津渡口、石窟摩崖等遗迹图片，力图以具体的实物展示北朝社会向唐代演变的过程，是山西美术考古的最新研究成果。关尾史郎编《河西魏晋·〈五胡〉墓出土鎮墓瓶銘（鎮墓文）集成》[③]收集了甘肃、青海等省出土镇墓文，延续了2019年出版的《河西魏晋·〈五胡〉墓出土図像資料（塼画·壁画）目録》[④]的编纂体例，分为解说篇与释文篇，是研究十六国时期五凉政权的重要资料。林昌丈《汉魏六朝墓砖铭文辑录校释》第一辑[⑤]收录了南方地区各省市的墓砖铭文。与其他石刻材料相比，砖文简略、零散，但内容关涉纪年、姓氏、官职与地名等方面，不仅可以补正史文献之阙，而且是考古、历史学研究的重要史料。本书著录体例精严，间附考证。准备中的第二辑将收录出土较为集中的浙江省砖文，值得期待。

出土简牍。本年度没有新出简牍材料刊布，值得关注的研究论文有伊藤敏雄、关尾史郎主编《後漢·魏晋簡牘の世界》[⑥]，该书展现了利用长沙走马楼

---

① 王春法主编：《相由心生：山东博兴佛造像展》，山东美术出版社，2020年。

② 山西省文物局编，张庆捷、张喜斌、王普军著：《走向大唐：山西北朝文明源流》，三晋出版社，2019年。

③［日］关尾史郎编：《河西魏晋·〈五胡〉墓出土鎮墓瓶銘（鎮墓文）集成》，东京：汲古书院，2020年。

④［日］关尾史郎编：《河西魏晋·〈五胡〉墓出土図像資料（塼画·壁画）目録》，东京：汲古书院，2019年。

⑤ 林昌丈：《汉魏六朝墓砖铭文辑录校释》第一辑，厦门大学出版社，2020年。

⑥［日］伊藤敏雄、关尾史郎主编：《後漢·魏晋簡牘の世界》，东京：汲古书院，2020年。

吴简、楼兰汉简、五一广场后汉简、南京出土汉晋简进行研究的最新成果。

写本文书。本年度最值得关注的写本文书是《旅顺博物馆藏新疆出土汉文文献》①。该书收入旅顺博物馆所藏写本，共计26000多件残片，是目前所知国内敦煌吐鲁番文献唯一尚未公布的大宗藏品，被称为敦煌吐鲁番文献“最后的宝藏”。这批文书与现藏日本龙谷大学的“大谷文书”同属于20世纪初日本大谷探险队在中国西域获得的收集品。内容包括3—13世纪的佛教典籍、世俗图书以及反映中原王朝在吐鲁番地区进行统治的各种官私文书，不仅具有极高的学术研究价值，对于印证古代丝绸之路、阐明中华文化在新疆地区的传播等许多方面，亦具重大现实意义。整理团队由旅顺博物馆馆长王振芬、中国人民大学教授孟宪实、北京大学教授荣新江领衔，对这批珍贵资料进行了全面整理，前后历时凡6年。

黄楼《吐鲁番出土官府帐簿文书研究》②通过对北凉计赀出献丝帐、阚氏高昌某郡彩毯帐、唐某年西州高昌县更簿、开元时期北庭客使领料钱抄等吐鲁番出土官府帐簿文书的分析，复原了各政权治下吐鲁番地区的经济、政治制度，证明了吐鲁番地区与中原内地的密切联系，并成为唐代某些领域的重大变革之滥觞。

十一、总结

回顾2020年海内外魏晋南北朝史的研究，可以发现一些特点和趋势：一是政治史、制度史等传统领域出现与文献学（史料批判）、物质文化（特别是石刻史料）等要素结合的趋势。关于礼制，以三教交涉为特征的中古思想的研究继续呈现活跃态势。二是华夏与域外传统的交流互动、多民族

① 王振芬、孟宪实、荣新江主编：《旅顺博物馆藏新疆出土汉文文献》，中华书局，2020年。

② 黄楼：《吐鲁番出土官府帐簿文书研究》，社会科学文献出版社，2020年。

国家的族群凝聚、中原王朝及周边政权国际秩序的构建成为热门议题。我们期待着魏晋南北朝史研究旧式、新法的碰撞融合，将这一断代的研究继续推进。

2020年度台、港、澳地区魏晋南北朝史研究综述

蔡宗宪

2020年，台、港、澳三方的魏晋南北朝史论文数量略显单薄，计台湾7篇，香港、澳门各1篇，共计9篇。或许是受疫情的干扰，有些人的研究和发表因此递延了。从这9篇中，可注意到一个现象，论文作者的单位多非在期刊发行地，也就是大多是跨域性投稿。台湾7篇的论文作者中，除了蔡长廷、潘子正、洪武雄与林牧之4位本地人，凌文超与樊波成是大陆学者，而胡胜源，虽然出生、求学于台湾，但是近年先后任职于中山大学历史学系（珠海）、海南师范大学历史文化学院；香港1篇的作者寇陆，目前任职于美国纽约州的巴德学院（Bard College）；至于澳门那篇的作者则是武汉大学历史学院的鲁西奇教授。

由于论文的数量不算多，各篇主题也有相当差异，构不成什么研究趋势的析判，因此，以下大抵撮述各文的架构与论旨，以利于读者掌握它们的重要成果。对于部分论文，笔者若有管见，也会不揣谫陋，提出商榷。

一、台湾部分

台湾方面，有7篇论文，作者分别为凌文超、樊波成、胡胜源、蔡长

廷、潘子正、洪武雄、林牧之，综述如下。

凌文超的《黄盖治县：从吴简看〈吴书〉中的县政》[①]利用吴简与《三国志·吴书》交互释证，也就是所谓的“二重证据分合法”，在对吴简记录的文书行政流程有了整体认识的基础上，以《吴书》所载的黄盖治县为切入点，探讨孙吴县政的基本情形。

该文首先引述《三国志·吴书》中黄盖治理石城县的记载，说他出“教”将文书一以委付两掾，希望他们能尽责检摄诸曹，纠擿谬误，只要是他们所呈进的文书，必定画诺批可。在充分信任的同时，也警示他们，如果有奸欺的情形，将以军法行罚。两掾初时恭谨从事，后渐容人事，多有不法。黄盖召集诸掾吏，公开诘问，在他们叩头认罪后，依先前约定，按军法将他们杀了，令全县震栗。

其次，解说黄盖所出之“教”的性质，乃官府或长上对下级的告谕，有言教（口头指示）与文教（文书教令、条教）两种。接着便依照黄盖治县叙事中的几个重要环节，征引吴简与传统文献，交互释证，以探讨孙吴县政运作的情形，计有“署两掾分主诸曹”“一以文书委付两掾”，“当检摄诸曹，纠擿谬误。两掾所署，事入诺出”，“盖不视文书，渐容人事”“嫌外懈怠，时有所省”，“若有奸欺，终不加以鞭杖”“遂杀之”。最后，作者跳脱文书格式与县级行政运作的研究，尝试解释黄盖治县一事进入史书的原因。

该文的论证过程，可谓巨细兼及，充分显示作者对吴简的熟稔。其细者如黄盖所署的两掾当属何掾，作者认为主簿和主记史的可能性高一些，虽然也存在其他可能，但不出门下五吏的范围。其较巨者，如从东汉的君教简日趋简化，推论大约在灵帝时期，请教过程中门下吏省文书事的环节已

① 凌文超：《黄盖治县：从吴简看〈吴书〉中的县政》，《“中央研究院”历史语言研究所集刊》第 91 本第 3 分，2020 年，第 463 ~ 518 页。

制度化，使县令、长能从繁重的文书事务中解放出来。而从请教的流程变化，又指出汉代以来郡、县丞日益闲散化，至东晋时郡县几已不复置丞。

黄盖治县为何会被写入“常事不书”的史籍？此问题的提出，将焦点从文书格式与行政流程的考索中跳出，以较宽广的视野思考黄盖治县的历史背景，以及其被书写的史学意义。作者认为黄盖一开始不视文书，导致两掾渐容人事，但黄盖预作条教，令行禁止，通过重法整顿吏治，实现对石城县的治理。虽然只是地方县政，但载入史册，能收警惕、资治之效。接着，黄盖以律令行政与军事管制相互配合，展示出特殊的行政风格，固然有利于他的形象刻画，实际上也在孙吴征服蛮夷的军事手段外，提供另一种治理宗部与山越的模式。

樊波成的《“讲义”与“讲疏”——中古“义疏”的名实与源流》[①]。义疏是经典诠释的主要体裁，与其相类似的名词颇多，如讲义、讲疏、义、大义、释义、疏义、述义等，由于缺乏明确的辨析，以致学者讨论时歧见纷出。有鉴于此，樊文尝试复原中古义疏的全貌，借以厘清义疏之名实与发展源流。

作者首先厘清“疏条经义”的“义疏”，称之为“纲要型义疏”。“讲义”，或称为“讲义疏”，“疏”即“分条计识”。“义疏”发端于汉魏而流行于晋宋齐梁，魏晋南北朝时，“论”“释义”“要记”“要略”“略注”“略说”“义略”“义”等文体，凡是“疏分义条”“疏条义理”者，皆可称为“义疏”。

其次辨明“讲义”与“讲疏”的差别。讲义等“纲要型义疏”以“义”为对象，讲疏则以“经文章句”为解释对象，循文注释，敷衍章句。魏晋宋齐的“义疏”多为“疏条经义”之意，齐梁陈时代的“讲疏”才是“讲

① 樊波成：《“讲义”与“讲疏”——中古“义疏”的名实与源流》，《“中央研究院”历史语言研究所集刊》第91本第4分，2020年，第707～764页。

经之书疏”，或“疏述通释”。

再次，论述章句学义疏的形成。作者举出古籍书目中，存在同一人所作的义疏规模较大、讲疏规模较小的情形，如梁元帝著《老子讲疏》四卷，又有《老子义疏》一帙十卷，认为“讲疏”与“义疏”性质不同。“讲疏”与“讲义”若合为一编，即为“疏义”，疏论兼备，既精且博。此外，又有“述”“赞”的体裁，衍生出“注赞”“解赞”与“述义”“义赞”。章句学义疏即是结合纲要型义疏与讲疏、述、赞而成，呈现“疏–论复合结构”。章句学义疏的风行，得益于学官教育与明经制度的重建。

最后，论及佛教义疏的渊源与影响。作者认为佛教义疏起初也是以宗要纲略、摘句论议为主，近似上述的“纲要型义疏”。晋宋时，相传道安除了判全经为序、正、流通三分，又以“科分”与“起尽”改造“纲要型义疏”，以切合经文，逐渐摸索出一条“章句”“义理”融合互补的道路。其后佛教的条理科分日趋细密，“义理分疏”得以与“章句剖判”严格对应，形成佛教的“章句学义疏”。此外，在三教交流方面，佛教义疏初源于中土，也受印度经论“分别”理念的影响，其发展取决于汉译佛典本身特点与中土释家学风的变迁。反之，佛教的科判影响儒道义疏，其程度深浅，也与儒道经典的特性密切相关。

樊文将与义疏相关的许多词语做了明确的辨析，厘清各体式发展的源流，使学术史的脉络顿觉清晰起来，可谓卓有贡献。

胡胜源长期关注东魏、北齐的政治课题，自2008年发表《武风壮盛到重文轻武——再论北齐倾覆之因》[①]至今，已有8篇相关论文，近3年发表尤为密集。作者的研究偏重探讨政治权力的建立与稳固，擅长从史料的只言片语，发掘政治人物或群体之间的隐秘关系。2020年这篇《“齐元”之争与

① 胡胜源：《武风壮盛到重文轻武——再论北齐倾覆之因》，《兴大历史学报》第20期，2008年，第1～16页。

"高祖"更易——高欢、高洋历史地位的改换》[①]除了延续这种研究特色，也加入了大陆学界近几年颇受讨论的禅让与起元、国史书写、庙制与谥法等主题，作为分析要素。

全文除了前言、结论，共有3节。首先，论述高欢追求的历史地位，作者指出高欢极为重视自身的历史地位，其因与北魏孝武帝西奔有关，由于终身自病有逐君之丑，因此奉事孝静帝非常恭谨。高欢的谥号"献武"，有拱卫东魏皇室之意，这正是他追求的历史地位。其次，论魏齐禅代与北齐国史话语权之争，此节大致可分两部分，先论魏齐禅代过程中，杨愔与魏收的得势崛起，其中，魏收因创造"平四胡之岁为齐元"说，为高洋篡位铺展禅代理论，因此获得高洋的大力回护。后论阳休之对"平四胡之岁为齐元"说的挑战，即高洋称帝才是北齐的起元。虽然朝廷一度改采"天保之岁为齐元"说，但隋唐时，李德林（属魏收亲党）一家掌握北齐国史的话语权，因此，最终由魏收一派获胜，亦即"禅让前起元"，高欢的历史地位遂被改换。再次，论庙号"高祖"更易的底蕴。庙号与谥号关系到人物的定位，作者推测高欢、高洋的庙号和谥号都是魏收拟定的，其本意是将高欢庙号、谥号定为"太祖献武帝"，以拟北魏太祖道武帝；高洋庙号、谥号定为"高祖文宣帝"，以拟高祖孝文帝。即使其间遭遇祖珽的挑战，改动了庙号与谥号，高祖变成高欢的庙号，魏收仍自北魏四祖中取则，将高洋庙号改为显祖。因此，北魏与北齐均有四祖：太祖、世祖、显祖、高祖，并非巧合，乃魏收刻意为之。

该文对于北齐起元、庙号与谥号改易背后的权力斗争，分析得相当深入，足以增进人们对北齐政治史的了解。美中不足的是，第三节论魏齐禅代与北齐国史话语权之争过于冗长，前半部所论述的细节不太切题旨。其

① 胡胜源：《"齐元"之争与"高祖"更易——高欢、高洋历史地位的改换》，《汉学研究》第38卷第2期，2020年，第91 ~ 132页。

实前半部主要是要交待魏齐禅代过程中，魏收如何协助高洋在理论上克服阻力，至于杨愔等人如何在实务上协助，以及参与仪注的诸人对孝静帝如何依恋不舍，诸般细节，实无需赘述。况且，若仔细比对，有关魏齐禅代、诸人对孝静帝的依恋不舍等情节，在作者的《“人心思魏”与魏齐禅代》[①]《孝文崇拜与东魏政治》[②]二文中，已有相当详细的论述。此处仅需引述其研究成果，并加注明，不必再烦引史料论述，既可精简篇幅，突出论旨，也能避免自己的论著中重复出现类似的内容。

蔡长廷的《幽并两州乌桓的发展与变迁——以上谷乌桓为中心》[③]是一篇关于魏晋南北朝时期塞外民族的论文。作者回顾20世纪40年代以来的乌桓研究，指出起先学者多将幽并两州的乌桓视为同一族群，其后，唐长孺、田余庆注意到不同地域的乌桓会因族群互动的复杂性而有不同发展，因此，关于乌桓的研究开始有更细致的分类。蔡文承袭此论点，依据乌桓与汉人、匈奴、鲜卑的互动，将乌桓分为三类：一、与东部鲜卑互动的三郡乌桓；二、与拓跋鲜卑互动的上谷乌桓；三、与匈奴、拓跋鲜卑诸部互动的代郡、雁门、朔方乌桓。其中，上谷乌桓以塞外白山为根据地，延续发展300余年，在东汉至北魏各政权处理幽并问题时，具有相当重要的影响力，因此，特别突出上谷乌桓以进行考察。

该文首先探讨东汉初年两支乌桓部落的崛起，即渔阳赤山乌桓与上谷白山乌桓。其中，位于宁县东北的白山，其地理位置特殊。宁县位在代谷交通线的中间点，是自东向西实行军事控制的关键之地，并设有胡汉互市

---

① 胡胜源：《“人心思魏”与魏齐禅代》，《台大历史学报》第42期，2008年，第28～31页。

② 胡胜源：《孝文崇拜与东魏政治》，《政治大学历史学报》第51期，2019年，第17～23页。

③ 蔡长廷：《幽并两州乌桓的发展与变迁——以上谷乌桓为中心》，《早期中国史研究》第12卷，2020年，第103～149页。

的“宁市”，护乌桓校尉府即设于此。赤山乌桓被鲜卑击败后，势力衰歇；至于白山乌桓，作者推论，它可能因位置特殊，与护乌桓校尉府建立稳固关系，因此能持续壮大。其次，作者认为乌桓是东汉边境战略的一部分，既可侦查日渐壮大的鲜卑诸部，更能作为抵挡鲜卑诸部攻击的第一线。鲜卑檀石槐崛起后，立汗庭于白山，上谷乌桓则被东汉徙入塞内，继续防御鲜卑。上谷乌桓势力强盛，便能对鲜卑产生制衡的效果，这也使它成为幽州境内势力最大的乌桓部落，不过，在此同时，幽州东部的三郡乌桓势力也日渐盛大。最后，作者观察北部边郡乌桓在杂胡化趋势下的发展与变迁，并比较上谷乌桓与其他乌桓的差异。文中指出，上述三类乌桓中，只有上谷以西诸郡（代郡、雁门、朔方等）的乌桓，因与匈奴、鲜卑、氐、羌杂处，族群迁徙、互动更加频繁而复杂，才于西晋开始出现“杂胡”的称呼。这种杂胡化的现象，并非同时发生在乌桓诸部落。上谷以西的乌桓，又被称为铁弗部与独孤部，可见杂胡化也有地域性的差别。上谷乌桓与其他乌桓不同的是，它保持较完整的实力，即使与鲜卑拓跋部共生，也未被称为杂胡。

诚如作者所归纳的，近年学者越发关注族群间的细部互动，乌桓与周边族群互动而形成杂胡，此课题已成为重点。该文大致是在此脉络下，充分吸收中、日学者的研究成果而进行发挥。文中把握了几个重点，一是各地乌桓部落具有差异性，并非完全一致的群体，二是细部探讨乌桓与周边部族的互动关系，三是从历史地理去解析白山对上谷乌桓的重要性。在稳扎稳打的论述中，将前人的研究成果往前又推进了一步。

潘子正的《血色婚姻：解剖北魏兰陵公主杀婢节解案》[①]借由北魏兰陵公主嫉恨其夫刘辉外遇而杀婢节解案，探讨婚姻暴力事件背后的环境因素

① 潘子正：《血色婚姻：解剖北魏兰陵公主杀婢节解案》，《兴大历史学报》第 34 期，2020 年，第 31 ～ 68 页。

与权力关系。作者关切两个要点，一是公主为何产生杀婢节解为其权力的行为？二是为什么公主想妒而能妒并得到皇权的支持？关于第一个问题，作者首先探究公主的成长环境，发现当时洛阳的皇族、勋贵生活淫乱，嫉妒成风，如孝文帝幽皇后冯氏（兰陵公主母辈）、宣武帝皇后高英（弟媳）、长孙稚妻罗氏。其次，兰陵公主的弟媳灵太后、姑姑陈留公主，与兰陵关系相当亲密，特别是陈留公主的怂恿，以致她与刘辉爆发严重冲突。至于第二个问题，作者也是先找出兰陵公主几位多情、淫乱且不受嫉忌所束缚的亲戚：高阳王元雍（叔父）、咸阳王元禧（叔父）、北海王元详（叔父）、宣武帝济南长公主（姊妹）、灵太后（弟媳），发现他们的共性就是权势地位较配偶为高。接着推论，刘辉与兰陵公主夫妻的原生家庭存在明显的权力差距，以致兰陵公主敢妒、能妒，甚至杀婢节解，而刘辉只能消极地以冷淡态度疏薄公主。总之，该文认为兰陵公主受到洛阳的嫉妒风气的影响，加上她与丈夫刘辉之间存在权势地位的落差，以及灵太后对于尊亲者之特权的纵容，使兰陵敢于恣行其嫉妒，乃至杀婢节解。不过，作者也强调，此案中刘辉之所以受皇权惩罚，关键在于公主的不满，而非他对婚姻的不忠。

初看这篇论文的标题，会以为是法制史的论文，不过，文中实质上涉及法律的内容并不多，作者的行文思路是，兰陵公主受到时尚风气影响而会生妒，因她与丈夫间的权势落差而能妒、敢妒，甚至刘辉之受罚不是因外遇之罪，而是公主的不满发动皇权来攻击他。尽管通过时尚风气与人物脉络的考索，作者似乎解决了他所关心的问题，但从法制史的角度，该文在问题意识的深刻性上明显不足。其实，兰陵公主的案件，在李贞德的《公主之死：你所不知道的中国法律》[①]一书中已有相当深刻的探讨，涉及层面包括通奸的罪与罚、婚姻暴力、皇权与司法、鲜卑女性地位、女主政治等，可惜作者未能参考。

① 李贞德：《公主之死：你所不知道的中国法律》，三民书局，2001年。

洪武雄的《从益州治中从事一职看蜀汉中央与地方政府的整合》[①]，观察到蜀汉的版图狭小，中央与地方政府所辖的地域几乎一致，为求事权的统一，蜀汉的当国者势必得思考如何整合中央与地方政府的运作机制。该文即以益州从事一职的起落作为窥探的视角。

作者首先点出，蜀汉当国者往往集中央与地方大权于一身，在职官设置上的特色之一是“军政合一”，尤其是在诸葛亮执政时期。其次，由于蜀汉的当国者常领军驻外，因此，其辖下留守京城的幕僚长，地位便相当重要。刘备称帝前，先后以左将军府、大司马府统事，又领益州牧，署府事与治中从事分掌中央与地方要务，二者皆直属刘备，互不隶属。后主继位，诸葛亮以丞相开府治事，又领益州牧，中央与地方大权集于一身。此时，丞相府长史与益州治中为中央与地方政府的两大僚佐。建兴三年（225），参军署府事（相当于丞相府副长史）张裔又领益州治中，以一人兼理中央与地方事务，合署办公，可视为整合的第一步。

最后，建兴十二年（234），诸葛亮去世，蒋琬、费祎先后以录尚书事执政，尚书令为主要副手，蜀汉的权力中枢由丞相府转至尚书台，台下诸职官，颇为整备。当蒋琬、费祎以大司马、大将军开府，领军驻外，京城留守便由尚书令担纲，益州的事务亦由其治理。相对于诸葛亮的丞相府属，蒋、费的府属精简许多，而益州府属，史多漏载，治中从事的地位当已大不如前。至此，中央与地方政府大致整合完成。

洪武雄对于蜀汉的职官制度钻研甚深，著有《蜀汉政治制度史考论》[②]，该书除了关注蜀汉将军的班位及散职化倾向，对于监军、护军、典军及军师、领军、都督、参军、郡守等各种职官，也都钩稽史料，详其源流。以

① 洪武雄：《从益州治中从事一职看蜀汉中央与地方政府的整合》，《兴大历史学报》第 34 期，2020 年，第 69 ~ 100 页。

② 洪武雄：《蜀汉政治制度史考论》，文津出版社，2008 年。

研究属性而言，偏向职官沿革的考证，难免较为细琐。该文能以益州治中从事一职观察蜀汉中央与地方政府的整合，视野明显扩大，其论述有据，观察入微，实有助于了解蜀汉政治制度的变革。

林牧之的《“府是尊府，州是荜州”府主考》[①]是一篇考释性的论文，不过，作者在考释完后，提出3个可供讨论的面向，以突显考释内容对历史研究可能的贡献。《南史·庾荜传》与《梁书·邓元起传》有一段类似的记载，在《南史·庾荜传》中，庾荜对荆州刺史所说的名言“府是尊府，州是荜州”，常被用来探讨国家能否干预士人身份的认定；不过，两书所记载的荆州刺史却不同人，一说是始兴忠武王萧憺，一说是随王。该文主旨即在考证，当时的府主（荆州刺史）究竟是谁。

作者首先检讨《梁书》与《南史》编纂取材的情况，大抵《梁书》的叙事较为平实，承袭国史的迹象明显，有美必书，有恶则为之讳；而《南史》以博采见长，增删《梁书》事迹最多，正史所无者，即使琐言碎事，新奇可喜的事迹，都会补入。比较过这两条史料后，钱大昕认为两书所载为同一事，但《南史》所载皆失其实，唐长孺也认为两书所记为一事，并推断当时荆州刺史应是曾封随郡王的萧宝融。

其次，作者从曾担任荆州刺史、封为随王、带安西将军号等条件，找出几位可能的府主人选，计有始兴王萧憺、随郡王萧子隆、萧宝融、临海王萧昭秀、萧昭粲、闻喜公萧遥欣等人，接着再根据邓元起和庾荜在中央、地方任官的经历，交叉比对，逐一排除上述人选。最后，推论当时邓元起的府主、担任荆州刺史的应是萧遥欣。

文末，作者提出3个思考方向：一、“府是尊府，州是荜州，宜需品藻”，或许说明了当时荆州本地社会势力，可以对抗政治权威的情况；但也

---

① 林牧之：《“府是尊府，州是荜州”府主考》，《史原》第32期（复刊第11期），2020年，第257～284页。

可能反映双方身属不同政治集团这一背景，属于不同集团，确实也会影响仕途。二、寒门、庶人往往依靠军功而仕进，与地方社会的关联不高，因此，比较士族与寒门、庶人层在起初的仕进过程，与本乡关联的远近，或可作为观察时人仕进的一个切入点。三、南朝以后，以宗室军府为核心形成的军府体系，是士人、官吏重要的社交场域，可以借此建立人脉，争取仕进机会。军府部门的组建特征与运作模式，值得更细致地探究。

该文的考证缜密，以府主为萧遥欣的结论应属可信，透过军府运作延伸的思考方向，也确实有持续探研的价值。不过，百密一疏的是，作者可能因主题是南朝的事件，因此忽略了北朝的史料。在考论庾荜的历官时，提及齐永明年间遣使北魏四次，并猜测庾荜出使的年份，所据为《南齐书·魏虏传》。若能再参考《魏书·岛夷萧道成传》《北史·魏本纪》等，则可知永明年间遣使北魏共计10次，而庾荜是在永明十年（492）出使。[①]

二、香港与澳门部分

香港方面，《岭南学报》有一篇寇陆的《书信中的君王形象与心理战：拓跋焘（408—452）的国书和他的南方读者》[②]，作者系北京大学中文系毕业，后赴美国哈佛大学攻读博士，目前任职于纽约州的巴德学院（Bard College）。

南北朝对峙期间，双方或战或和，通和时，以对等的遣使交聘来进行，两国君主互致书信，称为“国书”。现存的南北朝国书不多，北魏太武帝拓

---

① 〔北齐〕魏收撰：《魏书》卷九八《岛夷·萧道成传》，中华书局，1974 年，第 2164 页。〔唐〕李延寿撰：《北史》卷三《魏本纪·孝文帝》，中华书局，1974 年，第 106 页。另参蔡宗宪：《中古前期的交聘与南北互动》附表一《南北朝交聘编年表》，稻乡出版社，2008 年，第 397 ～ 400 页。

② 寇陆：《书信中的君王形象与心理战：拓跋焘（408—452）的国书和他的南方读者》，《岭南学报》第 13 辑，2020 年，第 51 ～ 71 页。

跋焘写给宋文帝的两封书信，因《宋书·索虏传》收录而得以保存。北魏太武帝的书信属官方外交文书，文字风格简易率直，以往研究南北朝文学者较少关注。一般对于北朝文学风格的描述大略为现实、悲凉、刚劲、质朴等，认为那反映了北方的苍凉艰苦的生活现实和游牧民族的文化特色；寇陆此文则试图针对这种民族特色决定论提出某些修正。他首先将北魏太武帝书信的讨论置于宫廷创作、外交策略以及历史叙述的语境中，认为那两封书信语言的“简单”，是北朝宫廷特意选择的修辞策略，借以将北魏太武帝塑造成与南方截然相反的帝王形象，同时影响刘宋君臣（预期读者）对当时军事与政治形势的判断。其次，作者从语境的转变探讨《宋书》对于北魏太武帝书信的收录与安排，指出由于“去语境化”（脱离原本的军事与外交语境）和以历史叙述为框架的“再语境化”，将改变读者的阐释策略。举例来说，尽管北魏太武帝的书信风格是刻意为之，但被编入《索虏传》后，读者即易因蛮夷的刻板印象，而视其简率风格为缺乏文化修养。

北魏当时征用了不少北方大族成员，要写出一篇语言雅正、引经据典的书信并非难事，北魏太武帝的国书却直抒胸臆，不经润色，其中原委，确实耐人寻味。寇文从作者、读者以及编者等几个角度，重新审视北魏太武帝这两封国书的修辞策略、政治内涵、军事目的、读者心理与语境变化，有许多方面是值得历史学者观摩的。不过，从历史研究的角度看来，此文存在几个比较大的疏漏。

首先，过度专注于文本内的分析，疏漏了其预期读者（刘宋君臣）的反应。作者认为两封国书之修辞策略是北魏宫廷刻意的选择，意欲影响刘宋君臣对政治与军事的判断，但这只是北魏方面主观的想法，刘宋的反应如何呢？其实，宋文帝写给北魏太武帝的书信也留下了片段，呈现出一种物阜民丰、优游自适之盛世天子的姿容，其书信语言清新优雅，可与北魏太武帝的书信形成强烈对比。[①]其次，在《宋书·索虏传》中，透过宋元嘉二十三年（446）兖州答北魏的移文，还可以找到早先北魏太武帝国书的几句文字："强者为雄""游猎具区，观化南国""驰猎积年，野无飞伏"[②]，基本上都是四字一句，与作者所揭示的这两封书信，修辞风格颇为不同。或许可以印证，早先北魏国书也是采取文雅用典的修辞方式，至450年（元嘉二十七年，太平真君十一年），南北冲突加剧后，北魏太武帝才改采简易率直的口吻发信。再次，南北朝交聘活动中，国书是由使节携带传送，刘宋使节会亲自见到北魏国君，同行的成员亦会趁机搜集情报，回国后向君主报告。[③]如430年（元嘉七年，神䴥三年），刘宋使者田奇向北魏传达出兵收复河南地的原委，北魏太武帝即生气地说："我生头发未燥，便闻河南是我家地，此岂可得河南。必进军，今权当敛戍相避，须冬行地净，河冰合，自更取之。"[④]这口吻与后来的两封书信是相当类似的，乃使者回国后的报告记录。由此可知，南北朝国书不是孤立地被解读的，而是有一个交聘活动来协助解读其内容。最后，《宋书》虽称由沈约修撰，但他自奉命到毕功，仅历时一年左右，其书大抵取徐爰旧本《宋书》增删而来。徐爰颇受宋文帝亲信，曾参与北伐，多次随军出征，对于防御北魏的寇边，有其独到的见解。[⑤]因此，作者若要论"南朝史家的反扑"，徐爰生平事迹的重要性，恐怕更甚于沈约。

澳门方面，未见有魏晋南北朝史专题的论文。不过，鲁西奇在《南国

---

① 〔梁〕沈约撰：《宋书》卷九五《索虏传》，中华书局，1974年，第2350页。严可均辑《全宋文》，为该段文字下了"就拓跋焘求马"的标题，〔清〕严可均辑：《全上古三代秦汉三国六朝文·全宋文》卷四《文帝三·就拓跋焘求马》，中华书局，1995年，第2463页下栏。

② 〔梁〕沈约撰：《宋书》卷九五《索虏传》，第2339页。

③ 关于交聘的流程，参蔡宗宪：《中古前期的交聘与南北互动》，第114～137页。

④ 〔梁〕沈约撰：《宋书》卷九五《索虏传》，第2331～2332页。

⑤ 〔梁〕沈约撰：《宋书》卷九四《恩倖·徐爰传》，第2306～2312页。

学术》发表了一篇《私力：中国古代的民间力量》[①]，属于长时段、通史性的论述，其中引用了一些魏晋南北朝的事例，多少可以沾上关系。该文以较宏观的视野，分析国家与社会中存在的三种主要的“力量”：国力、民力、私力。国力包含国家可以掌控的各种显性的硬实力，如人力与物力，以及隐性的软实力，如统治集团凝聚力、执政能力、人民精神面貌等。民力指国家可以掌控的人力与物力资源。私力则是由私人、私家或私门所控制，相对独立，不为国家所有效掌控，甚至会争夺民力，减耗国力。文中又将私力分为3个层次；一、上层，世族强宗、富商大贾、士人儒林；二、中层，贤良、术士；三、下层，游侠、盗贼。在国家控制与社会治理的过程中，对于上、中层的私力往往采取合作、利用的态度，甚至产生依赖，对于下层的游侠与盗贼则必须加以控制。此外，私力在社会治理中也有其独特的作用，如实现社会自治、填补国家权力的局部真空，以及在体系动乱或断裂时，发挥稳定与修复的功能。文中引用了西晋末流民与行主间团聚组织的模式、东晋南朝门阀世族与皇室共天下、地方豪族拥兵割据、侯景之乱时岩穴村屯的豪长乘势兴起、《关东风俗传》载东魏北齐时北方豪族势力的强大、北魏苟头赤鲁地券等作为佐证，相对于深入魏晋南北朝史各专题的研究，该文提供了统合性、结构性的思考刺激。

① 鲁西奇：《私力：中国古代的民间力量》，《南国学术》第10卷第4期，2020年，第674～684页。

2020年度日本魏晋南北朝史研究

[日]梶山智史　著　李自强　译

2020年面临着新冠肺炎疫情在全世界蔓延这样未曾有过的事态，不仅是研究活动，日常生活也被迫受到各种各样的限制。即使在此情况之下，该断代相关的研究依然十分兴盛。以下是对2020年发表的研究成果进行的分类回顾。

一、专著

首先应被提及的是吉川忠夫《六朝隋唐文史哲论集Ⅰ　人·家·学术》（法藏馆）和《六朝隋唐文史哲论集Ⅱ　宗教的诸相》（法藏馆）两本出版物。前者收录了22篇论文，后者收录了16篇论文，均为吉川氏《六朝精神史研究》（同朋舍出版，1984年）一书出版后发表的论文。除此之外，刊行的专著还有小野响《后赵史研究》（汲古书院），榎本あゆち《中国南北朝寒门寒人研究》（汲古书院），向井佑介《中国初期佛塔的研究》（临川书店），以及佐野诚子《以志怪为旨趣：六朝志怪的诞生和展开》（名古屋大学出版会）。上述论著的详细内容都交由专门的书评介绍，但能以合集的形式阅读各种杂志和论文集上发表的论文，着实令人欣喜。

关于概述性著作，2004—2005年讲谈社出版的《中国的历史》系列之一的川本芳昭《中国的历史5 中华的崩溃与扩大 魏晋南北朝》（讲谈社）以文库本再版。另外，还有佐川英治与杉山清彦编著的《中国与东部欧亚大陆的历史》（放送大学教育振兴会），这本书是从近年历史研究关键词之一的“东部欧亚大陆”的视角出发所写的中国通史，其中唐代以前的第一到五章为佐川英治主笔。窪添庆文《北魏史：洛阳迁都前后》（东方书店）是有关于北魏的概述性著作。该著从强调孝文帝时代的意义的立场出发，解析了最初迁都洛阳和孝文帝的改革，之后选取孝文帝时代前后的相关记载，描绘了作为隋唐帝国连接点的北魏史。这些虽然都是面向大众的书籍，但是对于研究者来说也是必读之作。

二、政治

政治史领域有较多与魏晋南北朝各时代相关的成果。小野响《乌桓内单于制度的引入——三郡乌桓王权的变化与非汉族的单于授与》（《立命馆东洋史学》43）一文梳理了东汉曹魏授予乌桓君主单于称号的相关史料并展开初步研讨。该文指出，三郡乌桓单于称号固定化的背景是当时乌桓内部世系王权的出现，从中国王朝视角来看，该文认为，向乌桓授予单于称号是将乌桓纳入中国体制的策略，作为匈奴首领称号的单于是这一中国理论运用到极致的产物。大原信正《后汉延康元年（220）的大飨礼——基于亳州市“大飨残碑”的发现》（妹尾达彦编著《非洲·欧亚大陆的都市和社会》，中央大学出版部）参照近年安徽省亳州市新发现的“魏大飨碑”的残片对“魏大飨碑”的录文进行复原和释读，阐明了曹丕在延康元年七月进行的大飨礼是为了使朝堂内外看到曹丕的巨大功绩，具有促成汉魏禅让革命的意义。伊藤光成《魏文帝的国际秩序构想——“汉代国际秩序”的继承》(《东洋学报》102–3）指出曹魏文帝与周边诸国建立关系之际，致力于继承“汉代的国际秩序”结构，并且重视魏作为“汉继承者”的正统地位。菊地大《孙吴的探索与汉·南越》(《金子修一先生古稀记念文集 东亚的皇帝权力与国际秩序》，金子修一先生古稀记念论文集编集委员会）指出，以汉魏禅让为契机，从依附曹魏到独立建国的孙吴政权不同于蜀汉政权，一方面继续维持汉朝的历史和传统，另一方面存在将本国比拟为汉代外臣南越的意识。

堀内淳一《“汉化政策”来源考》(《东洋史研究》79–3）总览了南北朝至近代对于北魏孝文帝诸政策的评价，考察了作为学术用语的“汉化政策”的来源。该文指出孝文帝诸多政策在北朝时期被视为回归传统与理想的中国王朝的复古政策，但是在唐末以降，却被评价为“用夷变夏”。之后直至20世纪上半叶，在日本和中国出现了“汉化”的用语，二战后“汉化”的用语便普及开来。冈田和一郎《北魏国家的战争》(《历史评论》838）考察了孝文帝之前北魏的对外战争以及由此纳入北魏统治下的各民族“新民”的处境。川本芳昭《北魏迁都洛阳与孝文帝的改革——以改革在中国史上的位置为中心》(气贺泽保规编著《隋唐洛阳和东亚：洛阳学的新视域》，法藏馆）论述了孝文帝迁都之后，出现源于南朝铭词的墓志铭盛行的现象，这是由于墓志铭被视作企图建立新中华的“汉化”政策中的一环而被使用。另外，川本氏论述了孝文帝对五德相生下王朝次序的修改，以及这种修改在中国史上的意义。田熊敬之《北齐“恩倖”再考——以作为君主内务官的尝食典御与主衣都统为中心》(《史学杂志》129–7）指出，北朝恩倖的标准不是民族出身，而是对朝政的干预程度，并且注意到恩倖中可能对朝政有所干预的官职，即被称为尝食典御与主衣都统的君主内务官。君主内务官是北朝受到游牧制度影响的特殊官职，北齐各个阶层的胡人、汉人被提拔为此官，从而打破了旧有的门阀体制，促进了社会阶层的流动。山下将司《汉文墓志所描绘的六世纪华北分裂时期的粟特人》(《日本女子大学纪要：文学部》69）一文指出，西魏与北周时期以军人身份活跃的粟特人一方面维持着作为家业的商业活动，同时他们在各地所设的粟特聚落之间密切合作并展开贸易。

三田辰彦《东晋南朝的皇太妃》(《集刊东洋学》122）指出，东晋哀帝时期始制皇太妃的尊号，此尊号授予哀帝生母周氏与当时围绕皇统的复杂情况有关。刘宋时期对侧室出身的皇帝生母的礼遇，有授予皇太后的趋势，之后齐、梁、陈时期，便不再见到授予皇太妃的事例。织田めぐみ《〈阳秋〉——东晋时期皇帝生母的避讳》(《史窗》77）指出简文帝生母郑阿春（宣太后）的避讳源于当时社会上的"过礼"，而且作为郑氏孙子的孝武帝试图通过郑氏地位的上升来显示自身皇位继承的合法性。

三、制度

金子修一《关于皇帝敬问——汉至隋的场合》(《国学院大学大学院纪要：文学研究科》51）对汉至隋时期文书开头的形式"皇帝敬问""皇帝问"的用例进行了探讨，即皇帝给周边诸国、民族以及国内臣属的文书开头的形式。"皇帝敬问"存在对地位对等者所发出的事例，同时相比于"皇帝问"所适用的对象，"皇帝敬问"是用于给地位更高者所发出的文书。佐川英治《中国古代都城的客馆及其所示的天下观》(《都城制研究》14）以外国使节居住的客馆设置为线索，考察了汉唐之间都城设计的变迁。小林聪《汉唐间的乐制体系和冠服体系——乐人如何装扮舞蹈，如何演奏？》(《埼玉大学纪要：教育学部》69–1）指出通观汉唐间乐人所穿冠服的变迁，曹魏制定的"乐人冠服体系"不断修正并延续至唐代。

川合安《南朝的州大中正》(《集刊东洋学》123）在整理南朝州大中正的诸学说之上，重新检讨了相关史料，指出州大中正的乡品认定和地方上属僚人事的承认并不是主要依据门第机械进行的。小尾孝夫《"军郡"补遗——以“军郡事”的考察为中心》(《大东文化大学汉学会志》59)考察了《宋书》中都督以下的统军权领域的记载里出现的“郡事”,阐明了“军郡事”主要是出现在无实土的侨郡或者流民集团成为统军对象的情况下。同时该文指出“军郡事”以刘裕义熙土断之上州镇的改制为界线,其后便于史无文。

四、社会

葭森健介《“士庶”考:汉至六朝士人和庶民的关系》(《名古屋大学东洋史研究报告》44)通过对史书中出现的“士民”“吏民”“士庶”此类语词的分析,考察了始于先秦历经汉代直至六朝时代的“士”和“民”“庶”关系的变迁。户川贵行《华北地区中国雅乐的成立——以五到六世纪为中心》(《史学杂志》129-4)指出,北魏末期尔朱兆主导的对洛阳的攻击之后,产生了以西凉乐为中心的新雅乐,新雅乐被之后的北齐与北周继承,这是用“周礼”给本质上不是“中国”传统乐的西凉乐披上“传统”的外衣。另外,此时期南朝《周礼》研究的影响也受到了承认。夏炎《北魏洛阳时期权贵豪门宅第的奢侈之风始末与孝文帝的迁都改革》(气贺泽保规编著《隋唐洛阳和东亚:洛阳学的新视域》,法藏馆)指出迁都洛阳而导致平城时代的权臣之间蔓延出私宅奢侈化的风气,孝文帝虽然试图纠正此风气,但是在宣武帝与孝明帝时期,为了得到权臣的政治支持而默许他们建造豪宅,再次增强了奢侈化的风气。北村一仁《寺院、摩崖、石窟的位置所见的交通路线——北朝后期至隋代的洛阳至东南地区》(气贺泽保规编著《隋唐洛阳和东亚:洛阳学的新视域》,法藏馆)使用佛教寺院、石窟、摩崖石刻等细致考证了北朝后期至隋代洛阳往东南方向上,途径阳城县前往荥阳、郑州、许昌各个方向的交通路线。

另外,研究史的整理和考察有小岛茂稔的《“‘共同体’论争”的意义和课题》(《历史评论》837)。回顾战后日本重田德与谷川道雄、川胜义雄涵盖中国史学重要论点的“共同体”论争，并探索其今日的意义。

五、思想、文化

关于史书编纂与史料学发表了较多的研究成果。永田拓治《东晋时期校书事业与晋史编纂》(《九州大学东洋史论集》47)指明西晋确立的校书和国史编纂联动而形成的“校书修史体制”是东晋时期重新构建的产物。同时指出当时史书不足的状况提高了史部的重要性，这也是四部分类中史部居于子部之前的要因。小池直子《关于〈晋书〉的接纳与评价的考察》(《亚洲文化研究所研究年报》54)指明了日本近现代《晋书》的普及情况和未来，并对日、中各个时代的《晋书》进行整理评价。刘知幾《史通》对晋书的批判长期影响后世对《晋书》的评价，因而1970年以前对于该书的史料批判研究并不充分，直至近年才开始将编纂的考量纳入到《晋书》的研究中。渡边义浩《〈晋书〉的御纂和正史的成立》(《三国志研究》15)概观唐初《晋书》编纂的过程，同时对《晋书》从《世说新语》中所摘录记事的意义进行考察。渡边义浩《围绕北魏史书的展开》(《早稻田大学综合人文科学研究中心研究志》8)追溯了崔浩的《国史》、崔鸿的《十六国春秋》以及魏收的《魏书》的编纂过程，对汉人贵族在胡族政权下如何书写史书进行考察。

佐藤达郎《关于王珪之〈齐职仪〉的编纂》(《东洋史研究》79-2)对《齐职仪》辑佚的同时考察其编纂状况和史料特征。该书的编纂作为宋齐革命时期职官秩序重建的一环，其内容记述了上古到宋齐历代官制的沿革，史学著作的特征很明显，而且其叙述形式影响到了之后的《唐六典》和《通典》。付晨晨《〈修文殿御览〉编纂再考——南朝类书的北传和北朝类书的诞生》(《东方学》140)指出北齐的类书《修文殿御览》一方面以南朝的类书《华林遍略》为底本，另一方面有着独特的北朝特征，这反映了北齐试图确立中国历史上正统国家地位的政治目的。梶山智史《魏收〈魏书〉的时代认识》（榎本淳一、吉永匡史、河内春人编《中国学术的东亚传播和古代日本》，勉诚出版）指出《魏书》卷九五到九九关于五胡十六国、东晋、南朝的君主传记反映了北朝人对南朝抱有强烈的对抗意识，他们基于此而形成独特的时代认识，成为北魏作为中国正统王朝的依据中不可或缺的一部分。河内桂《刘知幾〈史通〉中五胡十六国关系的史料批评：以魏收〈魏书〉与崔鸿〈十六国春秋〉为中心》（榎本淳一、吉永匡史、河内春人编《中国学术的东亚传播和古代日本》，勉诚出版）指出《史通》中有以魏收《魏书》和崔鸿《十六国春秋》为中心的五胡十六国关系的史料批评，对其进行提取和整理，并以此阐明刘知幾关于五胡十六国的史观。

另外，关于史料整理，榎本淳一《关于九州国立博物馆藏〈晋书列传卷第五十一零卷〉》（小口雅史编《古代东亚史料论》，同成社）对被指定为重要文化财产的九州国立博物馆所藏的奈良时代古抄本《晋书》断卷（卷八一列传五一中《朱伺传》到《毛宝传》的部分）进行了移录、校对和基础性的考察。另外，其指出该史料与日本现存酒井宇吉氏藏《旧钞卷子本晋书残卷》是同源的抄本。津田资久《静嘉堂文库所藏〈建康实录〉校勘记（一）》（《国士馆人文学》10）将日本静嘉堂文库所藏的抄本《建康实录》第一到四卷与中国国家图书馆所藏的南宋绍兴刊本《建康实录》进行校对。

关于学术，古桥纪宏《郑玄和王肃》（川原秀城编《汉学为何：汉唐及清代中后期的学术世界》，勉诚出版）认为后汉的郑玄大幅修正了汉代的经学，建构了以经书和纬书为中心的诸文献的整合性解释，但是他的学说包含与当时的制度和社会理念相违背的要素。曹魏明帝时期，王肃从符合当时制度和一般观念的现实立场出发，对郑玄的学说进行了反驳，对其学说起到了修正的作用。池田恭哉《北朝的学问与徐遵明》（川原秀城编《汉学为何：汉唐及清代中后期的学术世界》，勉诚出版）追溯了“北魏大儒”徐遵明所建学团的发展过程，之后在其门下产生了徒孙马敬德、魏质、李铉等继承者，并且这些徒弟中也多有经学知识广博的经学者，这也是徐遵明的学问在当时受到认可且传之后世的重要原因。南泽良彦《明堂所见传统与革新——南北朝的汉学》（川原秀城编《汉学为何：汉唐及清代中后期的学术世界》，勉诚出版）分析了明堂的构造和建筑样式的变迁及其背后的学术倾向，阐明南朝和北朝都以汉代学术正统的继承者自居，北朝复原了接近汉代理想的明堂，而南朝的明堂则与汉代貌同实异。洲胁武志《王俭的学术》（榎本淳一、吉永匡史、河内春人编《中国学术的东亚传播和古代日本》，勉诚出版）指出永明三年（485）王俭的私宅开设了学士馆，当时王俭奉诏从事制定五礼的事务，因而总明观的图书也移设于此。“学士馆”与“总明观的图书”这样的环境不仅影响了王俭的礼学，而且很大程度上影响了当时的学术。

六、考古、美术

关于镇墓瓶铭文（镇墓文），出版了关尾史郎《河西魏晋、〈五胡〉墓出土的镇墓瓶铭文（镇墓文）集成》（汲古书院）。该书为关尾史郎2005年出版《中国西北地域出土镇墓文集成（稿）》（新潟大学大域项目研究资料丛刊）的增补改订版，其中收有录文、出土场所、著录等信息。

关于简牍，出版了伊藤敏雄、关尾史郎所编的《后汉、魏晋简牍的世界》（汲古书院）。该书收录了11篇论文，其中魏晋时代相关的有以下9篇。安部聪一郎《临湘县的地理环境和走马楼吴简》认为走马楼吴简是以长沙郡临湘县写成的行政文书为中心的史料群，基于此史料群在对后代文献的记述与吴简中出现的地名做比对的同时，以湘江的地名为中心进行比定工作。熊曲（小野响译）《关于〈嘉禾五年贫民贷食米斛数簿〉》讨论了篇名簿籍的制作过程及“贫民”生存状况等问题。杨芬（石原辽平译）《关于走马楼吴简〈史潘虑料刺中仓吏李金所领嘉禾三年䄪米要簿〉的考察》细致讨论并收集了篇名簿籍相关构成简的出土状况，并考察了“䄪米”的内容和县仓的监查体制。鹫尾祐子《关于走马楼吴简吏民簿的编制时期》指明具有多种样式的“吏民簿”，其样式的不同源于不同的制作目的和编制时期。苏俊林《走马楼吴简所见的孙吴盐政》从走马楼吴简中辑出有关于盐政的简牍，从盐政的官署和官员、盐的贩卖方法以及监察体制等多个角度来探讨。永田拓治《关于南京出土的吴简与西晋简》对篇名中的史料群进行了整理和介绍，并对相关的出土地点进行了探讨。伊藤敏雄《楼兰魏晋简的再探讨——以楼兰魏晋简的分类和券的格式为中心》基于近年汉简和长沙吴简的研究成果对楼兰魏晋简进行了分类，同时将楼兰魏晋简中券的格式和特征与长沙吴简中的莂进行比较讨论。町田隆吉《关于甘肃、临泽出土的西晋简——以诉讼关系文书和“坞”、“坞舍”的解读为中心》将关于固定资产的民事诉讼文书《西晋建兴元年（313）十二月临泽县廷决断孙氏田坞案册》与走马楼吴简的文书形式做比较探讨，同时将该文书中所涉及的“坞”与河西出土的魏晋时代的砖画与壁画等做对比考察。关尾史郎《围绕名刺简的诸问题》在概览中国各地出土的名刺简的基础上，指出作为明器殉葬的名刺简有墓志的功能，这是石刻墓志的起源之一。此外，关于其他简牍，也有将楼兰魏晋简中的“关、省”“白”“言”的语义与长沙吴简等做比较的考察——伊藤敏雄《楼兰魏晋简中的“关、省”、“白”、“言”文书简——以与长沙吴简等格式的比较为中心》(《历史研究（大阪教育大学历史学研究室）》57）。

关于石刻，窪添庆文《关于北朝墓志》(《中国——社会和文化》35）指出北朝墓志的资料收集存在着各种困难，同时也存在着墓志的真假、机能和制作目的等问题，著者在自身经验之上探讨了使用北朝墓志进行研究时所遇到的诸多问题。李航《关于墓志真假一视角——以京都藤井齐成会有邻馆藏〈杨松年墓志〉为线索》(《古代文化》72-1）指出《杨松年墓志》《杨通墓志》《赵通墓志》《李祈年墓志》四墓志都以东魏《王偃墓志》为蓝本进行伪造。而且，同为真刻的《王偃墓志》和《侯海墓志》，因两者志文有着高度的相似性，所以其撰文应源于同一人之手。仓本尚德《北朝造像铭：其起源与展开》(《历史与地理》732）指出北朝的造像铭反映着印度和中国之间的文化交流状况。北朝造像铭中的文章构造大致分成两种类型，一种是在印度佛教奉献铭文的形式上吸收中国要素，一种是汉代以来的碑铭形式发展的产物。黑田彰《魏曹操高陵的孝子传图——以申生图为中心》(《佛教大学文学部论集》104）指出曹操高陵的画像石中描绘的孝子传图有申生、金日磾、伯瑜等图像。同时推测出曹操高陵除了孝子传图的画像石，还有列女传图和列士传图等画像石构成的石室。黑田彰《关于吴氏藏王子乔石床——付张洹氏藏北魏二种石床》(《佛教大学文学部论集》104）介绍了深圳市金石艺术博物馆新获得的王子乔石床以及与之相关的上海张洹氏所藏的北魏石床。这些石床中王子乔图和竹林七贤图所描绘的状况，与当时买地券所见的自古以来的生死观有着很深的关联。

另外关于考古和美术，阿部幸信《关于门阙左右设置的动物像的基础考察——以狮子像的雌雄问题为中心》(《中央大学文学部纪要：史学》65）通观权力者的陵墓、宗教建筑、宫殿和纪念碑等公共设施门前左右配置的一对狮子像在东亚的传播，重点探讨了狮子像的雌雄表达和包含在其中的宇宙论。岛田さな绘《〈历代名画记〉所见魏晋以前的画家和作品》(《人文研纪要（中央大学人文科学研究所)》96）提出在画家的社会地位和画的题材的变化这一点上，西汉是一个转变节点。逮至晋代，画家们之间产生了师徒关系，形成吸收吴国绘画流派的团体和以琅琊王氏为中心的团体以及戴氏家族团体。同时该文指出当时的绘画技巧不是单独传播的，而是与其他艺术相结合，具有思想性和精神性一体传播的倾向。西林孝浩《北朝至隋代建筑描写的展开及其意义》(《立命馆言语文化研究》31-3）指出北朝末期至隋代的建筑描写中所见的回廊和围壁描写，被重新定义为明示画中空间扩展的划时代技法，这可能成为唐代前半期“山水之变”的绘画描写中平远画法的基础。

七、结论

综上所述，2020年尽管发生了新冠肺炎疫情灾难，但是仍然发布了较多的研究成果。不过，这些成果大多数都是基于新冠疫情灾难之前的研究积累而产生的。2020年因受新冠肺炎影响，是研究活动伴随困难的一年，特别是海外通航的禁止，前往海外的学术交流和史料调查无法展开，这样的状况令人困扰。在本文撰写的2021年，这种状况仍在持续，今后这种状况如果长时间持续下去的话，或许会给研究的进展带来阻碍。笔者衷心希望一切能尽快恢复如常。

2020年度欧美学界魏晋南北朝史研究回顾

姜虎愚

此前，孙英刚教授为本会刊第二卷撰写了《2019年以来西方魏晋南北朝史研究的回顾》一文，分别从区域史、图像学、中外关系、宗教及六朝史贯通性研究等方面对欧美学界成果予以评述，其中已部分涵盖了2020年相关作品的介绍。因此，本文在该作基础之上进行了若干补充以供学界参考。本回顾中所有汉译名称均为方便暂拟，非正式译名。

首先，关于六朝史研究专刊《中国中古研究》（*Early Medieval China*）第二十六期所载文章，除孙文已介绍的戚安道（Andrew Chittick）所作《一份宣言：早期中古史研究的地方化思路》（Thinking Regionally in Early Medieval Studies:A Manifesto）及米欧敏（Olivia Milburn）《尝蜜：中国中古早期关于甜味剂的写作》（A Taste of Honey:Early Medieval Chinese Writings about Sweeteners）二文外，还有两篇专题研究，分别是丽贝卡·多兰（Rebecca Doran）的《时尚与历史想象：孙寿“妖态”的个案研究》（Fashion and Historical Imagination:The Case of Sun Shou's “Bewitching and Strange Appearances”）及罗奕奕《北周宫廷宗教论辩的文学回应》（Literary Responses to Religious Debates at the Northern Zhou Court）。

其中，多兰的研究主要关注了东汉权臣梁冀之妻孙寿及其所“发明”的堕马髻、啼妆等时尚妆容在不同历史时代中的文化形象。应当说，中外学界利用图像及文献，对我国古代服饰文化及“服妖”等现象已有不少讨论，而多兰的贡献则在于将《后汉书》等主流史传对孙寿的道德批判、图像及文献所反映的堕马髻在社会中的实际发展，以及后世文人对这些妆容的借用与再创造等面向进行了全面梳理，有力地得出了一系列结论：孙寿并非堕马髻这一时尚的发明者，而且尽管保守的主流话语将之作为服妖借题批判，却并不能反映社会对这一风尚的实际接纳。而堕马髻作为文化符号，在后世也不单作为衰世或奢侈之征，它同样被当作时尚及肤浅地追求外表之美的代名词。值得一提的是，作者在中国古代性别及时尚文化方面深耕细作，继其在2017年出版著作《诸般逾矩：唐代早期性别与权力的建构》（*Transgressive Typologies: Constructions of Gender and Power in Early Tang China*）后又于2019年在《泰东》（*Asia Major*）第32卷发表了《发型、头饰及服妖的概念》［Hairstyle and Headgear Transgressions, and the Concept of Fuyao (Ornamentation Anomaly)］一文。

罗氏作品则聚焦于文学作品所反映的北周武帝时愈发紧张的政教及佛道关系，其主要讨论对象为周武帝《二教钟铭并序》、庾信《奉和阐弘二教应诏》及《奉和法筵应诏》。作者认为庾信的作品暗含其对当时宗教政策的不满，同时还透过用词揭示了庾信可能偏向道教的知识结构等。

专题研究外，《中国中古研究》该期还登载了张月整理的2011—2019年大陆学界六朝文学著作选目［A Selective Bibliography of Mainland Chinese Books(2011-2019)on Early Medieval Chinese Literature］，该作上承作者于同刊2012年第18期所集大陆学界2002—2010年的六朝文学著作选目，可见西方学界对大陆中古文学史成果保持着相当程度的重视。而刊物所收篇目也确如当期主编方博源（J.Michael Farmer）于编者按中所言：文史研究一直是《中国中古研究》长期以来的核心内容，但其乐见更多的艺术、物质及宗教研究被包括进来。方氏已于本期之后卸任主编，由田晓菲教授继任，刊物选题传统或将得到进一步的发扬。

另外也确如方博源所乐见般，2020年度西方学界在物质文化方面的研究颇富，除《尝蜜》外，米欧敏还于《美国东方学会会刊》（*Journal of the American Oriental Society*）2020年第140期第3号发表了《早期与中古中国的羽饰》（Featherwork in Early and Medieval China）一文。该文借鉴了太平洋岛屿及拉美地区羽饰的研究范式，对先秦至唐代的羽毛制品进行了分类观察，将其分为软基、硬基及可以纺入织物的羽线三类，同时也关注了提供羽毛的异域禽类之贸易，以及作为奢侈品及工艺品之羽饰的消费情况。明清以来海外贸易不断发展，也推动了羽饰文化的进一步繁荣，但作者通过对中古及更早之汉地文献记载的考察，认为这一影响不宜被过分夸大。而米氏在《尝蜜》中分析魏晋时期文学作品中关于蜜、甘蔗等甜味剂的记载时，所关心的也是这些高档甜味剂对社会上层身份的彰示作用，而当时已颇为普及的麦芽糖则罕见于文学记载。尽管研究对象不同，我们仍能发现贯穿于米氏之物质文化研究的社会观照。

此外，《美国东方学会会刊》140卷第2号登载了田晓菲教授《中唐时代的故物文化观》（The Cultural Politics of Old Things in Mid-Tang China），作者以旧物与破损之物的文学表达为主要关注点，从六朝笔记小说中的人、物关系着手梳理，最终提炼出8世纪后半至9世纪前期部分中唐作家们对旧物观念的转变，以及这种旧物感伤文化与宋代嗜古癖好间的区别。无论是旧物还是新潮，当前欧美学界的物质文化研究均重视透过物质现象及其文本记载思考人物关系，在较长时段中持续关注物质现象的社会背景及文化塑造，借此靠近古代中国的种种社会实态。

社会文化方面，方博源的《公孙述统治时期的称病》（Calling in Sick during the Reign of Gongsun Shu）发表于《美国东方学会会刊》第140期第3号。该文虽题作公孙述时代之研究，然实则关注常璩在《华阳国志》中对当时士人称病事迹的书写方式：蜀地士人常通过类似手段回绝公孙述之拉拢，而范晔又对这些书写进行了继承与加工。作者认为模式化的称病故事未必真能反映当时的历史实态，却表达了常璩褒扬汉室、贬抑公孙，同时塑造出蜀地士人忠义不屈之形象的编纂意图。值得一提的是，方博源的作品立论清晰，选材恰当，叙述平实轻快，契合汉语六朝研究的审美传统，阅读体验尤佳。

肯塔基大学何建军教授于《美国东方学会会刊》第140卷第3号发表了《尽孝的身体焦虑：早期儒家文献对孝的讨论》（Anxiety over the Filial Body: Discussions on Xiao in Early Confucian Texts），何文深入探究了关于尽孝之实的一个固有矛盾，而该矛盾自先秦儒家伊始就已引发顾虑：孝无实情则易伪，立礼节之虽可导善正伪，却可能滋长出表演孝道的伪来。于是苦节自毁等身体孝行开始被当作对孝行真伪的判定标准，却无法避免以身尽孝仍存虚伪及过当之可能。魏晋时期王戎、阮籍有争议的著名孝行也被作者纳入对伪孝焦虑的考察之中。

宗教史方面，胡海燕（Haiyan Hu-von Hinüber）刊于《中国宗教研究》（*Studies in Chinese Religions*）第6卷的《305至435年印度佛僧尝试的海上入华之旅》（The sea voyage to China attempted by Indian Buddhist monks during the years from 305 to 435）一文以耆域、佛驮跋陀罗、求那跋陀罗三位高僧的史传记录为中心，结合考古及图像学方法探讨了中古早期由印度航海入华旅程中的种种细节，包括航路、人员、船舶及遭遇危难时的济渡手段等；李尚晔（Sangyop Lee）于《通报》（*T'oung Pao*）第106期发表了《"高僧"的发明：透过〈名僧传〉解读〈高僧传〉的传记建构》（The Invention of the "Eminent Monk":Understanding the Biographical Craft of the *Gaoseng zhuan* through the *Mingseng zhuan*）一文，作者通过对宝唱《名僧传》写本残卷的考察，重新审视了慧皎《高僧传》的编辑过程及两部僧传之间的关系，认为长期以来学界所持《名僧传》为《高僧传》最主要的材料来源之假设需要被重新看待，而二传之间关系更为松散，有类于康若柏（Robert Ford Campany）所谓“叙述群体”。通过对两部传记的细致对比，则能反映出《高僧传》中的种种编辑倾向，而慧皎也正是借此推广其心目中的理想高僧形象。

经过上述回顾，可见本年度西方学界的早期中古史研究在材料搜集运用方面有不少亮眼之处，对汉语中古史同仁的成果也有所重视。而作为西方汉学界旧有短板的过度思考、生硬解读、理论及用语繁杂等问题时或存在，但并不妨碍汉语学界赏鉴其善思善问、视野开阔的所长。魏晋南北朝史研究的不断发展，有赖于海内外学界对彼此佳作保持互相关注以携手进步。

【第二部分】

专题综述

中古道教碑刻研究概说

孙 齐

法国道教学者索安（Anna K.Seidel）在1990年完稿的《西方道教研究编年史》[①]一书中，介绍了可用于早期道教研究的主要材料:《道藏》、敦煌道经和碑铭，并指出后者被大大地忽视了。时至今日，我们看到，就中古道教史亦即魏晋至隋唐一段的道教历史而言，近数十年来不断保持研究热度的主要源泉正是对《藏》内经典和敦煌道经的文献学发掘。当下我们对中古道教史发展脉络的主流认识，很大程度上是依靠对早期道教经典系统的梳理来叙述的。中古道教史几乎可以等同于六朝道经成立史。这种范式可称为“以经典为中心的教派主义（sectarianism）”视角，但是单凭对经典的文献学分析，很难真正把握其背后的信仰群体。[②]

碑刻材料对于突破旧的认识框架有特别重要的价值。作为道教信仰活

① ［法］索安著，吕鹏志、陈平等译：《西方道教研究编年史》，中华书局，2003年，第11 ~ 18页。

② 参孙齐：《从领户治民到出家住观——中古道教体制变迁述论》，载复旦大学历史学系、《中国中古史研究》编委会编：《中国中古史研究》第七卷，中西书局，2019年，第339 ~ 341页。

动的直接遗存，道教碑刻能让我们更直接地面对当日道教的实存状态。其中反映出的中古道教的面貌，与道教经典中所反映出的，并不全然一致。近年来，随着新材料的不断刊布和研究成果的持续积累，几乎到了可以以碑刻材料为中心来重新讲述中古道教史的地步。本文即是一个初步的尝试：首先概述目前所能利用的中古道教碑刻的主要类型，然后在学界研究的基础上试着提炼碑刻材料对认识中古道教史提供的新线索。因为并非单纯的学术综述，本文难免挂一漏万，尚祈读者见谅。

基础资料概说

中古道教碑刻的大宗，是碑志（碑铭、墓志）与造像。据笔者粗略统计，宋代以前的道教碑铭墓志，目前有碑文遗存下来的大概有300余篇——若算上历代有著录而今佚者，总数约600种；北朝隋唐道教造像（含佛道混合造像），大概有300种。此外，还有不多的道教买地券和道教石窟。以上合计总数约1000种。这一数量与佛教相比差距很大：同期佛教仅塔铭墓志目前即存1100余篇，[①]佛教造像仅北朝即有近4000种。[②]

中古道教碑刻数量不多，但吉光片羽，更应该有完备的整理。然而，目前最基础而便利的资料集仍是陈垣先生在1920年代着手编纂，最终由陈智超、曾庆瑛校补出版的《道家金石略》[③]一书。该书以缪荃孙艺风堂等旧藏拓片为基础，广泛搜讨历代金石志、地方志、文集和《道藏》内的道教碑铭与造像，从汉至明，共录碑志1538通。虽然本书编纂的初衷和最大的学术价值在于宋元道教史研究，但其中收录的汉唐道教碑刻240种，依然是

① 参徐明编著：《中国佛教金石文献·塔铭墓志部》，上海书店出版社，2018年。
② 参李爽：《北魏造像记整理与研究》，硕士学位论文，吉林大学，2020年；黄志明：《东魏西魏北齐北周造像记整理与研究》，硕士学位论文，吉林大学，2020年。
③ 陈垣编纂，陈智超、曾庆瑛校补：《道家金石略》，文物出版社，1988年。

目前最方便取用的专门资料汇编。

不过，《道家金石略》存在不少缺憾，需要在使用中加以注意。一是本书存在大量失收的情况。除编者所未及见的新出碑刻材料外，本书对传世文献中保存的道教碑志未能收罗备至。仅以《全唐文》为参照，本书所未收的重要碑志就有徐太亨《(青城山）丈人祠庙碑》、颜真卿《魏夫人仙坛碑铭》、柳识《茅山白鹤庙记》、权德舆《唐故太清宫三洞法师吴先生（善经）碑铭并序》、王师简《下泊宫三茅君素像记》、韦乾度《桃源观石坛记》、段文昌《修仙都观记》、冯宿《大唐升元刘先生（从政）碑铭》、狄中立《桃源观山界记》、李商隐《梓州道兴观碑铭》《道士胡君新井碣铭》、郑畋《唐故上都龙兴观三洞经箓赐紫法师邓先生（延康）墓志铭》、徐锴《茅山道门威仪邓先生（启霞）碑》等数十篇。如果加上陈尚君《全唐文补编》等工具书的补充，这一数量还会更多。另一方面，宋代金石书特别是《宝刻丛编》《宝刻类编》《舆地碑记目》等著录的大量已佚中古道教碑志，虽然没有录存碑文，但所述撰书人和时空等信息，依然非常宝贵。[①]《艺文类聚》《太平御览》等类书中收录少量汉魏六朝道教碑刻佚文，亦不容忽视。

二是本书存在录文不全和误收的情况。缺录者，如梁普通三年（522）《九锡真人三茅君碑》仅据《茅山志》卷二〇收录碑文，但载于同书卷一五的近百人的碑阴题名失收。[②]唐贞观八年（634）《祁观天尊碑》有碑阴和碑侧题名，刊布于《三晋石刻大全·运城市绛县卷》[③]，可知该碑为郑正一撰文，三洞法师张神则书碑。仪凤二年（677）《润州仁静观魏法师（降）碑》

---

① 对此有刘昭瑞《宋代著录石刻纂注》（北京图书馆出版社，2002 年）可供检索。

② 陈垣编纂，陈智超、曾庆瑛校补：《道家金石略》，第 26 ~ 28 页。参魏斌：《句容茅山的兴起与南朝社会》，《历史研究》2014 年第 3 期，第 22 ~ 41 页。

③ 陈垣编纂，陈智超、曾庆瑛校补：《道家金石略》，第 50 ~ 51 页。参李玉明、王雅安主编，柴广胜分册主编：《三晋石刻大全 · 运城市绛县卷》，三晋出版社，2014 年，第 5 ~ 10 页。

碑阴题名共17列，本书仅录前4列，余未录。[①]垂拱二年（686）《白鹤观碑》碑阴有天宝三载（744）刻长诗一首，见于清修《长子县志》。[②]天宝十一载（752）《王屋山刘若水碑》碑侧有大和五年（831）山人胡遨题记，见《平津馆金石萃编》。[③]天宝十一载《云门山投龙诗》仅收诗序，诗文及题名因拓片漫漶未录。[④]贞元十四年（798）《中条山靖院道堂铭并序》碑阴为贞元十九年（803）武功苏徊撰《中条山道靖院奉真堂之颂并序》，本书失收。[⑤]误收者，如隋开皇十一年（591）《修老子庙碑》实为造佛教尼寺碑；[⑥]调露二年（680）《仙人山嵓玉像并画像之铭颂》实为佛教造像碑；[⑦]神龙元年（705）《颜文达等造老子象记》虽录文称“造老子三尊一铺”，但审其文辞与题名，亦疑为佛教造像。[⑧]

三是本书录文亦存在很多问题。诚如陈垣先生所言：“抄书易，抄碑

① 陈垣编纂，陈智超、曾庆瑛校补：《道家金石略》，第64～67页。参周鼎：《家族、地域与信仰：〈唐润州仁静观魏法师碑〉所见唐初江南社会》，《史林》2019年第1期，第38～46页。

② 陈垣编纂，陈智超、曾庆瑛校补：《道家金石略》，第72～74页。参陈尚君辑校：《全唐诗补编》，中华书局，1992年，第1795页。

③ 陈垣编纂，陈智超、曾庆瑛校补：《道家金石略》，第144～145页。参陈尚君辑校：《全唐文补编》，中华书局，2005年，第822页。

④ 陈垣编纂，陈智超、曾庆瑛校补：《道家金石略》，第145页。参陈尚君辑校：《全唐诗补编》，第153～154页。

⑤ 陈垣编纂，陈智超、曾庆瑛校补：《道家金石略》，第169页。参陈尚君辑校：《全唐文补编》，第695页。

⑥ 陈垣编纂，陈智超、曾庆瑛校补：《道家金石略》，第43～44页。即〔清〕王昶《金石萃编》卷三八著录之《诏立僧尼二寺记》、〔清〕严可均《全隋文》卷三〇著录之《建安公等造尼寺碑》。

⑦ 陈垣编纂，陈智超、曾庆瑛校补：《道家金石略》，第67～68页。参陈尚君辑校：《全唐文补编》，第1521页。

⑧ 陈垣编纂，陈智超、曾庆瑛校补：《道家金石略》，第96页。录文载〔清〕许瀚《攀古小庐杂著》卷一〇《唐太清观碑》。

难；抄碑易，校碑难。”[①]因所依据的拓本或有漫漶，兼之未能广泛参校，所以在录文方面，尤其是专据“艺拓（艺风堂藏拓）”过录的碑文，错漏甚多，几乎都需要核查拓片或参考其他录文之后才能使用。

分地的道教碑刻集，目前也有多种。比较重要的有龙显昭等主编的《巴蜀道教碑文集成》[②]。该书收录汉至清四川地区道教碑铭造像计457篇，其中宋以前者虽仅30余篇，但不乏首次清理出的材料，如《成都文类》中的开皇十二年（592）辛德源《至真观记》、民国《南充县志》中的唐德宗《敕果州女道士谢自然白日飞升书》《敕果州刺史手书》、民国《合江县志》中的天复元年（901）张元济《刘真人（珍）记》等。其中尤为重要的是首次刊布的仁寿牛角寨摩崖天宝八载（749）《南竺观记》，其中透露唐前期道教经藏的情况，引发很多学者讨论。[③]类似的分地道教碑刻录文集，近年还有吴亚魁编《江南道教碑记资料集》、萧霁虹主编《云南道教碑刻辑录》、黎志添等编著《广州府道教庙宇碑刻集释》、潘明权等编《上海道教碑刻资料集》、赵卫东主编《山东道教碑刻集》等。因其中收录中古道教碑刻很少，这里不再赘述。[④]

出土道教墓志，目前还缺乏专门的汇录。这些墓志在《唐代墓志汇编》及《续集》、《全唐文补遗》、《大唐西市博物馆藏墓志研究》及《续一》、《西安碑林博物馆新藏墓志汇编》及《续编》、《洛阳新获墓志2015》、《西

---

① 陈垣编纂，陈智超、曾庆瑛校补：《道家金石略·校补前言》，第2页。

② 龙显昭、黄海德主编：《巴蜀道教碑文集成》，四川大学出版社，1997年。

③ 参刘屹：《唐前期道藏经目研究：以〈南竺观记〉和敦煌道经为中心》，in Poul Andersen and Florian C. Reiter eds. *Scriptures, Schools and Forms of Practice in Daoism: A Berlin Symposium*, Wiesbaden：Harrassowitz Verlag, 2005, pp.185-214。

④ 赵卫东主编：《山东道教碑刻集·青州、昌乐卷》所收新出《唐景云二年龙兴观灯台颂刻石》，齐鲁书社，2010年，第304 ~ 305页，录文较佳。另请参李森：《〈大唐龙兴观灯台颂并序〉石刻研考》，《临沂师范学院学报》2005年第5期，第116 ~ 118页。

南大学新藏墓志集释》等陆续出版的墓志汇编中，都有零星刊布。此外，已发掘而未正式公布或未经正式发掘而流传坊间的唐代道士墓志亦复不少，在期刊论文中屡见披露。这方面，尤以雷闻贡献最大，有相当数量的道士墓志经由他的研究首次公开。[①]目前所见唐代道士墓志在70种以上，此外俗家信士或隐士墓志亦有20种以上。这一数目肯定不全，并一定会随着墓志的不断出土而继续攀升。

大量未经考古发掘的墓志流布，也带来了碑刻作伪的问题。白照杰新撰《泡影集：新见唐代道士碑志疑义举例》一书，直指包括《田僓墓志》在内的多种新出重要墓志存在伪造嫌疑。[②]不过，碑刻辨伪最重要的可能是石花、书风等软性因素，所谓“古今气息，总可摩挲得之”[③]，很难单凭碑文内容完全论定。白氏所论诸种墓志中所见史实舛差，也很难说到底是作伪之“马脚”，抑或是尚待解释的新史实。不过，这也提示我们要对类似碑刻做最审慎地辨别之后才能加以利用。

除道教墓志外，唐代墓葬中还有一组五件的“灵宝五方镇墓石”，目前已知至少有40件，墓主并不限于道教徒。其中央多刻有秘篆文，四周环刻

① 如雷闻：《新见〈程紫霄墓志〉与唐末五代道教》，载中国社会科学院历史所隋唐宋辽金元史研究室编，黄正建主编：《隋唐辽宋金元史论丛》第三辑，2013年，第115～127页；《唐两京龙兴观略考》，载中国社会科学院历史所魏晋南北朝隋唐史研究室、宋辽金元史研究室编，刘晓、雷闻主编：《隋唐辽宋金元史论丛》第六辑，2016年，第138～159页；《被遗忘的皇妃——新见〈唐故淑妃玉真观女道士杨尊师（真一）墓志铭〉考释》，《华中师范大学学报》（人文社会科学版）2016年第1期，第138～148页；《贵妃之师：新出〈景龙观威仪田僓墓志〉所见盛唐道教》，《中华文史论丛》2019年第1期，第325～348页；《新见〈中都大弘道观主上清大洞刘尊师玄台铭〉跋》，载中国社会科学院古代史研究所隋唐五代十国史研究室、宋辽西夏金史研究室、元史研究室编，雷闻、康鹏、张国旺主编：《隋唐辽宋金元史论丛》第十辑，2020年，第53～61页。

② 参白照杰：《泡影集：新见唐代道士碑志疑义举例》，上海社会科学院出版社，2021年。

③〔清〕叶昌炽撰，柯昌泗评：《语石·语石异同评》，中华书局，1994年，第542页。

敕告文，其秘篆文摹刻自古灵宝经《太上洞玄灭度五炼生尸经》，体现出道教信仰对唐代丧葬礼俗的影响。[①]

在北朝道教造像方面，目前最完备的收集是李凇《中国道教美术史》第一卷[②]。该书共收录北魏至隋代道教造像176件（处），其中北朝造像102种。[③]不过仅笔者所见，该书漏收者仍不下10种。[④]此外，限于体例，该书虽尽可能提供了造像录文和照片，但多未附录拓片，仍当核查原拓才能使用。唐代道教造像的调查与研究更为滞后，目前仅有神塚淑子的研究成果报告书《唐代道教関係石刻史料の研究》[⑤]可以利用。该报告共收录隋代道教造像47种，唐代道教造像95种，阙漏仍多。李凇的普查提供了更多唐代道教造像的线索。[⑥]此外，在四川省开展的“四川散见唐宋佛道龛窟总录考

① 刘屹：《唐代的灵宝五方镇墓石研究——以大唐西市博物馆藏唐李义珪五方镇墓石为线索》，载荣新江主编：《唐研究》第十八卷，北京大学出版社，2012年，第7 ~ 36页。

② 李凇：《中国道教美术史》第一卷，湖南美术出版社，2011年。

③ 此外，相关的整理和研究还有胡文和《中国道教石刻艺术史》（高等教育出版社，2004年）、张泽珣《北魏关中道教造像记研究：附造像碑文录》（澳门大学，2009年）、张勋燎《北朝道教造像再研究》（《南方民族考古》第六辑，科学出版社，2010年，第165 ~ 170页）；［日］神塚淑子《六朝时代の道教造像》（《六朝道教思想の研究》，东京：创文社，1999年，第464 ~ 545页）、《隋代の道教造像》（《道教経典の形成と仏教》，名古屋：名古屋大学出版会，2017年，第146 ~ 179页）。另外，新近出版的魏宏利《北朝关中地区造像记整理与研究》（中国社会科学出版社，2017年）、胡春涛《山西五至八世纪造像碑的图像志研究》（广西美术出版社，2017年）等书中也有新的或更完善的材料公布。

④ 如山西芮城一地，即有北周天和三年（568）彩霞村造像碑、天和五年（570）郭始孙造像碑、天和六年（571）道民杨咏女造老君像、武成二年（560）焦神兴等造像碑（附刻隋大业十年（614）三洞法师乐玉妃等造像记）等道教造像未经著录，参孙齐：《芮城道教三百年史——以北朝隋唐造像为中心的考察》，载叶炜主编：《唐研究》第二十四卷，北京大学出版社，2019年，第207 ~ 266页。

⑤ ［日］神塚淑子：《唐代道教関係石刻史料の研究》，平成15年度—平成17年度科学研究费补助金研究成果报告书，2006年。

⑥ 李凇：《唐代道教美术年表》，载中山大学艺术史研究中心编：《艺术史研究》第7辑，中山大学出版社，2005年，第107 ~ 137页。

古调查”和“西南唐宋石窟寺遗存的调查与综合研究”等工作中，也陆续有新的道教龛窟、造像和题记发现公布，值得关注。[①]

造像之外，唐代还有专门一类伴随岳渎投龙活动而出现的行道题记，现存有近30种，雷闻对此有专门的收集与研究。[②]另外，唐代还出现了道教刻经碑和经幢。其中最重要的是开元二十三年（735）两京及各州共建的玄宗《御注道德经》石台，见于著录者至少有9种，[③]目前原石仍存的，如河北邢台、易县的两座都是高近7米的八面经幢，山西浮山县龙角山一种略小。河南鹿邑太清宫《开元神武皇帝道德经注碑》则是碑形。[④]在唐代，《阴符经》《度人经》《清净智慧观身经》等也曾刻石，现存者如大历六年（771）《田尊师（名德）碑》碑阴刻《清净智慧观身经》、原郑州开元寺有会昌六年（846）立《太上洞玄灵宝无量度人上品妙经幢》。[⑤]此外，今藏山西芮

---

① 参李飞：《川渝地区石窟及摩崖造像调查研究综述（2011—2020年）》，《四川文物》2021年第5期，第83 ~ 103页。早期的调查研究有胡文和《四川道教佛教石窟艺术》（四川人民出版社，1994年）、刘长久《安岳石窟艺术》（四川人民出版社，1997年）、刘长久《中国西南石窟艺术》（四川人民出版社，1998年）等。

② 参雷闻：《郊庙之外：隋唐国家祭祀与宗教》，生活·读书·新知三联书店，2009年，第205 ~ 210页。在雷闻所辑26种外，还可以补充如下几种：景云二年（711）四月廿七日《响堂山杨太希题记》，载张林堂主编：《响堂山石窟碑刻题记总录》第2册，外文出版社，2007年，第159页；开元十八年（730）六月七日《青城山王仙卿题记》，载龙显昭、黄海德主编：《巴蜀道教碑文集成》，第24页；开元廿七年（739）三月《大房山投龙璧记》，载陈垣编纂，陈智超、曾庆瑛校补：《道家金石略》，第123页。

③ 陈智超《唐玄宗〈道德经〉注诸问题——与李斌城同志磋商》（《世界宗教研究》1988年第3期，第146 ~ 150页）一文提到了怀州、易州、邢州、荆州4种。在宋代金石书中还能见到成都、陕州、明州、苏州4种，载刘昭瑞：《宋代著录石刻纂注》，第124页。晋州龙角山一种，参邢作梅：《山西浮山县发现〈太上老君道德经之幢〉及唐皇二序》，《中国道教》1998年第2期，第47页。

④ 陈尚君辑校：《全唐文补编》据《光绪鹿邑县志》录文，第461页。

⑤ 参刘昭瑞：《宋代著录石刻纂注》，第123 ~ 129页；陈垣编纂，陈智超、曾庆瑛校补：《道家金石略》，第153 ~ 154页；郑州市博物馆：《郑州开元寺宋代塔基清理简报》，《中原文物》1983年第1期，第14 ~ 18、75页。

城永乐宫的天宝五载（746）李思诲等造石灯台（灯幢），据其铭文，灯台上还刻有《济苦真经》(《太上洞玄灵宝天尊说济苦经》)，惜已残缺不存。[①]

除碑铭和造像，还有一类与道教相关的碑刻材料是南朝初期出现的以“地下女青诏书律令”等元素为标志的道教买地券，多为砖刻，数量约20种。[②]近年又公布了南京淳化咸墅罗氏家族墓地出土的刘宋元嘉二十二年（445）罗健夫妻买地券和元嘉三十年罗道训买地券。[③]在扬州出土的唐乾宁四年（897）天师道都功版，[④]虽与道教史有较大关系，因其为木牍而非碑刻，在此就不过多介绍了。

总而言之，中古道教碑刻数量并不多，却有独当一面的价值。它在只言片语的史传记载和难以断代的《藏》内经典之外，提供了数量可观的第一手史料。而其中又多为基层、地方和个体的道教活动的记录，更是传世文献所难比拟。不过，因为所在分散，校雠不易，目前道教碑刻材料的搜集和整理工作难称人意，亟待一部更为完善的专门资料汇编来取代《道家金石略》。进行这项工作，必须本着竭泽而渔的态度，更广泛地梳理历代地方志、文集和金石著录中的佚文残篇，同时全面普查现存碑刻和馆藏拓片。在刊布方面，也应当尽可能地附录碑刻的拓片、实物照片或测绘图，以完整地呈现道教碑刻的物质、图像和文字信息。我们期待这一成果能在不久的将来问世。

① 参孙齐：《芮城道教三百年史——以北朝隋唐造像为中心的考察》，第228 ~ 230页。

② 关于这批材料的整理，可参张勋燎、白彬：《中国道教考古》，线装书局，2006年，第805 ~ 1001页；鲁西奇：《中国古代买地券研究》，厦门大学出版社，2014年，第78 ~ 175页；黄景春：《中国宗教性随葬文书研究：以买地券、镇墓文、衣物疏为主》，上海人民出版社，2017年，第356 ~ 414页。

③ 王志高、许长生：《南京淳化新见南朝罗氏地券考释》，《文物》2019年第10期，第88 ~ 96页。

④ 南京大学历史学院文物考古系、扬州市文物考古研究所：《江苏扬州市秋实路五代至宋代墓葬的发掘》，《考古》2017年第4期，第54 ~ 64页。

碑刻讲述的中古道教史

汉魏道教碑刻

学界一般将东汉末年太平道、五斗米道等组织化教团的兴起视为道教史的开端。不过，以长生成仙为目的的“仙道传统”有着更悠久的历史渊源，其中很多元素都为后世道教所承袭。学界多将之称为“早期道教”或“原始道教”。[①]反映在出土文献中，汉魏时代的一些画像石、镇墓文、买地券和衣物疏等材料中，都能见到后世道教信仰的影子。不过这种“泛道教”的信仰传统，与后来以天师道为主流的道教是否存在直接的传承关系，仍然难以论明。《道家金石略》所收录最早的几种碑刻，如西汉元光二年（前133）《会仙左坛题字》、东汉阳嘉四年（135）《延年石室题字》、汉安元年（142）《仙集留题》，即是这种仙道氛围下的题刻。

天师道在石刻材料中的出现，一般以东汉熹平二年（173）四川洪雅县《祭酒张普题字》为起点，此时蜀地五斗米道尚未起事，但碑文明确提到了“祭酒”“天师道法”等天师道概念，虽然具体解释仍存争议，但最早著录此碑的洪适《隶释》所谓“似是姓胡者初入米巫社中，故召诸祭酒受以经法”之说，当无大误。[②]此后，东汉建安十年（205）四川芦山县的《巴郡太守樊敏碑》提到“季世不祥，米巫凶虐”，是张鲁占据汉中时期的直接反映。

有意思的是，熹平年间立于汉中城固县的纪念地方修道者唐公房的《仙人唐君之碑》，虽然与五斗米道的兴起同时同地，但碑文中却无任何五斗米道

① 较新的综述和研究，可参刘屹：《敬天与崇道——中古经教道教形成的思想史背景》，中华书局，2005年，第3～298页；姜生：《汉鬼考——汉帝国的遗产》，科学出版社，2016年。

② 参刘屹：《敬天与崇道——中古经教道教形成的思想史背景》，第593～599页。

的痕迹，而与和平元年（150）河南浚县《张公神碑》、延熹八年（165）河南商丘《仙人王子乔碑》及河南偃师出土建宁二年（169）《肥致碑》类似，以记录地方仙人行迹为主，张勋燎将之通称为“仙迹碑”。[①]这一情况可以让我们反思五斗米道初兴时期的宗教信仰图景，正如施舟人所言，汉代以来存在着许多地方性的“仙人崇拜组织”，“即使在天师道已立足发展的地方，当地的仙人崇拜组织也依然存在”，“它们之间同时同地并存的事实，使人们不能武断地说它们之中一种是真道教，而另一种是非道教的”。[②]

换句话说，五斗米道最初只是汉代“泛道教”信仰中的特异者，它与那些未组织化的传统仙道信仰传统共享着同样的观念，其中最重要的是老子的神格化。郦道元在《水经注》中记录了他所见到的老子故里苦县濑乡老子祠的情况：

> 濄水又北径老子庙东，庙前有二碑，在南门外。汉桓帝遣中官管霸祠老子，命陈相边韶撰文，碑北有双石阙甚整顿，石阙南侧，魏文帝黄初三年经谯所勒，……又有李母庙，庙在老子庙北，庙前有李母冢，冢东有碑，是永兴元年谯令长沙王阜所立。[③]

所提及的4处碑刻中，东汉边韶撰的《老子铭》、王阜的《老子圣母碑》以及魏文帝的《下豫州刺史修老子庙诏》都幸有全篇或佚文存世，其中对于老子的神化很明显地为后来的道教所沿袭和利用。[④]

---

① 张勋燎、白彬：《中国道教考古》，第333 ~ 350页。

② ［法］施舟人（Kristofer Schipper）：《仙人唐公房》，收入氏著：《中国文化基因库》，北京大学出版社，2002年，第82页。

③ 〔北魏〕郦道元撰，陈桥驿校证：《水经注校证》卷二三，中华书局，2007年，第552 ~ 553页。

④ 参刘屹：《敬天与崇道——中古经教道教形成的思想史背景》，第301 ~ 368页；孙齐：《敦煌本〈老子变化经〉新探》，《中国史研究》2016年第1期，第101 ~ 115页。

建安二十年（215）张鲁降曹后，五斗米道团的完整体制已不复存在，包括张鲁在内的许多五斗米道上层首领被曹魏政权收编，大量汉中民众被迁徙至邺城、洛阳与关中。由此直到西晋末年，五斗米道在中原流布的情况相当晦暗。清末民初传出洛阳的《左郎中张盛墓记》与《历世真仙体道通鉴》等后世材料关于张鲁第三子张盛的记载有相合之处，故有学者疑为一人，但其真伪存疑。[①]更为可信的材料是《太平御览》卷五一八所引《南郑城碑》，称张鲁“位尊上将，体极人臣，五子十室，荣并爵均，童年婴稚，抱拜王人，命婚帝族，或尚或嫔”，与《三国志》裴注所言鲁“五子皆封侯”、《大道家令戒》所谓“七子五侯”等记载若合符节，佐证了五斗米道在魏晋上层阶级流布的可能性。[②]

六朝道教碑刻

魏晋时期，尤其是永嘉末年后，北方大乱，胡族南下，包括道教徒在内的中原民众开始大规模流移。反映在文献层面，即是东晋至刘宋时期成书的一批所谓“末世论”（eschatology）经典，其中明显影射了中原沦丧后普通民众流离失所的境况。[③]与此相应，从刘宋时期开始，主要在今江苏、湖北、湖南、广东、广西等地，出现了一批新型的以“地下女青诏书律令”等道教元素为标志的道教买地券。著名的如湖南长沙元嘉十年（433）徐副买地券，提到徐副为“男官祭酒、代元治黄书契令”，是非常明确的天师道

① 参刘昭瑞：《〈张盛墓记〉考略》，收入氏著：《考古发现与早期道教研究》，文物出版社，2007年，第46 ~ 50页；尹国兴：《揭秘雷台汉墓》，齐鲁书社，2009年，第160 ~ 166页。

② 参龙显昭：《论曹魏道教与西晋政局》，《世界宗教研究》1985年第1期，第79 ~ 97页。

③ 主要包括《女青鬼律》《老君变化无极经》《正一天师告赵升口诀》《洞渊神咒经》《太上灵宝天地运度自然妙经》等。菊地章太对这些文献有集中的研究，收入氏著：《神呪経研究：六朝道教における救済思想の形成》，东京：研文出版，2009年。

标志。[①]从这些天师道墓券的地域分布来看，首先出现在江苏和湖北、湖南地区，然后再出现在更南的广西、广东等地，透露出天师道由北向南传播的迹象。这批墓券中多有如下的文句：

> 承玄都鬼律、地下女青诏书：从军乱以来，普天下死人听得随生人所居郡县乡里亭邑买地葬埋，于此地中掘土作冢藏埋。……魂魄自得还此冢庐，随地下死人之俗。

显示出它们主要面向永嘉乱后流寓南方的北方移民，并从宗教的角度来安抚移民群体中普遍存在的无法归葬故乡的焦虑，希望这些流民能够安顿于"土断"之后所确定的户籍所在地。[②]

这一时期江东地区存在着相当多各自为治的天师道祭酒组织，其中最著名的是杜子恭的"钱塘杜治"，史称其"操米户数万"，"东土豪家及京邑贵望，并事之为弟子"。[③]杜子恭死后，依然保持着很大的影响力。《南齐书》载孔灵产"东出过钱塘北郭，辄于舟中遥拜杜子恭墓，自此至都，东向坐，不敢背侧"。[④]《宝刻丛编》卷一四《苏州》下即著录有《杜子恭墓碑》，称"在西郭门外"，惜今已佚。[⑤]

---

① 参王育成：《徐副地券中天师道史料考释》，《考古》1993年第6期，第571～575页；张勋燎、白彬：《中国道教考古》，第846～851页。

② 相关研究可参刘安志：《六朝买地券研究二题》，收入氏著：《新资料与中古文史论稿》，上海古籍出版社，2014年，第85页；刘屹：《移民与信仰——南朝道教墓券的历史背景研究》，《中国史研究》2017年第3期，第101～120页。

③ 参唐长孺：《钱塘杜治与三吴天师道的演变》，载武汉大学中国三至九世纪研究所编：《魏晋南北朝隋唐史资料》第十二辑，武汉大学出版社，1993年，第1～11页。

④〔梁〕萧子显：《南齐书》卷四八《孔稚珪传》，中华书局，1972年，第835页。

⑤〔宋〕王象之撰，赵一生点校：《舆地纪胜》卷一四，浙江古籍出版社，2012年，第865页。〔宋〕乐史撰，王文楚等点校：《太平寰宇记》卷九一引《吴地记》亦称："墓在西郭门外，有石碑。"中华书局，2007年，第1825页。

进入南朝以后，南方道教经历了一场由祭酒体制向道观体制的转型。天师道组织的紊乱、道教叛乱的频仍、政权控制力的复苏以及佛教发展的冲击，是5世纪南、北方天师道教团所面临的共同境况。天师道以祭酒领户治民的组织形式，与世俗政权之间的矛盾愈发不可调和。孙恩起义的失败以及“元嘉之治”的来临，催生了南朝道教内部的改革，其代表人物即陆修静。陆修静引入受佛教启发的灵宝经理念，促发了道教“寺院主义”（monasticism）修行制度的发展。在陆修静改革以后，南方天师道逐渐“灵宝化”，以“道馆”为表征的新型修行方式开始以江东地区为中心发展起来。[①]

六朝道教的这一道观化进程在碑刻材料中有更为清晰的展现。目前所知南朝道教碑志主要有如下20余种[②]：

表1 南朝道教碑志

时代	名称	作者	出处
齐	桐柏山金庭馆碑	沈约	《全梁文》卷三一
	善馆碑	沈约	《艺文类聚》卷七八
	玄馆碑	孔稚珪	《艺文类聚》卷七八
	褚先生伯玉碑	孔稚珪	《艺文类聚》卷三七
	隗先生铭*	佚名	《文物》2014年第3期

① 参孙齐：《从领户治民到出家住观：中古道教体制变迁述论》，第340 ~ 361页；《山中的教团：中古道教“寺院主义”的起源》，载魏斌主编：《新史学》第十四卷，社会科学文献出版社，2021年，第111 ~ 134页。

② 《道家金石略》未著录者标以*号。除此以外，还有3件天监年间的茅山井栏题字（天监三年（504）井栏，载〔元〕刘大彬编撰《茅山志》卷八，宋政和年间访得；天监十五年（516）井栏，清乾隆五十年（1785）孙星衍访得；天监十六年（517）井栏，1981年发现），及陶弘景墓墓砖（参陈世华：《陶弘景书墓砖铭文发现及考证》，《东南文化》1987年第3期，第54 ~ 59页；［日］麦谷邦夫：《梁天监十八年纪年有铭墓砖和天监年间的陶弘景》，载日本京都大学人文科学研究所主编：《日本东方学》第一辑，中华书局，2007年，第80 ~ 97页）。

续表

时代	名称	作者	出处
梁	虞山招真治碑	萧统	《艺文类聚》卷七八
	简寂观碑*	沈璇	《吴兴艺文补》卷四
	玉笥山清虚馆碑（已佚）*	萧子云	《东观余论》卷下
	上清真人许长史旧馆坛碑	陶弘景	《茅山志》卷二〇
	吴太极左宫葛仙公之碑	陶弘景	《陶隐居集》卷下
	太平山日门馆碑	陶弘景	《陶隐居集》卷下
	茅山长沙馆碑	陶弘景	《茅山志》卷二一
	茅山曲林馆碑	陶弘景	《茅山志》卷二一
	九锡真人三茅君碑	张绎	《茅山志》卷二〇
	华阳隐居墓铭	萧统	《茅山志》卷二一
	梁解真中散大夫贞白先生陶隐居碑铭	萧纶	《茅山志》卷二一
	陶先生朱阳馆碑	萧绎	《茅山志》卷二一
	南岳衡山九真馆碑	萧绎	《艺文类聚》卷七八
	青溪山馆碑	萧绎	《艺文类聚》卷七八
	汶阳观碑（已佚）*	萧绎	《舆地纪胜》卷七三
陈	林屋馆记	沈炯	《艺文类聚》卷七八
	天台山馆徐则法师碑	徐陵	《艺文类聚》卷七八

这些碑铭几乎都与新兴的道馆现象有关：或是道馆碑铭，或是道馆道士碑志。这批材料在《藏》内经典所反映出的“三洞传统”之外，为我们提供了理解南朝道教史的新路。[①]其中尤为重要而《道家金石略》所未收的碑刻，如近千字的梁天监十四年（515）沈璇《简寂观碑》，是关于道教史

① 目前学界研究主要以道观史和山岳史的路子展开，可参孙齐：《唐前道观研究》，博士学位论文，山东大学，2014 年；魏斌：《山中的六朝史》，生活·读书·新知三联书店，2019 年。

上第一所道观庐山简寂观的重要史料。[①]梁普通三年由建康崇虚馆馆主、道士正张绎率领茅山道士所立的《九锡真人三茅君碑》，碑阴开列了茅山周边近100所道馆的名单，革新了我们关于茅山道教实况的认知。[②]近年在四川阆中发现的南齐永明七年（489）《隗先生（静）铭》，是目前所知南朝道教碑刻的最早实物材料，其中记述了一处隐修石室向道馆转变的过程，为理解中古道教的道观化提供了重要参考。[③]

如裴玄铮（J.E.E. Pettit）所言，当时的道士与僧人、儒士一样，都以能有人为其建立寺馆学舍为事业成功的标志，并通过这种关系而增加个人名望。[④]南朝道馆多为官方敕立或名流赞助，带有鲜明的官方色彩。而南朝道馆碑志作者也多为王公贵族或知名文士，考虑到南朝的“碑禁”，这种官方色彩更令人瞩目。[⑤]以“米贼”叛乱起家的天师道，在道观化之后展现了与国家前所未有的合作关系，为隋唐时代成为官方宗教铺平了道路。同样，南朝道教的道观化也催生出了以宫观碑铭和高道碑志为代表的道教碑刻传统。这种南方传统在隋唐时代得以延续，成为后世道教碑刻最主要的类型。

---

① 此碑为南唐保大十二年（954）重立。碑文载吴宗慈编撰，胡迎建注释：《庐山志》卷二九，江西人民出版社，1996年，第551 ~ 552页。

② 参魏斌：《句容茅山的兴起与南朝社会》，第22 ~ 41页。

③ 参孙华：《阆中石室观〈隗先生石室记〉》，《文物》2014年第8期，第53 ~ 62页；孙齐：《南齐隗先生铭与南朝道馆的兴起》，载武汉大学中国三至九世纪研究所编：《魏晋南北朝隋唐史资料》第三十一辑，上海古籍出版社，2015年，第126 ~ 137页。

④ J.E.E. Pettit, Learning from Maoshan: Temple Construction in Early Medieval China, Ph.D. diss., Indiana University, 2013, pp.192-193.

⑤ 南朝佛教的情况与此类似，参李猛：《制作哀荣：南朝僧尼碑志之兴起》，载高翔主编：《中国历史研究院集刊》2021年第1辑，社会科学文献出版社，2021年，第34 ~ 88页。

北朝道教碑刻

在南北朝大分裂时代，南北方道教同源异流，各自发展，存在很多差异。其中最重要的，应该是北方天师道要晚了近一个世纪才受到南方“三洞经书”的洗礼。[①]而在灵宝经传入以后，北方天师道也没有广泛采纳道观修行的模式，道观在北方的普及是隋代之后才出现的。反映在碑刻材料中，即出现了南朝多宫观碑铭而无道教造像，北朝多道教造像而无宫观碑铭的现象。这背后可能有基层社会结构方面的因素：刘淑芬在研究同样地域差异明显的南北朝佛教造像现象时，指出北方佛教广泛存在僧俗联合的“义邑”组织，而南朝政府由于实行符伍连坐制，对社会的控制力较强，基层民众难以结成类似的信仰组织。[②]这一分析也适用于南北朝道教：南朝道教的活动中心在道馆，而北朝道教的活动中心在民间。

我们对魏晋至隋近400年间的北方道教的了解相当有限，《藏》内外文献中主要记载了5世纪前期寇谦之的事迹和所谓“楼观道”的传承。因为道观发展的滞后，北朝并没有宫观或高道碑志，与道教相关的碑铭似仅有北魏太武帝时期所立的《大代华岳庙碑》和《中岳嵩高灵庙碑》[③]，为“继天

---

① 参 Stephen Bokenkamp, The Yao Boduo Stele as Evidence for the ‘Dao-Buddhism’ of the Early Lingbao Scriptures, *Cahiers d’Extrême-Asie*, 9, 1996-1997, pp. 54-67 及刘屹：《寇谦之身后的北天师道》，《首都师范大学学报》（社会科学版）2003 年第 1 期，第 15 ～ 25 页；《5、6 世纪之交南北道教的交汇——以“姚伯多碑”为中心》，收入氏著：《神格与地域：汉唐间道教信仰世界研究》，上海人民出版社，2011 年，第 281 ～ 302 页。

② 参刘淑芬：《中古佛教政策与社邑的转型》，载荣新江主编：《唐研究》第十三卷，北京大学出版社，2007 年，第 233 ～ 291 页；《从造像碑看南北朝佛教的几个面向——石像、义邑和中国撰述经典》，载林富士主编：《中国史新论·宗教史分册》，联经出版事业股份有限公司，2010 年，第 217 ～ 258 页。

③ 参邵茗生：《记明前拓北魏中岳嵩高灵庙碑》，《文物》1962 年第 11 期，第 21 ～ 27 页；张永强：《海内孤本〈大代华岳庙碑〉考——兼与嵩高灵庙碑比较研究》，载西安碑林博物馆编：《碑林集刊》（十六），三秦出版社，2011 年，第 352 ～ 367 页。

师”寇谦之以道教辅佐“太平真君”并祭祀诸岳等活动的遗迹。在寇谦之死后，其影响迅速衰减并销声匿迹。[①]除此以外，北魏郑道昭的云峰诸山摩崖刻石，也有一定的道教因素，不过更主要的是传统神仙思想的影响。[②]

因此，5世纪后期开始涌现的道教造像，就成为我们认识北朝道教最重要的凭借。这些造像现知有100余种，主要分布在今陕西、山西、河南三省境内，尤其是关中的泾渭流域。北朝后期道教造像又向山西、河南、四川扩展，基本上是随着北魏和北周的疆域扩张而普及。[③]道教造像集中分布于关中，说明这一地区道教信仰较为兴盛。虽然并不能由此逆推没有道教造像分布的地区道教信仰不兴盛，但种种情况表明东魏、北齐境内道教信仰确实比较衰微。尤其是北齐天保六年（555）文宣帝灭道之后，北齐境内道教几乎绝迹。但值得注意的是，目前仍有4方北齐道教造像碑存世。[④]

北朝道教造像的出现，是对佛教造像活动的模仿，也是南方道教传统（特别是灵宝经）与北方道教传统（如“化胡说”）的融汇。[⑤]其中备受学界

---

① 参刘屹：《寇谦之身后的北天师道》，《首都师范大学学报》（社会科学版）2003年第1期，第15 ~ 25页。按，出自山西芮城的北周天和五年（570）郭始孙造像刻有“天师寇谦芝”的画像，且据题名，郭始孙高祖、曾祖、祖父及其本人，都冠有“继天师”的称号，见孙齐：《芮城道教三百年史——以北朝隋唐道教造像为中心的考察》，第222 ~ 224页。

② 参王思礼等编著：《云峰刻石调查与研究》，齐鲁书社，1992年；崔天勇、王仲义：《莱州市云峰山发现的北魏郑道昭刻石及其相关问题初探》，《书法丛刊》2001年第3期，第2 ~ 21页；魏斌：《孝子与神仙：云峰诸山北朝题刻的形成》，待刊。

③ 李凇：《中国道教美术史》第一卷，第197 ~ 199页。

④ 分别为：河清元年（562）张定容造像、天统元年（565）姜纂造像、武平七年（576）孟阿妃造像、武平九年（578）马天祥造像记。其中马天祥造像为清人仿照北魏正始二年（505）冯神育造像碑的伪刻，而另3种则同在偃师。

⑤ Stephen Bokenkamp, The Yao Boduo Stele as Evidence for the ‘Dao-Buddhism’ of the Early Lingbao Scriptures；刘屹：《5、6世纪之交南北道教的交汇——以〈姚伯多碑〉为中心》，载中国中古史研究编辑委员会编：《中国中古史研究》第6期，兰台出版社，2006年，第1 ~ 22页。

关注的，是佛教和道教元素并存的“佛道混合造像碑”，现存30余种，其中既有同一义邑的成员分别信仰佛、道两教的，也有的则是造像者同时信仰两教。[①]在6世纪，佛道混合造像碑的数量甚至超过了单纯的道教造像，直到7世纪后期，才渐渐消失。[②]混合造像碑反映出北朝基层道教的存在，如许理和（Erik Zürcher）所谓的“双峰金字塔”：两教的区分在基底层面消散，而混合成一种通俗信仰实践的模糊群块。[③]也有学者认为佛道混合造像碑的背后应该是一个特殊的持“佛道混合主义”的地方道教社群。[④]

无论如何，关中地区的道教造像，虽然有浓重的佛教和灵宝经的影响，但它出现的土壤仍是寇谦之《老君音诵戒经》中所描绘的那种天师道基层组织。如同南方道教一样，北方天师道也随着灵宝经理念的传播而逐渐“灵宝化”。对北朝隋唐的道教造像记进行统计，我们就能够发现，在北朝时期，造像记题名中传统天师道称谓（如“道民”“箓生”“男官”“女官”等）占据绝对多数，而在隋唐则逐渐为灵宝化称谓（如“三洞法师”“三洞道士”“三洞弟子”“三洞女官”“洞玄弟子”“洞神弟子”等）所取代。同时，北朝道教造像的主尊多是传统天师道的神格（如“老君”“太上老君”“老子”“道”“大道”“太上道君”），而隋唐时则是灵宝经的神格元始天尊成为主流。[⑤]

---

① ［日］仓本尚德：《北朝時代の関中における道仏二教の義邑について》，《北朝佛教造像铭研究》，京都：法藏馆，2016年，第173～224页。

② Jean James, Some Iconographie Problems in Early Daoist-Buddhist Sculptures in China, *Archives of Asian Art*, XLII, 1989, pp. 71-72. 张勋燎：《北朝道教造像再研究》，第175～176页。

③ Erik Zürcher, Prince Moonlight: Messianism and Eschatology in Early Medieval Chinese Buddhism, *T'oung Pao*, LXVIII, 1-3 , 1982, p. 47, n. 86.

④ Gil Raz, Local Daoism: the Community of the Northern Wei Dao-Buddhist Stelae，载余欣主编：《中古中国研究》第一卷，中西书局，2017年，第103～150页。

⑤ 资料来自［日］神塚淑子：《唐代道教関係石刻史料の研究》，第45～46页。参［日］神塚淑子：《天尊像、元始天尊像的问世、流行与灵宝经》，载李凇主编：《道教美术新论》，山东美术出版社，2008年，第67～78页；李龢书：《从老君到天尊：对北朝天师道教团发展史的几点观察》，《政大史粹》第15期，2008年，第1～52页。

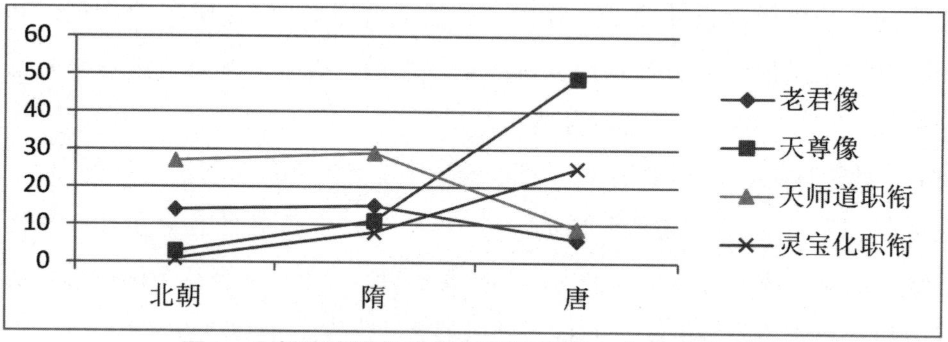

图1 北朝隋唐道教造像记所见职衔、主尊分类统计

从此统计图可以较直观地看出北朝道教造像记中的传统天师道元素与灵宝经元素存在着此消彼长的关系，这背后正体现出传统天师道信仰和组织在北朝的衰变，并在隋唐时代实现了“南朝化”，道观体制随之在北方开始普及。

唐代道教碑刻

我们目前对唐代道教内部发展脉络的把握远远不如六朝道教，一者是因为《藏》内的唐代材料尚未得到较透彻的梳理、研究；二者如索安所言，唐代道教“几乎没有根本性的新发展”。[①]这接近于葛兆光先生所言“盛世的平庸”。[②]实际上，唐代道教获得了前所未有的重要地位和官方认证，甚至在某种程度上成为李唐的“国教”，与政治运作的联系空前紧密，以致其自身的内部发展线索相形见绌。

如果沿着前述“道观化转型”的思路，我们或许可以说隋唐道教完成了“道观化”，是“道观时代”的道教：唐代道教活动是以道观为中心展

① ［美］柯锐思（Russell Kirkland）著，曾维加等译：《唐代道教的多维度审视：二十世纪末该领域的研究现状》，载［英］巴瑞特著，曾维加译：《唐代道教——中国历史上黄金时期的宗教与帝国》，齐鲁书社，2021年，第120页。

② 葛兆光：《中国思想史》第二卷，复旦大学出版社，2013年，第9～37页。

开的，遍布全国的宫观体系成为官方意识形态的合法组成部分，出家住观的职业道士群体在政府的直接管控下拥有稳固的修行空间、经典体系、晋升阶次、戒律仪轨和经济来源。[①]因此之故，隋唐时代的道教碑刻也带有鲜明的官方色彩和上层背景，绝大多数都是带有政治景观意义的宫观碑铭或者注重"人设"营造的高道碑志，要不就是官方岳渎祭祀或道教仪式的遗迹。[②]目前对唐代道教碑刻的研究，也主要集中于对重要宫观的考察、对高道生平的研究和对唐代政治史的补充。[③]

在重要宫观方面，在对两京宫观的总体考证外，[④]两京龙兴观、开元观，长安太清观、玉晨观、肃明观、咸宜观、兴唐观，洛阳弘道观、圣真观、福唐观等，都有学者利用新出碑刻材料做了个案研究。[⑤]地方著名道观如润

---

① 参［日］都筑晶子著，罗亮译：《唐代中期的道观——空间·经济·戒律》，载武汉大学中国三至九世纪研究所编：《魏晋南北朝隋唐史资料》第三十五辑，上海古籍出版社，2017年，第231～248页。

② 这方面的个案研究可参雷闻：《郊庙之外：隋唐国家祭祀与宗教》，第133～210页；《唐代潜山的信仰世界》，《敦煌学》第27辑，2008年，第223～238页；《龙角仙都：一个唐代宗教圣地的塑造与转型》，《复旦学报》（社会科学版）2014年第6期，第88～97页。

③ 参雷闻：《石刻史料与唐代道教史研究漫谈》，载中国社会科学院历史研究所魏晋南北朝隋唐史研究室、宋辽金元史研究室编，刘晓、雷闻主编：《隋唐辽宋金元史论丛》第七辑，2017年，第22～28页。

④ 如何海燕：《唐两京道教宫观证补》，载中国社会科学院历史研究所学刊编委会编：《中国社会科学院历史研究所学刊》第四集，商务印书馆，2007年，第387～410页；李健超：《最新增订唐两京城坊考》，三秦出版社，2019年。

⑤ 樊波：《唐大明宫玉晨观考》，载严耀中主编：《唐代国家与地域社会研究——中国唐史学会第十届年会论文集》，上海古籍出版社，2008年，第417～424页；雷闻：《唐长安太清观与〈一切道经音义〉的编纂》，载荣新江主编：《唐研究》第十五卷，北京大学出版社，2009年，第199～226页；《盛唐长安肃明观考论》，载中国社会科学院历史所隋唐宋辽金元研究室编，黄正建主编：《隋唐辽宋金元史论丛》第二辑，2012年，第164～178页；《唐洛阳大弘道观考》，载中国人民大学国学院主编：《国学的传承与创新——冯其庸先生从事教学与科研六十周年庆贺学术文集》，上海古籍出版社，2013年，第1234～1248页；《唐两京龙兴观略考》，载中国社会科学

州仁静观、杭州天柱观、西川青羊宫等，也有以碑铭为中心的专题论文。① 在高道生平方面，隋唐之际的王远知，盛唐时代的田僓、马元贞，中晚唐的申甫、吴善经、刘玄靖、邓延康、刘从政、曹用之、程紫霄等人的生平事迹及法脉传承都经由新出墓志填补了此前的空白。② 这些研究一再印证了

院历史所魏晋南北朝隋唐史研究室、宋辽金元史研究室编，刘晓、雷闻主编：《隋唐辽宋金元史论丛》第六辑，2016 年，第 138 ~ 159 页；《唐洛阳大圣真观考》，载中国社会科学院历史所魏晋南北朝隋唐史研究室、宋辽金元史研究室编，雷闻主编：《隋唐辽宋金元史论丛》第八辑，2018 年，142 ~ 155 页；《新见李洞真墓志与中晚唐长安的咸宜观》，载中国社会科学院历史所魏晋南北朝隋唐史研究室、宋辽金元史研究室编，雷闻、张国旺主编：《隋唐辽宋金元史论丛》第九辑，2019 年，第 122 ~ 133 页；《唐东都福唐观略考》，载中国社会科学院古代史研究所隋唐五代十国史研究室、宋辽西夏金史研究室、元史研究室编，雷闻、康鹏、张国旺主编：《隋唐辽宋金元史论丛》第十一辑，上海古籍出版社，2021 年，第 54 ~ 59 页；《帝乡灵宇——唐两京开元观略考》，《首都师范大学学报》（社会科学版）2021 年第 5 期，第 16 ~ 27 页。

① 刘凯：《唐末五代杭州天柱观与江南道教发展论考——以钱镠所撰〈天柱观记〉为中心》，《中山大学学报》（社会科学版）2014 年第 2 期，第 99 ~ 109 页；吴晓丰：《僖宗入蜀与唐王朝的符命宣传——〈西川青羊宫碑铭〉考释》，载武汉大学中国三至九世纪研究所编：《魏晋南北朝隋唐史资料》第三十六辑，上海古籍出版社，2017 年，第 163 ~ 186 页；周鼎：《家族、地域与信仰：〈唐润州仁静观魏法师碑〉所见唐初江南社会》，《史林》2019 年第 1 期，第 38 ~ 46 页。

② 张全民：《〈唐玄济先生墓志铭〉与有关道教问题考略》，载杜文玉主编：《唐史论丛》第十四辑，陕西师范大学出版总社有限公司，2012 年，第 227 ~ 232 页；王永平：《道门威仪 玄坛领袖——唐代〈玄济先生墓志铭〉研究》，载杜文玉主编：《唐史论丛》第二十四辑，三秦出版社，2017 年，第 202 ~ 215 页；雷闻：《道教徒马元贞与武周革命》，《中国史研究》2004 年第 1 期，第 73 ~ 80 页；《碑志所见的麻姑山邓氏——一个唐代道教世家的初步考察》，载荣新江主编：《唐研究》第十七卷，北京大学出版社，2011 年，第 39 ~ 70 页；《山林与宫廷之间：中晚唐道教史上的刘玄靖》，《历史研究》2013 年第 6 期，第 164 ~ 174 页；《新见程紫霄墓志与唐末五代的道教》，载中国社会科学院历史所隋唐宋辽金元史研究室编，黄正建主编：《隋唐辽宋金元史论丛》第三辑，2013 年，第 115 ~ 127 页；《茅山宗师王远知的家族谱系——以新刊唐代墓志为中心》，载中国社会科学院历史所隋唐宋辽金元史研究室编，黄正建主编：《隋唐辽宋金元史论丛》第四辑，2014 年，第 139 ~ 152 页；《太清宫道士吴善经与中唐长安道教》，《世界宗教研究》2015 年第 1 期，第 66 ~ 81 页；

唐代宫观和上层道士与政治权力的纠葛关系，甚至不乏直接参与宫廷政变者。随着新出道教碑刻的涌现，类似工作还会持续深入。

不过，正如柯锐思（Russell Kirkland）所言，唐代道教研究的一个盲点是“现在我们大部分的详细信息只包含了文化和政治精英们的活动”，“对于中国中古时期大众生活中的道教还知之甚少”。[①]在这方面，通过运用碑刻材料，女性道士群体得到了比较广泛的关注和深入的讨论。[②]此外，借助碑刻材料揭示隋唐道教的基层形态及其自身的演变线索，是值得努力的方向。

学界目前已经基本放弃了关于唐代“道派林立”的旧认识，转而承认唐代是整合了各种经典传统的统一道教，或者说就是天师道。[③]碑刻材料已经证实了隋唐道教戒律文献中所记载的阶梯式法位体系。[④]在这一法位阶次的最底层是代表传统天师道教法的“正一法位”，之后逐级授予洞神、洞玄、上清法位，最后获得“毕道法位”。与其说这是“正一法位”地位低微或边缘的表现，不如说正反映了天师道修法的普及性和基础性：唐代道教是以天师道为基础，聚合早期道教其他修法传统的叠加态，而非泾渭分

《传法紫宸：敬宗之师升玄先生刘从政考》，《中华文史论丛》2017 年第 1 期，第 69 ~ 88 页；《贵妃之师：新出景龙观威仪田僓墓志所见盛唐道教》，《中华文史论丛》2019 年第 1 期，第 325 ~ 348 页；管俊玮：《从兴唐观到玄真观：中晚唐长安一个道教师门的沉浮》，载常建华主编：《中国社会历史评论》第 19 卷，天津古籍出版社，2017 年，第 135 ~ 150 页。

① ［美］柯锐思著，曾维加等译：《唐代道教的多维度审视：二十世纪末该领域的研究现状》，第 123 ~ 124 页。

② 参贾晋华：《唐代女道士的生命历程》，社会科学文献出版社，2022 年。

③ 参［日］前田繁树：《所謂“茅山派”道教に関する諸問題》，《初期道教經典の形成》，东京：汲古书院，2004 年，第 413 ~ 424 页；［日］小林正美著，王皓月、李之美译：《唐代的道教与天师道》，齐鲁书社，2013 年；葛兆光：《攀龙附凤的追认？——从小林正美〈唐代の道教と天师道〉讨论佛教道教宗派研究的方法》，载荣新江主编：《唐研究》第十卷，北京大学出版社，2004 年，第 29 ~ 44 页。

④ 参白照杰：《唐前期（618—755）道教法位制度厘证》，《宗教学研究》2017 年第 1 期，第 63 ~ 79 页。

明的独立宗派联合体。虽然天师道的祭酒体制在唐代已为道观体制所取代，但是很多早期天师道的经典和修法被保留了下来，[①]甚至男女合气之术也没有被完全禁绝。[②]这些旧天师道元素的遗存连同道教本身一直具有的浓厚家庭观念，为唐代道教的“寺院主义”埋伏下崩坏的可能。

作为一个饶有趣味的表征，与官方法律和教内戒律规定的独身、不婚的道士形象不同，从碑刻材料看，唐代“道士娶妻生子的情况在盛唐之后仍不罕见”。[③]虽然细审相关道士志文，很难断定唐代道观中存在家庭生活——尤其考虑到墓志所具有的公开性和溢美性，在志文中公然记录这种破戒行为实难理解，但唐代道士墓志确实不太掩饰道观道士与家庭的密切联系。如元和三年（808）《唐故西河任府君（紫宸）墓志文》：

> 故二房舅氏西河任，讳紫宸，字朝。……自以丱归命于道，天宝将末，随师受诸书，无不通备。至弱冠，以学业精博，去大历中，故节使丞相□公特衷赏锡度，冠加华岳，披挂云霓，俨然道容，而贯龙兴也。其后精禀符箓，为道门师，四五十年间，翕如若诸流输海，燕中道风暐晔，实因斯乎。……以元和三年四月八日于幽州蓟县南私第倾背，享年七十有六。……舅母桑氏，凄然孀居，有嗣子五人：孟子浩清，使院之长；仲子国清，为龙兴观上座；次子津、仲子诜、季子贲。有女二人：长女适南阳张氏，季女初笄之年……今以此年十月十九日宅兆于幽州城东北原七里余，永为坟陇也。[④]

① 如授箓制度，参吕鹏志：《天师道授箓科仪——敦煌写本S203考论》，《“中央研究院”历史语言研究所集刊》第77本第1分，2006年，第79～166页；吕鹏志：《赣西北发现的天师经箓》，《世界宗教研究》2015年第3期，第89～103页。

② 如〔五代〕刘若拙撰，〔宋〕孙夷中编：《三洞修道仪》，《中华道藏》第42册，华夏出版社，2004年，第257～258页。

③ 雷闻：《碑志所见的麻姑山邓氏——一个唐代道教世家的初步考察》，第39～70页。

④ 其妻《唐故黎阳桑氏夫人墓志铭并序》亦在同地出土，录文分载周绍良主编：《唐代墓志汇编》，上海古籍出版社，1992年，第1967、1994页。

志主任紫宸（736—808），大历年间（766—779）被度隶籍幽州龙兴观，于此传道四五十年，是当地影响甚大的“道门师”，然而他卒于私第，并与其妻葬于一地，且有子女7人。其子任国清亦是龙兴观道士，且任“上座”，可谓父子同观出家。虽然其妻子可能是他出家之前的家庭，墓志却公然称其妻“凄然孀居”。幽州“道门师”尚且如此，自郐以下可想而知。

我们已知道观体制下的唐代道士不仅能够享受授田、免赋等优待条件，还需要相当的文化水平，遵循阶次寻师求法，再由政府考核合格才能正式得度，因而具备相当的政治和社会身份。[①]因此不难理解出于利益的考虑，道士身份会出现在家庭或家族内部传承的现象。而地方权势家族对道观的利用、把持甚至垄断的出现，也是顺理成章的。类似的情况不只是穷乡僻壤小道观的特例，[②]更显明的例子是麻姑山邓氏、松阳叶氏等具有广泛影响的道教世家，[③]以及中晚唐后的龙虎山张天师世家。[④]

作为一种宗教，脱离世俗、追求神圣同样是道教的核心价值。然而体制化了的道观修行，在给职业道士带来稳定、有保障，甚至有家庭温情的教职工作的同时，也慢慢消磨掉道教原本所应具有的神圣性。中晚唐之后，宫观道教和住观道士不再被认为具有真正的神圣特质，体制外的“边缘修道群体”开始出现。[⑤]由

① 参白照杰：《整合及制度化——唐前期道教研究》，格致出版社，2018年，第82～130页。

② 参吴羽：《晋唐天师道变迁视野下的赵思礼常阳天尊造像》，载中山大学艺术史研究中心编：《艺术史研究》第14辑，中山大学出版社，2012年，第299～315页；孙齐：《芮城道教三百年史——以北朝隋唐造像为中心的考察》，第243～244页。

③ 参雷闻：《碑志所见的麻姑山邓氏——个唐代道教世家的初步考察》，第39～70页；吴真：《中晚唐江南氏族兴起与道观、道士》，载南开大学中国社会史研究中心编：《中国社会历史评论》第11卷，天津古籍出版社，2010年，第38～49页。

④ T. H. Barrett, The Emergence of the Taoist Papacy in the T'ang Dynasty, *Asia Major*, 3rd , 7.1, 1994, pp.89-106.

⑤ 李平：《宫观之外的长生与成仙——晚唐五代道教修道变迁研究》，中央编译出版社，2014年。

此出发，唐代道教“寺院主义”逐步衰变：道教宫观开始与民间祠祀合流，[①]地方性神祇崇拜和区域性道法派系也开始涌现，[②]道教进入了新的发展阶段。

结　语

以上，我们简要概述了中古道教相关碑刻材料的基本情况，并结合当前研究的进展，尝试呈现碑刻材料所展示的中古道教的面貌。较之《道藏》经典而言，碑刻材料更能展现基层道教活动的实态以及地域和时代间的差异，其中反映出的中古道教的变迁更鲜明而剧烈。尤其是在南北朝道教的差异与融合、道观制度的兴起与衰变等问题上，都是单凭道教经典所不能完全明了的。而道教经典所呈现的六朝时代“三洞四辅”的演化、唐代道教的“宗派”分际等面相，在碑刻材料中却没有那么清晰了。凡此，都显示出碑刻材料对于我们全面、深入地认识中古道教发展历程的重要性。

当然，碑刻材料也有其缺陷：它们大都是偶然留存下的历史碎片，目前也缺乏完善的汇集和整理。另外，对它们的研究，也还有仪式史、图像史等不同的角度去处理，目前的研究仍然只能说是一个开端。相信随着资料的刊布和研究的推进，将碑刻材料与《藏》内经典两方面的研究结合起来，一定能讲述出更丰富精彩的中古道教史。

---

① 雷闻：《论中晚唐佛道教与民间祠祀的合流》，《宗教学研究》2003 年第 3 期，第 70 ~ 77 页。

② 孙齐：《芮城道教三百年史——以北朝隋唐造像为中心的考察》，第 207 ~ 266 页。另请参［美］万志英（Richard von Glahn）著，廖涵缤译：《左道：中国宗教文化中的神与魔》，社会科学文献出版社，2018 年，第 140 ~ 197 页。

北魏礼制研究综述——以王朝祭礼为中心

刘 凯

源出森林草原游牧部族的拓跋鲜卑，历三次南徙，城盛乐而后都平城，冲破游牧与农耕的边界，至道武建极北魏，太武一统华北，于五胡扰攘间建立功业，其时之制，“汉化以渐，新旧竞替，制杂胡华，敷汉名于旧制，因事宜而立官”，迄至孝文，“倾心汉化，厘为永式，始与华制为近”。[①]宣武之后，政局多舛，孝文汉化之功，虽有隳落，然其纲网已结，华夏之细目愈见细密。内外利益之别，清浊判然之分，使得边士、武人大哗，致有河阴之变，分散东西。作为魏晋南北朝时期唯一长时段统一华北的少数民族政权，拓跋鲜卑建极的北魏一朝鲜卑旧俗与华夏典制，碰撞、冲突、交融乃至转化，而为两者共有且意义最重者，厥非祭祀之礼莫属。

祭祀之礼以王朝祭礼为重，后者囊括了祭祀礼的两个关键核心，即郊天与祭祖，并通过政权的武力威慑与天命授予的正统性、神圣性予以维持。自汉以降，王朝祭礼的形式和内容逐渐规范，至五胡云扰，典午南渡，游

---

① 严耕望：《北魏尚书制度考》，收入氏著：《严耕望史学论文集》（上），上海古籍出版社，2009 年，第 85 页。

牧民族建立的政权，使得王朝祭礼沾染上游牧礼俗。大略而言，北魏王朝祭礼可分三类：以西郊祭典为核心，白登祭祖、五月五日飨、七月七日飨等为辅翼的源出（亦有入主中原后完善的）游牧礼俗的祭典；以郊丘分异（南北郊、圜丘方泽）为核心，耤田先蚕、朝日夕月、五时迎气等众星拱卫的华夏祭典；太武帝之后新君即位亲至道坛受符箓的道教典礼。新君即位时的道教典礼频率较少，影响渐趋弱化，可暂置不论。[①]仅就前两者而言，便演化出北魏王朝祭礼的复杂情形，即“两祭典”与“三核心”：“两祭典”指原始祭典与华夏祭典；“三核心”指西郊、南北郊和圜丘方泽。“两祭典”与“三核心”，相互碰撞、冲突、交融乃至转化，这是北魏前中期礼制的实况。至孝文改制，尊崇华夏典制，有迁洛、禁胡俗、更名易服，乃至取消西郊祭典的举动，华夏典制占据上风，“三核心”变为“两核心”，但原始礼俗并未退出，而是在后期时隐时现，于河阴之变前后涌起所谓“胡化逆袭”的浪潮；即便华夏典制占据上风的中后期，自身内部南郊、圜丘两核心，亦在现实政治与经学理论的各自影响下，自有一番消长沉浮。王朝

① 道教曾在太武帝时进入国家祭典，演变出新君即位亲至道坛受符箓的典礼。太武接受寇谦之称皇帝为太平真君的说法，灭北凉统一华北后翌年改元太平真君（440），三年（442）正月“帝至道坛，亲受符箓，备法驾，旗帜尽青”。（〔北齐〕魏收：《魏书》卷四下《太武帝纪》，中华书局，1974 年，第 94 页）道坛在平城东南，按同书卷一一四《释老志》记载（第 3053 页），仪式是按照道教典仪举行的，目的是“欲上与天神交接”。寇谦之于九年（448）身死，谓诸弟子曰：“及谦之在，汝曹可求迁录。吾去之后，天宫真难就。”是道教典仪的成立，全在寇谦之能给予太武与天神交接的希望，根基全系于太武喜好上，自太武崩后，地位急转直下，北魏国家祭典却增加了新君即位亲至道坛领受箓的仪式，“以彰圣德”。此后直至孝文太和年间，登道坛受符箓，而后赦京师、班赏臣民，成为新帝即位的规定性动作。太和十五年（491）秋，孝文下诏移道坛于桑乾之阴，改曰崇虚寺。孝文称此举是“祗崇至法，清敬神道”，其客观作用却是明升实降，将道教仪式作为“不在祀典”的杂祀清理出了国家祭典，更为关键的是新君的正统性自主权不能操于道士之手。自兹之后，史料不复见新君即位登坛受箓的记录。总体来说，道教典礼只在新君即位时才有，在北魏前期的频率较低，虽然时机重要，但模式单一，伴随孝文明升实贬的迁徙，其影响无限趋于弱化。

祭礼之外，尚有杂祀，此前学界对北魏礼制的关注，多集中于王朝祭礼上，鲜少关注杂祀；[①]对杂祀并不多的研究中，亦有两点问题凸显：一是杂祀的概念与外延需要厘定；二是多将王朝正统祭祀与杂祀对立视之，径论其遭政府清整与禁绝的史例，却忽视了二者在碰撞、冲突之外，也可在一定条件下交融乃至转化，尤其是国家礼制层面，因为政治需求，杂祀与王朝祭礼的转化更为突出，故杂祀的变迁演化与正统祭祀相互缠绕，不可生生分离，只论一端。于此谨论20世纪以来以王朝祭礼为核心的北魏礼制研究，兼及杂祀。[②]

专　著

魏晋南北朝礼制研究绕不开陈寅恪《隋唐制度渊源略论稿》[③]，在这部1940年写就的专著中，陈氏于叙论开宗明义，抛出隋唐典章制度三源：北魏、北齐，梁、陈，西魏、周。三源之中，北魏、北齐一源最为重要，其又总括西晋亡后由江左的东晋、宋、齐和河西的凉州分别保存和发展的汉魏西晋文化。梁、陈一源次之，西魏、北周一源的影响最小。而后首章占用全书近半的篇幅论述隋唐礼仪制度的渊源，“阐明隋文帝虽受周禅，其礼制多不上袭北周，而转仿北齐或更采江左萧梁之旧典。……是唐礼不亡即隋礼犹存，其所从出之三源者，亦俱托唐礼而长存也”。陈氏对于礼制本身的考据、阐释着墨不多，主要是以其一贯的“以人为本”的政治史研究路径，即以“制

① 中古杂祀最关键的研究成果当推蔡宗宪：《淫祀、淫祠与祀典——汉唐间几个祠祀概念的历史考察》，载荣新江主编：《唐研究》第十三卷，北京大学出版社，2007年版，第203 ~ 232页。

② 杨华等著《中国礼学研究概览》（武汉大学出版社，2021年）第三章为《魏晋隋唐时期礼学研究》，范云飞执笔，分别介绍了魏晋至隋唐“三礼”文献、礼制、礼俗、礼法、礼典研究，综述翔实、系统，是难得一见的详略得当、博赡完备的礼学研究综述，可参看。

③ 陈寅恪：《隋唐制度渊源略论稿》，中华书局，1963年。

礼诸臣其家世所出籍贯所系”为线索，来讨论三源礼制的发展变迁及其对隋唐礼制的影响。与北魏礼制相关者，是借由考释王肃北奔，论证北齐仪注实“即北魏孝文帝模拟采用南朝前期之文物制度”，亦“即南朝前期文物之蜕嬗”，乃接续隋代礼制主要来源于梁、陈及北齐，而非北周的又一论据；又有对“隋代制礼诸臣其家世所出籍贯所系”加以推究，证明前说，其中关于“陇右、河西之文化与北魏初期即太武时代中原汉族之文化，及北魏后期即孝文、宣武时代中原汉族文化递嬗同异之关系”的考论，尤为详细。

又有详考“元魏孝文以后，迄于高齐之末，洛阳邺都文化之影响于隋唐制度者”，指出孝文汉化之所施为，实亦不过代表拓跋部族自道武入居中原后历代汉化之途径“益加速加甚而已”，而不同意汉化之鲜卑旧族反抗力同样壮大，孝文“假辞南侵，遂成迁都之计者，诚为不得已也”，而此造成的后果是“自宣武以后，洛阳之汉化愈深，而腐化乃愈甚，其同时之代北六镇保守胡化亦愈固，即反抗洛阳之汉化腐化力因随之而益强，故魏末六镇之乱，……尔朱荣河阴之大屠杀实胡族对汉化政策有意无意中之一大表示，非仅尔朱荣、费穆等一时之权略所致也”。进而影响了一分为二后的历史走向：“东西两国俱以六镇流民创业，初自表面观察，可谓魏孝文迁都洛阳以后之汉化政策遭一大打击，而逆转为胡化，诚北朝政治社会之一大变也。”陈氏称“此书微仿天竺佛教释经论之例”，将“本与封建阶级相维系，……故治史者自不应以其仅为空名，影响不及于平民，遂忽视之而不加以论究”的礼制作为“首章备致详悉”，而“后章则多所阙略”，自有一番良苦用心。

有学者指出此书的核心观点是：虽然魏晋南北朝长期处于政治分裂的状态，最终是北方少数族完成了国家统一，建立了隋唐帝国，但是中古时代仍然以华夏文化为主流和最终归宿；陈氏关于礼制的研究，是他论证此理论极其重要的环节。[①]论点或有可商，但从体例安排不难看出，其于礼制

① 朱溢：《事邦国之神祇：唐至北宋吉礼变迁研究》，上海古籍出版社，2014年，第10页。

倾注几多心力与冀望确为不争事实。但陈氏之争鸣并未引起学界回响，至改革开放前，鲜有接踵其后者。

20世纪80年代以来，礼制研究复苏，然时至今日，从属于魏晋南北朝礼制研究大类之下的北魏礼制研究成果，实在算不得丰富。以下先按照出版时间先后，对涉及北魏礼制的魏晋南北朝礼制研究专著进行论述；部分纵向性专论著作，如郭善兵《中国古代帝王宗庙礼制研究》因完全着眼于宗庙祭祀，置于论文类专论。

陈戍国《魏晋南北朝礼制研究》1995年出版，凡五章，前四章以朝代为序，分论魏蜀吴、两晋、南朝、北朝之礼仪，每章之下分节论述，大致而言依次是“宗法观念、继承制度与宗庙制度”“天子登基与封国建侯之礼”“祭祀”“丧葬”“军礼蒐狩礼以及射礼”“巡守朝聘以及朝觐聘问礼仪”“藉田与尊师养老之礼”“冠昏之礼”“舆服宫室乐制及其他”。末章“余论”简论北朝之外少数民族之礼及释道礼：“边远民族（所谓夷狄）礼俗”“胡巴十四国（亦所谓夷狄）礼制”与“二氏礼”。[①]陈氏作为礼学专家，以其精熟的“三礼”学造诣，在《先秦礼制研究》《秦汉礼制研究》的基础上完成了第一部系统研究魏晋南北朝礼制研究的专著，拓荒之功不可忽视。因此之故，本书在礼制溯源、朝代礼制钩稽对比、正史《礼志》记载与经典及注疏对勘校释等方面均有亮点，可见作者功力。而且在传统文献而外，对墓志等考古资料的运用，亦使考论增色不少。余论部分对中原政权之外少数民族礼俗专章论述，是陈氏《中国礼制史》先秦、秦汉、魏晋南北朝、隋唐五卷一脉相承的特色，虽然排比罗列痕迹较重，未能深入考察，但在题材架构上体现出作者之慧眼独具，对本文颇有启发。此外，《魏晋南北朝卷》与《隋唐卷》在末章有对释道礼的论述，应和了时代潮流，且作者于文首发出“礼不是儒家的创造，不是儒家的专利；诸子百家

① 陈戍国：《魏晋南北朝礼制研究》，湖南教育出版社，1995年。

皆有礼。但是，汉武以后，儒术独尊，儒家讲‘礼’较多却是事实。然而释道两家何尝无‘礼’！”[①]之论，显示出对礼制外延的思考。但成也萧何，败也萧何，正是娴熟的礼学造诣与先秦、秦汉礼制研究的范式基础给予本书“规矩”，在思路、框架、考释推论上多落窠臼，存在不足之处。研究思路上，梁满仓曾指出其表面看似整体研究，实则是孤立地研究各种礼仪内容后将之排列，此法并未触及魏晋南北朝礼制重大问题，甚至出现学者据此书表述而得出“魏晋南北朝徒具一般礼仪制度而失却礼治精神，实为乱世普遍现象”[②]的片面结论。而在细节方面，单就北魏礼制而言，大致存在4点可资商榷处：

第一，礼制细目分配上，将耤田礼与尊师养老礼，乃至巡省礼放在一起，出现“两晋尊师敬老与藉田、巡省礼”“南朝藉田与尊师养老之礼”“北朝藉田与尊师养老之礼”章节，而未言明分类标准，各礼之间是否存在必然联系，又是何种原因促成偶尔的变动，显得有些散乱与随意。[③]第二，以是否“合（华夏）礼”简单评判北魏礼仪规制，而没有深入考察游牧民族特色及时代背景。如太和十三年（489）五月，以尚书游明根与中书监高闾为代表的朝臣，对郑玄、王肃二人的禘祫理论进行了讨论，各执一词，孝文最后总结：“夫先王制礼，内缘人子之情，外协尊卑之序。……王以禘祫为一祭，王义为长。郑以圜丘为禘，与宗庙大祭同名，义亦为当。今互取郑、王二义。禘祫并为一名，从王；禘是祭圜丘大祭之名，上下同用，从郑。若以数则黩，五年一禘，改祫从禘。五年一禘，则四时尽禘，以称今情。禘则依《礼》文，先禘而后时祭。便即施行，著之于令，永为世法。”[④]陈氏指出此举“非王非郑，不

---

① 陈戍国：《魏晋南北朝礼制研究》，第514 ~ 515页。

② 梁满仓：《魏晋南北朝五礼制度考论》，社会科学文献出版社，2009年，第13 ~ 14页。

③ 此问题同样存在于陈戍国：《中国礼制史·隋唐五代卷》，湖南教育出版社，1998年。参雷闻：《陈戍国〈中国礼制史·隋唐五代卷〉、任爽〈唐代礼制研究〉》，载荣新江主编：《唐研究》第七卷，北京大学出版社，2001年，第532 ~ 540页。

④ 〔北齐〕魏收：《魏书》卷一〇八之一《礼志四》，中华书局，1974年，第2742 ~ 2743页。

驴不马，无可取”。[①]而通观孝文所言，其基本原则是“先王制礼，内缘人子之情，外协尊卑之序”。在此原则背后的现实情境是禘祫的礼学争论已经影响到皇室宗庙迁毁制度的实施，更为关键的是太和十五年（491），孝文方才亲定禘祫之礼，这就涉及改道武帝拓跋珪庙号为太祖的祖宗世系之举。形势使然，而非孝文简单参杂郑王。而后与此对比的论述是太和六年（482）十一月孝文将亲祀七庙，有司“谨案旧章，并采汉魏故事，撰祭服冠屦牲牢之具，罍洗篚篹俎豆之器，百官助祭位次，乐官节奏之引，升降进退之法，别集为亲拜之仪”。简单评判“七庙之祭改为亲祭，是谓合礼”，[②]没有考虑在此之前“庙无定制”的问题，[③]而对于皇帝亲祭与此前也存在的“亲祀”代表意义的本质差别。第三，对学界已有相关研究成果掌握不足，于此略举陈著出版年之前，较为重要的研究成果为例，稍做说明：对于西郊的考察，忽略了康乐《从西郊到南郊：拓跋魏的“国家祭典”与孝文帝的“礼制改革”》（1989）；而关于郊祀、宗庙乃至明堂、雩祀等的研究，也未能参考金子修一的系列研究：《魏晋より隋唐に至る郊祀、宗廟の制度について》（1979）[④]、《中国—郊祀と宗廟と明堂及び封禅》（1982）[⑤]、《後漢—南朝における皇帝の郊廟親祭

① 陈戍国：《魏晋南北朝礼制研究》，第412页。

② 陈戍国：《魏晋南北朝礼制研究》，第412页。

③ 梁满仓：《魏晋南北朝五礼制度考论》，第250页。

④ ［日］金子修一：《魏晋より隋唐に至る郊祀、宗廟の制度について》，《史學雜誌》第88编第10号，1979年；后收入《中国古代皇帝祭祀の研究》第一章，东京：岩波书社，2006年，第30～65页。中译本［日］金子修一撰，谯燕译：《关于魏晋到隋唐的郊祀、宗庙制度》，载刘俊文主编：《日本中青年学者论中国史·六朝隋唐卷》，上海古籍出版社，1995年，第337～386页。

⑤ ［日］金子修一：《中国—郊祀と宗廟と明堂及び封禅》，［日］井上光贞他编：《東アジア世界における日本古代史講座》第9卷《東アジアにおける儀礼と国家》，东京：学生社，1982年，第179～221页；后分别收入《古代中国と皇帝祭祀》（东京：汲古书院，2001年）与《中国古代皇帝祭祀の研究》第四章（第141～214页）。

について》(1995)。[①]第四，史实考察出现纰漏。如论“《宋·志》所记郊祀有灌仪，拓跋魏无之，是其异”[②]，以有无祼仪来标示刘宋与北魏郊祀的差别，然案查《魏书·礼志一》，见载太和十九年（495）十一月庚午，孝文帝幸委粟山，议定圜丘，朝集咸阳王禧，司空公穆亮，吏部尚书、任城王澄及议礼之官，欲论圜丘之礼，孝文首先发言：“夕牲之礼，无可依准，近在代都，已立其议。杀牲祼神，诚是一日之事，终无夕而杀牲，待明而祭。”[③]由“杀牲祼神”句可知北魏郊祀中是存在祼仪的。而此仪式的仪注到孝明时期依然存在，《魏书·张普惠传》载其见肃宗孝明帝“不亲视朝，过崇佛法，郊庙之事，多委有司”而上疏劝谏，其中有云：“伏愿淑慎威仪，万邦作式，躬致郊庙之虔，亲纡朔望之礼，释奠成均，竭心千亩，明发不寐，洁诚禋祼。”[④]看来仪注与礼行之间存在差异，肃宗并没有严格依照仪注形式，只是遣有司行事，这在张普惠看来是会导致“愆礼忤时，人灵未穆”[⑤]的。北魏不仅祭天有祼，且按照《魏书·孝文本纪下》的记载，在太和十六年（492）之前，祭祖也是有“祼”的：“(十有六年春正月）甲子，诏罢祖祼。”[⑥]

2002年李书吉出版《北朝礼制法系研究》，凡书六章。[⑦]绪论及第一章提出礼法合一是中华法系成立的基本标志，而以礼入法在北朝基本完成；而北朝礼制以孝文礼制改革为核心，而后者得以展开并顺利施行的轴

① ［日］金子修一：《後漢—南朝における皇帝の郊廟親祭について》，刊于韩国亚洲大学唐史论丛编修委员会编：《春史卞麟錫教授還曆紀念唐史論叢》，1995年，第1～34页；后收入《中国古代皇帝祭祀の研究》第四章第三节，第167～201页。

② 陈戍国：《魏晋南北朝礼制研究》，第405页。

③ 〔北齐〕魏收：《魏书》卷一〇八之一《礼志一》，第2752页。

④ 〔北齐〕魏收：《魏书》卷七八《张普惠传》，第1737页。

⑤ 〔北齐〕魏收：《魏书》卷七八《张普惠传》，第1737页。

⑥ 〔北齐〕魏收：《魏书》卷七下《孝文本纪下》，第169页。

⑦ 李书吉：《北朝礼制法系研究》，人民出版社，2002年。

心是“周典化礼制”：其基本依据是《周礼》，核心是“稽参古事，宪章旧典”“齐美于殷周”。第二章前四节分别论述北朝周典化礼制体系中的四大部分：以圜丘大祭为核心的北朝祭祀、以服制为重点的终丧制度的改革、重定姓氏指导下的婚制改革、以尊老举贤为主要内容的巡狩乡饮之礼。第五节论孝本位的回归，末节总结概括北朝礼制的四大特点。第三章论北朝礼学系统。如果说第二、三章对应是书第一论点周典化礼制体系，那么第四章开始进入南北朝时期的法律体系考察，以证成另一论点——北朝以礼入法及中华法系的基本确定——并详细说明原因、条列论据。第五章则就《太和律》至《唐律疏议》的脉系传承及《唐律疏议》中的礼制内容展开，谈论作者关于中华法系的独到认识。该书的切入点与侧重点在于以礼入法在北朝的完成，是其新颖独到处，而关于北朝周典化礼制的考察，存在着重孝文礼制改革而忽略前后由来与去向的考察、对南朝制度研讨不够致有结论失误等不足。[①]可与楼劲新著《魏晋南北朝隋唐立法与法律体系——敕例、法典与唐法系源流》[②]结合阅读，楼著关于北魏前期立法与《律》《令》形态、性质的变迁，太和十六年后的官制改革与相关诸《令》的修订，北魏后期《令》的修订与颁行，北魏的科、格、式与条制，北齐与周隋法律体系的若干问题的研究，较本书立法部分翔实细密且前沿，可补充法律论述的不足。

于此需要涉及的是《周礼》与拓跋魏尤其是开国建制的关系。川本芳昭指出在北魏孝文帝之前的北魏历史中，周代制度的影响随处可见，而北周的政策在北魏初期已现之端倪这一点至关重要；到北魏中期献文帝时，接受周礼的方式开始发生质变，比以前参照周礼修正官制更进一步，到这

---

① 第二点“对南朝制度研讨不够致有结论失误”可参考梁满仓：《魏晋南北朝五礼制度考论》，第 14 页。

② 楼劲：《魏晋南北朝隋唐立法与法律体系——敕例、法典与唐法系源流》，中国社会科学出版社，2014 年，第 67 ～ 372 页。

时已能见到以周礼为根本标准制定国策的萌芽，到孝文改制时，从均田制、三长制中均能看到周礼更加深层全面的影响。[①]楼劲关注到北魏开国建制存在处处采鉴儒经和大幅依本《周礼》的现象，通过考察基本情况与问题，认为其缘由乃是汉魏以来经学与政治相互关系和建制故事、《周礼》已被公认为最为完整而权威的王制蓝图、拓跋政权创制奠基标榜正统以统合胡汉关系要求、主要由汉人谋臣与拓跋珪的倾力合作，这几种因素风云际会的产物，而由之铸成的儒家化传统和趋势，又对此后历朝的建制活动和历史进程产生了深远影响。三条线索（深受儒经影响和大幅依本《周礼》的建制活动的出现；高水准胡汉合作局面的形成；新胡汉关系理论的成熟和实践）聚结到北魏开国之际，标志着魏晋以来政治与制度儒家化进程北支传统的形成。[②]

2009年梁满仓出版《魏晋南北朝五礼制度考论》，以魏晋南北朝时期逐步形成的五礼制度化为核心主题，分两层八章展开研究论证。第一层为前三章，第一、二章分别铺垫论述了五礼制度的思想认识背景与学术文化背景，第三章水到渠成提出五礼制度化的命题，深入探讨了五礼制度化的形成、实践和历史意义，提出五礼制度发展的三阶段说：孕育阶段（汉末三国）、发育期（两晋宋齐）、基本成熟期（梁天监、北魏太和以后）。第四至第八章为全书主体，分论吉、嘉、军、宾、凶五礼。该书从整体上对魏晋南北朝礼制进行了系统、深入的研究，无论广度，还是深度，都将近年来

① ［日］川本芳昭：《五胡十六国・北朝期における周礼の受容をめぐって》，《佐賀大学教養部研究紀要》23卷，后改题《五胡十六国・北朝史における周礼の受容をめぐって》，收于《魏晋南北朝时代の民族问题》第三篇第二章，东京：汲古书院，1998年，第367～390页。

② 楼劲：《〈周礼〉与北魏开国建制》，载荣新江主编：《唐研究》第十三卷，北京大学出版社，2007年，第87～148页。

魏晋南北朝礼制研究推向了一个新的高度。[①]北魏礼制研究方面，限于五礼制度框架，对于拓跋鲜卑原始习俗未能展开论述是一限制，此外也使得著中结构以某礼为中心，以其本身来源、内容、作用等自身属性为行文程序，将之置于魏晋南北朝长时段中，忽略了各王朝政权差异，多论此礼的共性，导致具体政权内此礼的深入讨论难以为继。如第七章《魏晋南北朝的宾礼》第二节《主客之礼》首先指出宾客这一客观存在的历史群体，而后讨论宾客的构成、身份地位和社会作用，因其涉及整个魏晋南北朝时期，所论甚广，不免冗杂，仅其中宾客构成便罗列有智计之士、实力派人物、落魄英雄、名士望族、地方俊义、才识之士、故旧亲信等17种人，划分标准不明晰，且对礼制本身的讨论并无明显帮助，最终所有朝代政权混溶一起，不分彼此，关于北魏的部分自然无法显现。《宾礼》章中的君臣交往之礼，不同政权间的交往之礼，《凶礼》章中的荒礼、恤礼、吊礼、赈济制度，皆属此类。除了五礼框架的原因，制度本身属性及史料稀少也是造成此情况的关键影响因素。相比较而言，陈戍国《魏晋南北朝礼制研究》的朝代/政权分类更适合深入、系统讨论各王朝/政权礼制特性，而短于相互比较和共性的得出。

徐迎花《汉魏至南北朝时期郊祀制度问题研究》，是在作者博论基础上完善而成。[②]该著以皇帝亲祠和制度建设为研究对象，尝试以“体”与“制”为框架，借用雷德菲尔德“大传统”与“小传统”概念解读汉魏至南北朝时期的郊祀制度。新概念的引入与尝试值得肯定，但在实际操作中并没有将史料研读与“体”“制”框架有机糅合，整体史料的处理同样是引用多于分析，深度阐释的点与细节稀少，极为明显的两张皮，而且“大传统”

---

① 黎虎：《评〈魏晋南北朝五礼制度考论〉》，《中国史研究》2011年第1期，第202～208页。

② 徐迎花：《汉魏至南北朝时期郊祀制度问题研究》，博士学位论文，福建师范大学，2008年；同名著作，黑龙江人民出版社，2009年。

与“小传统”的引入喧宾夺主，使得每节被强行划分成诸如“北魏帝王的亲祠一‘体’，郊祀制度动态研究”“北魏郊祀制度及建制一‘制’，郊祀制度的静态分析”的篇目，而实质内容绝不涉及具体的对“大传统”与“小传统”的阐释，如此则划分的必要性、意义何在？造成重复论述的同时，也使得读者晕头转向。

吴丽娱主编《礼与中国古代社会》第二卷为《秦汉魏晋南北朝卷》[①]，其中魏晋南北朝章的执笔者为梁满仓、袁宝龙。该章含4节，第一节论三礼之学的兴起与兴盛，第二节论五礼制度化的进程与意义，第三节探讨西晋、北魏的三年之丧，第四节则论世家大族与国家礼制。其中部分章节已在执笔者的论著中有所体现，如第二节五礼制度化讨论，已见于梁满仓《魏晋南北朝五礼制度考论》中。不过相比此前研究，学者观点亦有部分变动，如关于西晋创建国子学的目的，梁满仓更改此前优待高门子弟的观点，认为西晋初国子学只有祭酒、博士各1人，助教15人，如此小的规模很难支撑西晋教育门阀化的论点。他依据南齐国子助教曹思文对国学、太学的区别论点，提出西晋初办国子学的目的，是建立起学术水平更高的官学，提高整体官学的儒学水平。高明士认为此说并无史料依据，值得商榷；此外，就祀孔与庙学在文化中的作用、关于礼的实践两问题对魏晋南北朝章提出疑问。[②]

论　文

单篇研究论文方面，呈现出以郊天、祭祖为核心的吉礼研究成果丰富，而嘉、宾、军、凶四礼成果稀疏的局面。而作为游牧民族建立的中原政权，

---

① 吴丽娱主编：《礼与中国古代社会·秦汉魏晋南北朝卷》，中国社会科学出版社，2016年。

② 高明士：《礼者天地之序——评吴丽娱主编〈礼与中国古代社会〉（全4卷）》，《中国史研究》2018年第1期，第179 ~ 200页。

《周礼》五礼的框架划分显然并不能包括所有的礼制研究成果，如礼制机构、物化礼乐以及礼制建筑等方面的成果。故以下首先按照五礼框架分别专论，其次综述礼制机构、物化礼乐、礼制建筑的研究成果，最后对关注较少的杂祀研究进行论述。

一、《周礼》五礼框架下的研究成果

（一）吉礼

1.郊祀

1979年金子修一发表《魏晋より隋唐に至る郊祀、宗廟の制度について》（中译本见谯燕译《关于魏晋到隋唐的郊祀、宗庙制度》[①]），分“魏晋南北朝的郊祀与宗庙”“唐代的郊祀与宗庙”与“明堂和雩祀”3章，先行开启王朝礼制具体形态的考察。[②]今日观之，考察虽简略，材料亦多罗列，对于郊祀的论述超过宗庙，但筚路蓝缕之作，使中国古代史学界对于礼制研究开始更多地关注细部的基础性考察，颇具启发意义，且将魏晋隋唐礼制考察框架勾勒出来。不过其关于北魏郊祀、宗庙的研究明言“从积极地采用中国的祭祀的孝文时代开始论述”，对北魏前期与部落联盟时期的考察付诸阙如，对于孝文以后诸帝宗庙中禘祫问题、郑王学说的前后变易等问题论述或过于简略，或没有论述。1997年《北魏における郊祀・宗廟の

---

① ［日］金子修一撰，谯燕译：《关于魏晋到隋唐的郊祀、宗庙制度》，载刘俊文主编：《日本中青年学者论中国史・六朝隋唐卷》，第337 ~ 386页。

② ［日］金子修一：《魏晋より隋唐に至る郊祀、宗廟の制度について》，刊于《史學雜誌》第88编第10号，1979年；后收入《中国古代皇帝祭祀の研究》第一章，第30 ~ 65页。

祭祀について》[①]便是对上文时段不足的补充，考察时段自改国号为魏的道武帝开始，原因是皇帝制度与郊庙并行，而道武为第一位称皇帝者；文中也对皇帝亲祭与有司摄事的差异进行了考察。可将此篇与《中国古代皇帝祭祀の研究》第八章《中国古代の即位儀礼と郊祀・宗廟》第三节《魏晉南北朝における即位儀礼の変化》之《における即位儀礼の特徵》结合起来阅读，[②]借此可窥金子氏执着于“皇帝”与“天子”名称存在差异，及将“皇帝支配”与“皇帝祭祀”相联系的原因之一斑。[③]小岛毅《郊祀制度の変遷》[④]，虽然在郊祀与太庙的研究上，重点论述时段选择在唐、宋、明，而在第一章“郊祀制度的沿革”，第二章“配享帝后的问题”之首节“皇后与郊祀”上，关于“祭地配后”方式、亚献、先蚕、高媒诸方面对魏晋南北朝乃至于北魏礼制有所论述。

北魏郊天尤其是西郊祭天的研究，最具启发意义的研究成果当数康乐《从西郊到南郊：拓跋魏的“国家祭典”与孝文帝的“礼制改革”》[⑤]。文章分“早期的国家祭典”“孝文帝的礼制改革”与“礼制改革的回响”三部分，第一部分论述以西郊祭天为核心的北亚草原祭典的特色，并指出其与拓跋

① ［日］金子修一：《北魏における郊祀・宗庙の祭祀について》，刊于《山梨大學教育學部研究報告》第47号，1997年；后收入《中国古代皇帝祭祀の研究》第六章第一节，第267～284页。

② ［日］金子修一：《中国古代皇帝祭祀の研究》，第460～473页。

③ 可参看［日］金子修一：《皇帝制度——日本战后对汉唐皇帝制度的研究》，［日］谷川道雄主编：《魏晋南北朝隋唐史学的基本问题》，中华书局，2010年，第132～154页；［日］金子修一：《中国古代皇帝祭祀の研究・序章》，第1～30页。

④ ［日］小岛毅：《郊祀制度の変遷》，《東洋文化研究所紀要》第108册，1989年2月，第123～219页。

⑤ 康乐：《从西郊到南郊：拓跋魏的“国家祭典”与孝文帝的“礼制改革”》，原载《“中央研究院”第二届国际汉学会议论文集》，“中央研究院”，1989年，后收入康乐：《从西郊到南郊：国家祭典与北魏政治》，稻禾出版社，1995年，第165～206页；又见于王健文主编：《台湾学者中国史论丛・政治与权力》，中国大百科全书出版社，2005年，第208～238页。

政权的关系：借着传统宗教仪式的奉行，部落共同体的情感透过仪式而得以再生与再肯定，“代人”对拓跋政权的忠诚因此得以持续。

第二部分为文章主体，首先指出“祭典兴革”是孝文礼制改革的核心，孝文遵循强化中原系统祭典与废除杂祀以净化国家祭典两原则，尽可能实现以中原系统祭典为范本来重新整顿拓跋国家祭典的目的，由此触及保守拓跋贵族“国之丧葬祠礼，非十族不得与也”的底线，“国之大姓”“并不需要任何理论基础，就自然会去维护这个传统”，而定迁洛之计后次年（太和十八年，494）孝文诏罢西郊，将北亚传统一扫而空，至十九年（495）确定南郊祭典，将国家祭典清一色纳入中原祭典范畴；进而论述隐藏在孝文热切礼制改革背后的动机：承晋的“正统观”与吞并南方的野心，并蕴有扭转早期拓跋“征服（或谓游牧封建制）”国家性格的用心。

“改革的回响”缀于文末，其实是总结前两部分，给出自己对文章主旨问题的解答，即为什么孝文帝热烈推动的迁都与汉化运动，反而间接导致了北魏帝国的土崩瓦解？作者指出虽然孝文礼制改革的根本着眼点仍旧是政权和君权的稳固，但南郊为代表的中原礼制废除了沟通代人与拓跋政权情感联系、政治认同的北亚祭典，导致拓跋政权与其所赖以支撑的武力间的疏离感急遽加深，“重文轻武”及“清”“浊”之分最终导致中央军暴动，帝国基础由是分裂，六镇之乱及其后帝国的崩溃也就是不可避免的了。

13年后，杨永俊一年内陆续发表《论北魏的西郊祭天制度》《论拓跋鲜卑的西郊祭天》《论拓跋鲜卑的原始祭天》《拓跋传统祭天时地考》[①]四文，对北魏西郊祭天进行系统考察。4篇论文结构虽有差异，但内容并无大变，

① 杨永俊：《论北魏的西郊祭天制度》，《兰州大学学报》（社会科学版）2002年第2期，第56～62页；《论拓跋鲜卑的西郊祭天》，《民族研究》2002年第2期，第44～53页；《论拓跋鲜卑的原始祭天》，《西北民族学院学报》（哲学社会科学版）2002年第6期，第28～38页；《拓跋传统祭天时地考》，《甘肃社会科学》2002年第6期，第56～59页。

而以前二者较为凝练。两文学术回顾部分言“国内外学者”对西郊祭天“很少谈及”，“显然有所忽视”，对于康乐的翔实研究完全未有提及，是在研究成果搜集方面有缺；而且用较大篇幅考论西郊骑驰绕行仪式追溯至匈奴文化影响，殊不知半世纪之前江上波夫发表的《匈奴的祭祀》[①]经典论文已深入考察了此问题，而对于柔然巫术的论述，也遗漏了内田吟风《柔然族研究》[②]的考察，导致重复性研究。凡此种种，使得两文在西郊祭天方面的研究结论“西郊祭天是北魏孝文帝改制前拓跋鲜卑统治者最重要的祭天形式。淫祀诸天神、女巫主祭下的骑驰绕坛、夏四月西郊祀天等是西郊祭天的显著特点”并未有实质性进展，而所谓西郊祭天“长期存在是因为适应了三分结构（拓跋天神崇拜、草原游牧民族祭祀仪式与汉族的郊祀制度）的社会现实”的推断过于空泛，此外，逻辑与解释多有矛盾处。[③]

何德章的研究直指西郊背后的政治权力兴替，《北魏初年的汉化制度与天赐二年的倒退》[④]详细考辨了北魏创立初年的制度变迁过程，指出北魏天

① ［日］江上波夫：《匈奴の祭祀》，《ユウラシア古代北方文化：匈奴文化論考》，京都：全国书房，1948年，第225～275页；中译本黄舒眉译：《匈奴的祭祀》，载刘俊文主编：《日本学者研究中国史论著选译》第九卷《民族交通卷》，中华书局，1993年，第1～36页。

② ［日］内田吟风撰，辛德勇译：《柔然族的研究》，载刘俊文主编：《日本学者研究中国史论著选译》第九卷《民族交通卷》，第37～84页。

③ 尤其是关于汉族的郊祀制度如何“产生”了西郊祭天，即前文刚说“太祖借用周礼来规范拓跋鲜卑传统的郊天之礼，即产生了西郊祭天制度”，后面却为“然而太祖为什么弃周礼南郊或圜丘这一规范的祭天场所而专取西郊”，寻求解释的矛盾，而3条理由同样矛盾而且不合理：第一条谓“拓跋鲜卑先人有‘迎神于西’的传统，西郊之祭只是在西向规范出固定场所来，使祀有定址”，尚属贴合可信，然而第二、三条却转到了汉族五行与避免冲突上，实在站不住脚：“第二，汉族西方属金、主杀伐的观念，及在此基础上产生的西郊迎秋赏军师武人的礼仪规定，与拓跋鲜卑祭天比较明显的祈求征战胜利的郊天意图切合。第三，拓跋鲜卑祭天选择西郊，主要是为了避免与汉文化极其看重的南郊上帝、北郊地祇及东郊迎春祀日的礼仪发生冲突，避免冲突的目的在于突出拓跋鲜卑传统的祭天。”

④ 何德章：《北魏初年的汉化制度与天赐二年的倒退》，《中国史研究》2001年第2期，第29～38页。

兴初以汉晋制度为基础创立的礼仪制度，受典制缺佚的影响及北魏创立者汉文化水平的限制，实际上是一种“胡汉杂糅”的形态。而由于皇权与旧的部落大人之间的权力斗争、鲜卑民族总的文化水平限制，也由于北魏初期在中原还未能实行有效的统治，天兴初创立的一系列有限的汉化制度在数年之后的天赐二年（405）被鲜卑旧制完全取代。天赐二年西郊祭天取代南、北郊反映了北魏政权政治上的倒退，并不仅仅因为礼仪的复旧及其所体现出来的原始性，还在于礼仪兴废实际上体现了政治势力权力的兴替。西郊祭天复兴意味着对昔日部落联盟体制的肯定及对拓跋新兴皇权的压抑。

冈田和一郎《前期北魏国家の支配構造：西郊祭天の空間構造を手がかりとして》[①]将西郊研究的视角转入空间划分与层级匹配，文章反思了北魏前期史研究中受“征服王朝”说影响、长期存在的“支配层=胡族，被支配层=汉族”的观点，通过拓跋西郊祭天仪式中以垣内、垣外为区隔的空间构造，重新描绘“代人共同体”（而非“支配共同体”）为支撑的北魏前期国家支配模式。第一节以天赐二年西郊祭天仪礼的空间构造划分出垣内与垣外。垣内构成诸成分：皇帝、皇后、内朝臣、女巫、十族子弟，重点对内朝官的“内‘某’官”和“中散”就任者的胡汉比例进行考察。第二节讨论“代人集团”的构成（与康乐研究的差异）、与部落解散相关联的形成过程以及“国语”的形成。第三节简要讨论垣外参与者：外朝臣、诸部大臣和宾国。[②]文末图绘出《前期北魏国家支配构造概念图》：

① 日本史学界关于中国征服王朝的研究参看［日］田村実造：《中國征服王朝の研究》第1・2・3卷，京都：东洋史研究会，1964、1974、1985年；［日］竺沙雅章：《征服王朝の時代：宋・元》，东京：讲谈社，1977年。

② ［日］冈田和一郎：《前期北魏国家の支配構造：西郊祭天の空間構造を手がかりとして》，《歴史學研究》817号，2006年8月，第1～16页。

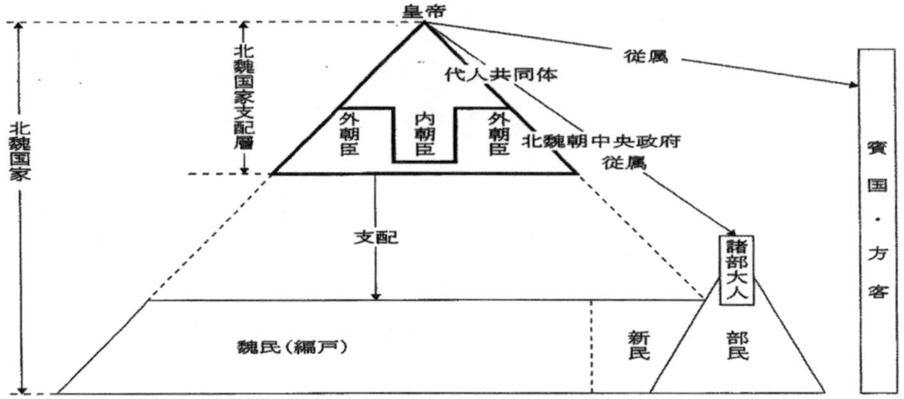

图1　前期北魏国家支配构造概念图

佐川英治《从西郊到圜丘——〈文馆词林·后魏孝文帝祭圜丘大赦诏〉所见孝文帝的祭天礼仪》①通过解读《文馆词林》所载孝文祭圜丘大赦诏，讨论孝文祭祀礼仪的另一种面相。《文馆词林》卷六六五及卷六七〇分别载有《后魏孝文帝祭圜丘大赦诏一首》《后魏孝文帝圜丘大赦诏一首》，两诏实为一诏，只是前者记时为“太和年月日”，后者则更详：“太和十九年十一月十九日。”由此可知此诏是孝文帝在太和十九年十一月委粟山圜丘祭祀时发布的一道诏书，《魏书》中不载，严可均《全后魏文》和韩理洲等《全北魏东魏西魏文补遗》中亦未收录。作者意图通过解读该诏书，考察孝文帝祭祀礼仪的另一种面相——“孝文帝圜丘祭天的萨满性质”：他认为太和十九年孝文帝行圜丘祭礼有“飞升上天世界”的意涵，而这很有可能出自与突厥信仰相类的“脱魂型萨满教”，进而指出西郊郊天礼在经孝文帝废止后，化身为圜丘祭礼，圜丘所祀天神并非郑玄礼说中的昊天上帝，而是游牧文化的“苍天”，北魏圜丘祭祀与南郊祭祀分属两种不同的文化背景。

① ［日］佐川英治：《中国古代都城の設計と思想：円丘祭祀の歴史的展開》，东京：勉诚出版，2016年2月；中译文付晨晨译：《从西郊到圜丘——〈文馆词林·后魏孝文帝祭圜丘大赦诏〉所见孝文帝的祭天礼仪》，载余欣主编：《中古中国研究》第一卷，中西书局，2017年，第1～26页。

魏斌指出“这种对孝文帝圜丘的全新理解，是一个内亚视角的历史观察”[①]。

赵永磊《争膺天命：北魏华夏天神祭祀考论》[②]以剖析礼学、礼仪与权力三者间复杂的互动关系为视角，聚焦道武帝、孝文帝之间的郊祀制度与华夏郊天礼。文章以魏晋、十六国郊祀旧制为参照，系统探讨北魏郊祀制度与郑玄“郊丘为二”说的关系及其演变的基本脉络，在此基础上，揭示太和十九年孝文帝圜丘祭礼的仪式展演及其政治意涵，并进而以北魏郊社所祀天神为核心，系统探究北魏六天帝祭祀与郑玄六天帝说的关系以及北魏正统观念的运作问题。该文指出道武帝通过行华夏即位礼与郊祀礼来彰显正统性，与十六国无本质区别。天兴初年设立的郊祀制度与郑玄礼说并不完全契合，且明显有异于两晋十六国所从王肃“郊丘合一”说，传达出与东晋争衡的明显姿态。孝文帝依托郑玄“郊丘为二”说改定郊祀制度，实现郊祀礼由有司摄事到皇帝亲祀的转变，并废止西郊郊天的鲜卑旧礼，最终确立华夏郊天礼的独尊地位。迁都洛阳后，孝文帝通过行圜丘祭礼宣示天命在魏，与南朝争夺正统的态势臻于极盛。北魏正统观念主要表现出仿魏承汉与承继西晋两个面向，其郊庙制度更近于曹魏明帝景初元年（237）以后之制，在一定程度上折射出北魏超越两晋南朝，直追曹魏的心态。

2.宗庙、明堂

楼劲《道武帝所立庙制与拓跋氏早期世系》[③]从天兴庙制与拓跋氏早期世系关系的角度对北魏前期皇家宗庙制度进行精到考证，并通过阐释这一关系来进一步探讨《魏书·序纪》所载道武帝以前二十八帝世系的相关问题。梁满仓《魏晋南北朝皇家宗庙制度述论》[④]则着重探讨了北魏前期皇家

---

① 魏斌：《思想的圜丘》，《读书》2017年第12期，第22 ~ 29页。

② 赵永磊：《争膺天命：北魏华夏天神祭祀考论》，《历史研究》2020年第4期，第74 ~ 97页。

③ 楼劲：《道武帝所立庙制与拓跋氏早期世系》，《文史》2006年第4辑，第45 ~ 80页。

④ 梁满仓：《魏晋南北朝皇家宗庙制度述论》，《中国史研究》2008年第2期，后收入氏著：《魏晋南北朝五礼制度考论》，230 ~ 257页。

宗庙制度的4个基本特点：先帝诸庙以始祖为贵；没有严格的昭穆迁毁制度；庙无定制；祭祀以怀祖祈福为主要目的，指出此时期的宗庙祭祀祈福色彩远远大于仪式制度色彩，不是中原五礼制度下的宗庙制度。

系统涉及北魏宗庙礼制的专著型研究成果是郭善兵博士论文《汉唐皇帝宗庙制度研究》，2007年修改并完善为《中国古代帝王宗庙礼制研究》[①]一书。全书分5章，依时代顺序考察了汉以前、西汉、东汉、三国两晋南北朝、隋唐皇帝宗庙制度。[②]该著在借鉴前人研究成果的基础上，凭借敏锐的问题意识在诸如西汉初中期郡国宗庙的设置、西汉元帝永光年间皇帝宗庙礼制改革、西汉中后期皇帝宗庙禘祫祭祖制度等问题的论述，东汉初期光武帝建武十九年（43）宗庙礼议，东晋初相继即位为君主的兄弟昭穆异同之争与皇帝宗庙制度的变革、东晋皇帝宗庙殷祭祖制度，隋炀帝大业年间皇帝宗庙制度改革，唐玄宗九庙制度的改革等问题上都提出了独到的见解。

仅就北魏宗庙礼制来看，是书指出北魏初期，无论宗庙庙数，还是祭祖仪式，都羼杂了大量鲜卑民族习俗。孝文太和六年（482）、十三年（489）至十六年（492）陆续推行皇帝宗庙庙数、四时祭、禘、祫祭祀制度改革，既有遵循儒家记载，亦不乏别出心裁的创新。太和十三年至十六年皇帝宗庙禘、祫祭时间间隔制度改革，是杂用郑、王为表象下，“比较彻底地遵循王肃学说立制”。宣武后则变更太和制度，遵郑说。直至北魏灭亡，皇帝宗庙亲庙或许始终保持孝文帝太和十五年（491）确定的四世制度不变。因此，太和十七年（493）北奔的王肃并未对北魏皇帝宗庙庙数、祭祀制度施加强有力影响。《中国史研究》2015年第2期同期刊文，梁满仓与郭善兵两先生以曹操“春祠令”辨析为先导，就“魏晋南北朝皇家宗庙礼制

① 郭善兵：《汉唐皇帝宗庙制度研究》，博士学位论文，华东师范大学，2005年；同氏：《中国古代帝王宗庙礼制研究》，人民出版社，2007年。

② 可参丁鼎：《〈中国古代帝王宗庙礼制研究〉评介》，《鲁东大学学报》（哲学社会科学版）2008年第3期，第93页。

若干问题”展开学术争鸣，主要涉及曹魏，兼及两晋南朝。[①]

北魏太武帝拓跋焘死后被追尊为“世祖”，《魏书》等北朝史书明文记载，但北宋初成书的《册府元龟》一条记录显示，太武帝最初的庙号应为“世宗”，王铭便从这条宝贵的材料出发，推测很可能在太和十五年（491）改议祖宗、颁布《改易庙号诏》之时，孝文帝出于确立北魏太庙“三祖”格局的需要，而将太武庙号由“世宗”升格为“世祖”。而后结合孝文帝太和改制时所颁的《改易庙号诏》，探讨孝文帝升格太武帝在北魏太庙中的地位背后的相关政治考量。作者认为太武帝身后在北魏太庙中获得的庙号从“宗”到“祖”的改易升格，意味着其在王朝政统谱系中从“有德”转变为“有大功”的地位评价的明显提升。[②]

同氏《“正统”与“政统”：拓跋魏“太祖”庙号改易及其历史书写》[③]对“元魏两太祖”的疑题进行系统考察，通过梳理改易“太祖”庙号背后的具体历史情境和政治动机，作者指出道武帝天兴初年尊平文帝为“太祖”，明元帝时上道武庙号为“烈祖”，到了孝文帝改制时，将平文从太庙中迁出，改尊道武为太祖。《魏书》一直记载道武庙号为“太祖”，讳言道武庙号最初为“烈祖”的史实。庙制的背后是政治权力的运作，作为王朝开国之君象征的“太祖”庙号的追尊，体现了北魏的中原正统心态以及对拓跋王朝政统谱系的建构努力。同氏《〈魏书〉孝文帝太和十五年改易庙号诏考订》[④]简要指出

① 郭善兵：《魏晋南北朝皇家宗庙礼制若干问题考辨——兼与梁满仓先生商榷》，《中国史研究》2015 年第 2 期，第 169 ～ 190 页；梁满仓：《曹操“春祠令”辨析——初答郭善兵先生》，《中国史研究》2015 年第 2 期，第 191 ～ 207 页。

② 王铭：《北魏太武帝庙号升格问题考议》，《中国史研究》2016 年第 1 期，第 91 ～ 100 页。

③ 王铭：《“正统”与“政统”：拓跋魏“太祖”庙号改易及其历史书写》，《中华文史论丛》2011 年第 2 期，第 293 ～ 325 页。

④ 王铭：《〈魏书〉孝文帝太和十五年改易庙号诏考订》，《中国史研究》2009 年第 1 期，第 98 页。

《魏书·礼志一》所载太和十五年《改易庙号诏》与《资治通鉴》相较，有明显脱漏处。

赵永磊以塑造华夏正统为视角，系统考察后指出北魏太庙制度的构建在胡汉问题、南北正朔之争、皇权等因素主导下，呈现出较为复杂的历史层面。作者首先就道武帝所追尊始祖、太祖何者为不祧祖问题进行辨析，指出道武帝所立太庙，分置始祖、太祖，具有缘饰经典及郑玄学说的明显迹象。随后对北魏"天子七庙"形成的过程进行梳理，以此为基础讨论太祖在郊庙中地位的变化、太庙格局的演变以及太庙制度的构建及实施问题。作者极为敏锐地指出北魏太庙制度的构建经历了孝文帝之前"天子七庙"的形成以及孝文帝以后大庙制度的确立两个阶段；而在学说的则从上，呈现出由兼采郑玄、王肃学说到全遵郑玄学说的趋势，并在孝明帝时期最终确立相对完备的宗庙制度，这种选择显现出与东晋南朝争正统的态势。[①]

此外，对北魏前期立尸礼的考察成果较少，相关研究主要来自民俗领域，《民俗研究》2017年第1、5期分别刊发段锐超、段元秀《"魂人"礼俗与北魏文化认同》与顾春军的商榷文章《驳北魏"魂人"说兼谈相关问题——与段锐超、段元秀就〈"魂人"礼俗与北魏文化认同〉一文商榷》。前者认为"魂人"名称应为北魏所特有，指被用以象征死者神灵或作为死者灵魂依托的人，与先秦祭祀中的"尸"实质相同。但两者不能等同，其最大区别在于选择标准不同："魂人"选择最看重的是状貌与死者相像，即使并无血缘关系，祭祀者仍将其视同亲人，这个特点最为汉族士人所诟病。"魂人"礼俗的存在与逐渐消失的过程，是北魏文化认同曲折进程的一个集中反映。顾氏的商榷文章则认为"魂人"说来源于赵翼在《陔余丛考》"冥婚"条对《魏书》的错误句读，受《陔余丛考》失误影响，段文没有对传

---

① 赵永磊：《塑造正统：北魏太庙制度的构建》，《历史研究》2017年第6期，第24～44页。

世文献认真辨析，对现有研究成果也缺乏认真研读，论证中所引用的案例也存在着不少问题，故该文的立论是站不住脚的。[①]

此外，涉及北魏宗庙的论文尚有刘慧琴《北朝郊祀、宗庙制度的儒学化》[②]、柏贵喜《从宗庙祭祀看北朝礼制建设》[③]、高贤栋《北魏孝文帝时期的礼制建设》[④]、张帅《拓跋氏前期庙制中的神灵崇拜与国家礼制——兼论孝文庙制的历史定位》[⑤]、王柏中等《北魏国家宗庙祭祀制度考论》[⑥]。

明堂的考察见下文“礼制建筑”类。

3. 耤田

耤田礼。前哲先贤多有精到详审之研究，如礼之由来、性质、设官执掌、仪式内容（包括不同等级的推数研究）、耤田称谓、择月及用干支日问题等。[⑦]刘凯对先秦至唐的耤田方位进行长时段考察，关涉到此时段。作

① 段锐超、段元秀：《“魂人”礼俗与北魏文化认同》，《民俗研究》2017 年第 1 期，第 71 ~ 79 页；顾春军：《驳北魏“魂人”说兼谈相关问题——与段锐超、段元秀就〈“魂人”礼俗与北魏文化认同〉一文商榷》，《民俗研究》2017 年第 5 期，第 50 ~ 58 页。

② 刘慧琴：《北朝郊祀、宗庙制度的儒学化》，《西北大学学报》（哲学社会科学版）2000 年第 1 期，第 39 ~ 42 页。

③ 柏贵喜：《从宗庙祭祀看北朝礼制建设》，《中南民族大学学报》（人文社会科学版）2003 年第 10 期，第 110 ~ 114 页。

④ 高贤栋：《北魏孝文帝时期的礼制建设》，《烟台大学学报》（哲学社会科学版）2003 年第 10 期，第 453 ~ 455 页。

⑤ 张帅：《拓跋氏前期庙制中的神灵崇拜与国家礼制——兼论孝文庙制的历史定位》，《山西大学学报》（哲学社会科学版）2018 年第 2 期，第 293 ~ 325 页。

⑥ 王柏中等：《北魏国家宗庙祭祀制度考论》，载殷宪主编：《北朝史研究——中国魏晋南北朝史国际学术研究会论文集》，商务印书馆，2004 年，第 303 ~ 314 页。

⑦ 古人考证，参〔清〕秦蕙田：《五礼通考》卷一二四《吉礼·亲耕享先农》“耕耤之礼”，〔清〕孙诒让：《周礼正义》之《天官·叙官》“甸师”、《天官·甸师》及月令祈谷部分（第 28 ~ 30 页、第 284 ~ 295 页）。今人文章有杨宽《“籍礼”新探》，收入氏著：《古史新探》（中华书局，1965 年，第 218 ~ 233 页），王健《汉代祈农与籍田仪式及其重农精神》（《中国农史》2007 年第 2 期，第 17 ~ 25 页），

者指出周秦汉唐间天子/皇帝耕耤礼之耤田方位存在着本乎“宗周旧制”之“南耕”逐渐向源出“汉家故事”的“东耕”转化之轨迹，且自汉以降的“东耕”耤田礼内部亦显现出东南与东方位上的变更。后世王朝以“宗经”“复古”和“尊君”“实用”为标准于“宗周旧制”“汉家故事”采择其一，为自身寻求正统依据，拓跋魏、宇文周即为显例；隋宗周“南耕”，所承当出“西魏、北周”一源，与唐制承继“梁、陈”之源有异。唐太宗和孔颖达在耤田方位上存在的“矛盾”，实乃政治与人伦隐情支撑下的“权宜”。太宗未回避其太上皇之子的身份，终采“东耕”，有意表示他的谦退和孝道，是其“权宜”有着处理与太上皇关系，摆正自己之身份位置之需；

陈二峰《论汉代的籍田礼》（《南都学坛》（人文社会科学学报）2009 年第 3 期，第 110 ~ 114 页），高二旺《魏晋南北朝时期耕耤（藉）礼的特征与功能初探》（《农业考古》2008 年第 3 期，第 28 ~ 31 页），雷晓鹏《从清华简〈系年〉看周宣王‘不籍千亩’的真相》（《农业考古》，2014 年第 4 期，第 198 ~ 202 页），宁镇疆《周代“籍礼”补议——兼说商代无“籍田”及“籍礼”》（《中国史研究》2016 年第 1 期，第 45 ~ 62 页）。论著中相关章节：胡戟《礼仪志》14 章“藉田享先农”节（上海人民出版社，1998 年，第 303 ~ 305 页），陈戍国《中国礼制史》各卷耤田礼章节（湖南教育出版社，1991 年），梁满仓《魏晋南北朝五礼制度考论》4 章“藉田制度”节（第 218 ~ 230 页），杨英《祈望和谐：周秦两汉王朝祭礼的演进及其规律》4 章 3 节（商务印书馆，2009 年，第 611 ~ 614 页），姜波《汉唐都城礼制建筑研究》相关章节（文物出版社，2003 年）。日本学者［日］谷口义介《藉田儀禮の復活》（《中國古代社會史研究》，京都：朋友书店，1988 年，第 245 ~ 264 页）讨论了周至汉文的耤田礼仪，［日］新城理惠《中國の藉田儀禮について》（《史境》2000 年 41 号，第 25 ~ 38 页）则论及汉代以后皇帝耤田礼，［日］金子修一《以国家祭祀为中心的魏晋南北朝隋唐研究史回顾与展望》（《日本中国史研究年刊（2008）》，上海古籍出版社，2011 年，第 43 ~ 47 页）简要涉及了东汉末至十六国的耤田，皆可参看；其他文章尚有［日］谷口义介《春秋时代の藉田仪礼と公田助法》（《史林》1985 年 68-2 号，第 40 ~ 64 页）、［日］佐竹靖彦《藉田新考》（唐代史研究会编：《中國の城市と農村》，东京：汲古书院，1992 年，第 3 ~ 28 页）、［日］西冈市祐《南北朝・隋朝・唐朝的親耕藉田》（《國學院雜誌》2002 年 103-4 号，第 1 ~ 16 页）、［日］坂江涉《古代東アジアの王權と農耕儀禮—日中社會文化的差違—》（［日］铃木正幸编：《王和公》，东京：柏书房，1998 年，第 13 ~ 53 页）。

孔氏所主则以实际皇权为中心，其不改《礼记正义》“南耕”，不能简单以“疏不破注”原则视之。梁武变耤田方位于东缘由暗含“帝出乎震”，背后彰显的当是门阀政治以降，皇权在多重举措之下已有复御天下威权的事实。唐未袭隋“宗周”之“南耕”，亦未全摹“汉家故事”的“东耕”，而是在其基础上参合南朝后期萧梁之改革行“东耕”，是其耤田渊源当出“梁、陈”一源。[①]

4.释奠

释奠礼。程苏东认为北魏改制有未尽周全者，所举例即阙里、京师并置孔庙，作者认为这显示出北魏虽试图通过经学制度的调整彰显尊经复古之意，但由于未明相关仪制背后之经义与故事，得其形而未得其实，终难免邯郸学步之弊。不过通过把孔庙从曲阜阙礼移祀到京师的异地并立孔庙举动，使得孔庙从“家庙”蜕变为“国庙”：“当时虽未必合理，但它符合时人对于‘京师’统摄全国政治、文化资源的功能认知，故得为北齐、北周所因袭，并随着唐制的颁行而成为后世定法。从此，孔庙走出阙里，成为构筑中国古代城市空间的基本要件。”[②]王文东《论北朝鲜卑贵族的尊师兴学之礼》[③]简要论述了北朝鲜卑上层贵族的讲学之礼、释奠之礼和束脩之礼，并言及所做的革新与变通，惜未能深入展开。刘军《北朝释奠礼考论》[④]系统考察了北朝释奠礼的类别、祭仪、讲读活动和政治、文化意义。夏志刚《南北朝释奠推行模式比较》[⑤]比较了南北朝释奠推行模式的差异，指出南朝

---

① 刘凯：《从“南耕”到“东耕”：“宗周旧制”与“汉家故事”窥管——以周唐间天子/皇帝耤田方位变化为视角》，《中国史研究》2014年第3期，第101～127页。

② 程苏东：《北魏经学制度三论》，《清华大学学报》（哲学社会科学版）2020年第6期，第83～93页。

③ 王文东：《论北朝鲜卑贵族的尊师兴学之礼》，《中央民族大学学报》（哲学社会科学版）2002年第3期，第40～43页。

④ 刘军：《北朝释奠礼考论》，《史学月刊》2012年第1期，第35～41页。

⑤ 夏志刚：《南北朝释奠推行模式比较》，《阅江学刊》2013年第3期，第65～70页。

的释奠丰富详备，且讲且奠，由帝王、太子在京师举行典礼，而北朝的释奠前简后详，呈后来居上之势，逐渐发展为中央到地方多层级推行的官学学礼。

（二）凶礼

《周礼》中五礼的排序为吉、凶、宾、军、嘉，唐太宗制定《贞观礼》时，五礼顺序调整，凶礼调整至末位，为吉、宾、军、嘉、凶，《唐六典》卷四《尚书礼部》便沿袭之，《通典·礼典·大唐开元礼纂类》则作吉、嘉、宾、军、凶。但在唐之前，尤其是魏晋南北朝时期，凶礼尤其是其中的丧礼，牢牢占据五礼前列的位置。《晋书》虽为唐人所修，其中《礼志》五礼排列依然为吉、凶、宾、军、嘉，符合《周礼》次序，也契合六朝重丧服的社会现状。治丧礼仪、葬礼与丧服礼是魏晋南北朝正史《礼志》中记载的凶礼主体部分。

日本学者藤川正数在20世纪中叶就展开了对魏晋时代丧服制度的研究，主要涉及的议题有三年丧、改葬之服、谅闇心丧之制、尊降兴厌降之制等。[①]此后的丧礼、丧服研究主要关注点都在史料相对丰富的魏晋时期。国内学者关于丧服制度的系统研究有丁凌华《中国丧服制度史》[②]，关涉魏晋南北朝时段的议题有魏晋丧服学之热潮兴起、服叙审议制度、心丧问题等，然而涉及北魏的较少。高二旺《魏晋南北朝丧礼与社会》[③]聚焦于魏晋南北朝时期的丧礼变化及其在社会中的实施，在探讨丧礼理论创建的基础上，重点考察了魏晋南北朝时期实践层面上丧礼的程序和仪节、丧礼规格、丧服制度。并将丧礼放在五礼的大范围内，尤其着重从凶礼同吉、嘉、军、宾四礼的关系上，探讨了这一时期丧礼变化背后深层的政治、经济与

① ［日］藤川正数：《魏晋時代における喪服禮の研究》，东京：敬文社，1960年。
② 丁凌华：《中国丧服制度史》，上海人民出版社，2000年。
③ 高二旺：《魏晋南北朝丧礼与社会》，上海古籍出版社，2017年。

文化动因。书中诸如凶门柏历的形制及其与南北文化交流的关系、对停丧时间的考察分析、丧礼配享制度、举哀与亲临的礼制、丧礼中的变礼等等，都是以往研究较少的领域。张焕君《情礼交融：丧服制度与魏晋南北朝社会》[①]通过作为经典文本的《丧服》与具有现实指导意义的丧服制度，以及丧服制度与同时段社会其他制度两个维度的比较，对魏晋南北朝丧服制度进行了论述。作者指出魏晋南北朝丧服争论的前提是重情，但礼也是必不可少的限制性背景，最终目的是“以情制服，以礼裁之”，以达到“情礼兼得”。其中三年之丧、心丧等研究内容都与北魏相涉。甘怀真采用经典诠释的观点，借由汉唐之间儒者对于《仪礼·丧服经传》中“为旧君”服条的经典诠释变化，探究士大夫如何运用此载于经典中的“旧君”制度以建构士大夫社会中的人际关系，尤其是其中的君臣关系。[②]章管炜对杜预关于皇帝“谅闇心丧”之制的经说在两晋南北朝被接受与批判的过程进行了系统考察。[③]总体而言，凶礼研究成果主要集中于魏晋南朝，专论北朝的论著相对较少。

（三）嘉礼

北魏嘉礼的相关研究甚少专篇论文，多散见于魏晋南北朝礼制论著或论文，比如会礼中纳后礼，可见苗霖霖博士论文《北魏后宫制度研究》[④]，

① 张焕君：《情礼交融：丧服制度与魏晋南北朝社会》，商务印书馆，2020年。

② 甘怀真：《“旧君”的经典诠释——汉唐间的丧服礼与政治秩序》，《新史学》第13卷第2期，2002年，第1～44页；后删修改题《汉唐间的丧服礼与政治秩序》，收入氏著：《皇权、礼仪与经典诠释：中国古代政治史研究》，华东师范大学出版社，2008年，第280～314页。

③ 章管炜：《试论两晋南北朝皇家公除心丧礼的经学诠释》，载上海交通大学经学文献研究中心编：《经学文献研究集刊》第13辑，上海书店出版社，2015年，第128～152页。

④ 苗霖霖：《北魏后宫制度研究》，博士学位论文，吉林大学，2011年；同名著作：花木兰文化出版社，2013年。

皇帝元服礼则可参看庞俊《魏晋南北朝皇帝元服礼简论》[①]，养老礼有邵正坤、王忠的考察，[②]而婚礼多与礼俗研究相混融。最为系统的研究可参看梁满仓《魏晋南北朝五礼制度考论》第五章《嘉礼》[③]，分别对婚礼、冠礼、会礼、尊老养老礼进行了研究。比较值得关注的是皇帝继位礼仪。日本学者自西嶋定生以降，尾形勇、金子修一、渡边信一郎等对汉唐间皇帝即位礼仪多有研究，金子修一对相关研究有所综述，可参看。[④]北魏方面最具影响力的考察当数罗新《黑毡上的北魏皇帝》[⑤]。作者从北魏孝武帝元脩以"举毡称汗"的代都旧制作为即位仪式谈起，指出突厥、回鹘、契丹等其他内亚族群也有相类的即位模式，此仪式中有3个相似的因素：第一，坐黑毡或白毡，由四人或七人来抬；第二，"我有父，亦有兄，公卿欲从谁也"的谦辞套话问答，它使端门前的活动被转化为立汗仪式的一部分；第三，勒住准可汗脖子，让他预言自己在位年限的行为，附录二中的《耶律阿保机之死》，作者便以此来推测阿保机死亡的真正原因。据以上三点，作者指出在中亚地区，北魏皇帝风格的举毡立汗仪式是普遍地存在着的；内亚民族有自己的文化传承，这种"内亚性"和中国的"华夏性"分别独立又时有重叠。囿于史料，作者直言部分推论颇有为赋新词强说愁之意，但其视角独特，逻辑自洽，为学界展示出用内亚性视角审视北朝史的典范路径。

（四）宾礼

通过较为全面的综述，范云飞已经指出魏晋南北朝宾礼相对唐朝而言

① 庞俊：《魏晋南北朝皇帝元服礼简论》，《阅江学刊》2012年第1期，第59～68页。

② 邵正坤、王忠：《北魏时期的养老尊老礼仪》，《忻州师范学院学报》2014年第4期，第62～68页。

③ 梁满仓：《魏晋南北朝五礼制度考论》第五章，第279～384页。

④ ［日］金子修一著，徐璐、张子如译：《中国古代皇帝祭祀研究》第八章，西北大学出版社，2018年，第311～408页。

⑤ 罗新：《黑毡上的北魏皇帝》，海豚出版社，2014年。

要少得多。[①]不过范文中只列有一种魏晋南北朝宾礼研究成果，即史睿《南北朝交聘记的基础研究》[②]，由此可见魏晋南北朝宾礼研究任重而道远，相应地，可兹开拓的领域也大有可为。于此谨增补部分成果。

梁满仓认为魏晋南北朝时期宾礼有3个主要内容是史籍《礼志》所没有提及的：君臣上下交往的主客之礼、臣民间相互交往之礼、不同政权间的交往之礼，并分三节对三礼进行了系统研究。[③]其研究方法是将魏晋南北朝看作一个整体，并非以各自政权，而以礼仪本身为论述对象，划分类别，进行研究，例如主客之礼，首先指出宾客这一客观存在的历史群体，而后讨论宾客的构成、身份地位和社会作用，因其涉及整个魏晋南北朝时期，所论甚广，不免冗杂，仅其中宾客构成便罗列有智计之士、实力派人物、落魄英雄、名士望族、地方俊义、才识之士、故旧亲信等17种人，此类划分标准也不甚明晰，且对制度本身的讨论并无明显帮助。虽然此方法的目的是凸显礼制在魏晋南北朝时期的共性，却导致论述不甚深入，也丢失掉了政权的特殊性。

（五）军礼

陈仪、任重《魏晋南北朝的阅兵礼》[④]较早对学界较少关注的魏晋南北朝阅兵礼（即讲武礼）进行了探讨，指出此时的阅兵礼反映了浓郁的时代特征，在阅兵礼的主持、季节与场所等方面显示出与秦汉的区别，而且出现了南北朝之间的地区差异；但其所探讨的形式区别只限于表象，没有触及深层次问题，也未能注意到南朝、北朝之间各自不同发展道路和特点。

---

① 杨华等著《中国礼学研究概览》第三章，范云飞执笔。

② 史睿：《南北朝交聘记的基础研究》，载汤勤福主编：《中国礼制变迁及其现代价值研究》（东北卷），上海三联书店，2016年，第128 ~ 143页。

③ 梁满仓：《魏晋南北朝五礼制度考论》第七章第二、三、四节，第498 ~ 590页。

④ 陈仪、任重：《魏晋南北朝的阅兵礼》，《井冈山师范学院学报》2004年第1期，第43 ~ 47页。

楼劲《〈周礼〉与北魏开国建制》[①]最早注意到《周礼》与北魏练兵讲武的关系，他认为北魏道武帝拓跋珪皇始元年（396）正月“大蒐于定襄之虎山”，既不符拓跋部昭成帝以来七月聚众讲武的传统，亦不合魏晋以来每于秋冬“大阅”治兵讲武的故事；五胡时期的石赵、慕容燕和苻秦亦无此例。其看似上年十一月参合陂大捷后准备迎战慕容垂来犯的阅兵之举，却特别名之为“大蒐”，明显受到了《左传》隐公五年（前718）“春蒐、夏苗、秋狝、冬狩”之说以及《周礼·夏官司马》四时讲武之制的影响。由此判断，此举应当是一次依据有关儒典而创制，并且含有相应仪式化内容的讲武备战活动。梁满仓《论南北朝时期的讲武》[②]系统探讨了曹魏的秋冬讲武、两晋十六国时期的讲武练兵及南北朝的讲武练兵，描画出各自讲武练兵不同的发展轨迹及其与《周礼》的关系。其中指出北朝在北魏建国之初就试图建立讲武练兵与《周礼》的关系，但由于拓跋部族本身的传统和不断征伐战争的需要，联系始终是表面的、概念上的。直至孝文改革以后五礼制度确立，讲武练兵与《周礼》的联系才发生实质性变化。到北齐、北周时，二者的结合已经是浑然一体了。南北双方的发展轨迹虽然不同，但最终都建立起以《周礼》涉及的模式为旗帜的讲武练兵制度，在五礼制度的框架下走到了一起。

除讲武礼之外，梁满仓使用了“军礼鼓吹”概念，用以指称作为物化礼乐、音乐演奏形式的鼓吹进入军队。用于军事仪仗、赏赐军功等功能的军礼鼓吹，其制始于西晋，成熟于南北朝。《魏晋南北朝军礼鼓吹刍议》[③]揭示出从鼓吹到军礼鼓吹的转化后，分别论述了南朝、北朝军礼鼓吹及其作用。其中关于北魏鼓吹，指出从拓跋珪建国之始就包括宫廷音乐和军事仪仗两

① 楼劲：《〈周礼〉与北魏开国建制》，载荣新江主编：《唐研究》第十三卷，第87 ~ 148页。

② 梁满仓：《论南北朝时期的讲武》，载荣新江主编：《唐研究》第十三卷，第31 ~ 62页，后收入氏著：《魏晋南北朝五礼制度考论》第六章第二节，第415 ~ 446页。

③ 梁满仓：《魏晋南北朝军礼鼓吹刍议》，《中国史研究》2006年第3期，后收入氏著：《魏晋南北朝五礼制度考论》第六章第一节，第385 ~ 415页。

方面，而作为军礼的鼓吹在北魏前期很少赏赐给下属的军事将领，主要原因是当时实物赏赐制度在征服战争中发挥着更为关键的奖励和激励作用。随着孝文帝改革五礼制度趋于完善，自兹之后，北朝给予鼓吹的事例增多，接受鼓吹者大致有三种情况：深受重任者、因功受赏者和死后赠鼓吹。其时，从北魏相关史例来看，鼓吹的赐予多与羽葆、虎贲、班剑等相关，更多倾向于表示身份、荣宠的物化礼乐殊礼，纯粹符合“军礼鼓吹”者并不占据优势，与南朝的情况有所差异，可以划入物化礼乐类目中去考察其与政治、制度的互动，而并非局限于军礼一隅。《周礼·秋官》有士师一职，其执掌曰：“以五戒先后刑罚，毋使罪丽于民：一曰誓，用之于军旅。”誓师之礼也属军礼范畴，梁满仓《魏晋南北朝五礼制度考论·军队誓师之礼》[①]考察了魏晋南北朝誓师礼的时代特色，指出誓师礼具有足以激励将士军心的精神特质是其在此时期被广泛应用的内部因素，进而分析了誓师礼的直接军事作用与间接社会作用。《魏晋南北朝五礼制度考论·军法与军礼》认为军法是军礼内容的一部分，并非不同的制度范畴，在对军法的内容与实践论述的基础上，理清了军礼与军法的关系，并以此为视角，提出了关于《通典·礼典》没有军纪军法内容的解释。[②]

二、礼制机构、物化礼乐与礼制建筑

关于北魏礼制机构的考察，目前可见的有刘凯《北魏神部问题研究》[③]。该文选取的礼制观照物是罕为学界措意、带有神秘面纱的祭祀机构神部。第一节以史籍仅见神部三职官（神部尚书、长、令）为突破点，对神部存在时间、执掌典守、设官分职、《资治通鉴》胡注所涉八部问题和去向

① 梁满仓：《魏晋南北朝五礼制度考论》第六章第三节，第 446 ~ 469 页。
② 梁满仓：《魏晋南北朝五礼制度考论》第六章第四节，第 470 ~ 491 页。
③ 刘凯：《北魏“神部”问题研究》，《历史研究》2013 年第 3 期，第 161 ~ 176 页。

进行考察，证成神部尚书与祠部尚书异名同体的观点。第二节以神部尚书王谌及八部问题为切入点，围绕庶姓王谌是否参与移庙等国之重事，窥管孝文与保守拓跋贵族论争背后对礼制特权争夺的实质。第三节关注神部长、令与祠部长、令出现时间，论述神部长、令即祠部长、令。第四节针对严耕望先生“北魏后期仪曹综并祠部”说提出商榷。

物化礼乐方面。日本学者石井仁以两汉魏晋南北朝虎贲班剑的赐予进行了考察，涉及物化礼乐及由此形成的殊礼制度。第一节讨论虎贲班剑赐予的起源。第二节关注的是两汉魏晋南北朝殊礼与“故事”间的虎贲班剑：九锡中的虎贲；依据“霍光故事”而在葬礼中出现的虎贲班剑。第三节讨论东晋南北朝时期虎贲班剑的赐予，其下细分论述：“诸葛亮故事”——虎贲班剑六十人和甲杖百人入殿；“王弘故事”和“尉元故事”。终论虎贲班剑赐予殊礼的终结。[①]苗霖霖《北魏后妃车辇等级略探》源出其博士论文《北魏后宫制度研究》第四章，论述北魏后宫车服制度：车辇、服饰、印绶与佩玉、发饰[②]。刘凯对九锡及九锡殊礼展开系列研究。[③]曹魏以降史籍所载九锡渐趋一致、规范，按照排列次序一般包含车马、衣服、乐则、朱户、纳陛、弓矢、鈇钺、秬鬯，《九锡渊源考辨》一文以《韩诗外传》卷八第十三章九锡记载及《汉书·武帝纪》所载元朔奏议为史料依据的九锡自西汉初即有之说值得商榷。规范化九锡实始出《礼纬·含文嘉》，始出文献时段当在王莽受“九命之锡”（汉平帝元始五年，5）至《白虎通》成书（汉章帝建初四年，79）之间，而非谶纬大量造生的哀平之际。《礼纬·含文嘉》在东汉初年官方主导的谶纬思潮影响下，将九锡名称规范化。在试图将儒学与谶纬进一步结合的白

---

① ［日］石井仁：《虎賁班劍考：漢六朝の恩賜・殊禮と故事》，东洋史研究会：《東洋史研究》59 卷 4 号，2001 年，第 710 ~ 742 页。

② 苗霖霖：《北魏后妃车辇等级略探》，《济南大学学报》（社会科学版）2013 年第 4 期，第 13 ~ 15 页。

③ 刘凯：《九锡渊源考辨》，《中国史研究》2018 年第 1 期，第 35 ~ 56 页。

虎观会议后，由班固《白虎通》引用《含文嘉》文，剔除王莽以九锡为篡位工具的实践影响，恢复至九锡渊源的宗周九命褒奖功臣的最初功能上，并将之与封爵、土地相关联，申述规范化九锡“组合”与“排序”的依据，从而将谶纬化的九锡权威化、官方化。杨赐与张津二例可证东汉政府以九锡褒奖功臣的最初功能，而北魏九锡对于东汉九锡褒赠功臣原始功能的回归只能是表面化，最终也会随着皇权的衰落沦为“禅让九锡”。《北魏九锡名物略考》以车马、衣服与乐则为中心，对北魏九锡在物化礼乐方面与他朝九锡的同异进行系统考察。[①]《九锡之变相：北魏九锡与太和十九年后政局》《北魏勋臣追赠九锡的纵向考察——孝文至孝明世受九锡者身份变化解析》则接续上篇，分别对北魏受九锡者死后获追赠九锡殊荣进行横向（即与卒后赠官、爵的关系）与纵向（即孝文至孝明受九锡者身份变化解析）的经纬考察。作者指出北魏太和十九年后，统治者于勋臣死后追赠九锡，可谓对东汉九锡褒赠勋臣原始功能的“变相应用”，显露出皇权逐步摆脱贵族的控制而确立自身独立的权威，并转而限制贵族的特权这一北魏政局发展的基本趋势，与东晋南朝门阀政治下的“禅让九锡”形成鲜明对比。受九锡的一个标准是受者生前已有一定等级的高官、爵，而赠官、爵提升的空间已不算大，又有与之相配而行的加号使持节与假黄钺。另一标准乃是受者身份所附带的其他因素，兼及政治形势变动。元澄的际遇揭示出孝文至孝明世鲜卑宗室贵族权势变化，这和同期的政局变迁相契合。[②]

礼制建筑。1963年秋季，中国科学院考古研究所洛阳工作队在北魏洛阳城阊阖门南御道东侧，西距铜驼街不到200米处，发现一处北魏时期房址，编

---

① 刘凯：《北魏九锡名物略考——物化礼乐视角下的北魏礼制渊源与变迁窥管》，载中国中古史集刊编委会编：《中国中古史集刊》第5辑，商务印书馆，2018年，第57 ~ 98页。

② 刘凯：《九锡之变相：北魏九锡与太和十九年后政局》，《东岳论丛》2015年第10期，第49 ~ 57页；《北魏勋臣追赠九锡的纵向考察——孝文至孝明世受九锡者身份变化解析》，载中国中古史集刊编委会编：《中国中古史集刊》第4辑，商务印书馆，2017年5月，第147 ~ 170页。

号为一号房址，10年后的发掘报告称："该房系一组建筑的一部分，……根据《洛阳伽蓝记》所记的方位推测，可能是宗正寺或太庙建筑的一部分。从出土的砖瓦等观察，其形制和纹饰亦显然是北魏的作风。因此，一号房址当是北魏时代的建筑遗存。"这为北魏洛阳太庙遗址找到一定的考古线索。[①]1995年，北魏平城明堂、辟雍遗址的发现成为学界关注的焦点，王银田、曹臣明、韩生存《山西大同市北魏平城明堂遗址1995年的发掘》详细介绍了平城明堂遗址的考古发掘记录、成果。[②]王银田《北魏平城明堂遗址研究》则结合礼制研究对平城明堂遗址进行了研究：第一，厘清明堂、辟雍的比较中，看出平城明堂的显著特点及"孝文对汉文化的高度认同"。[③]1996年，大同考古所对明堂遗址南门进行了发掘清理。[④]张一兵《明堂制度研究》《明堂制度源流考》两书纵论明堂制度，关于北魏明堂，作者认为北魏平城有明堂，并施行明堂礼，迁都洛阳后是否有明堂则有争议。[⑤]此外，赵一德、王世仁、张春、詹宏源等对北魏平城明堂皆有考察。[⑥]而最新也是目前为止最为深入的研究来自赵永磊《神圣与世俗：北魏平城明堂礼仪发覆》，聚焦平城明堂形制与明堂礼仪，由此审视礼仪与权力的互动关系。文章首先分析东晋南朝、十六国

---

① 中国科学院考古研究所洛阳工作队：《汉魏洛阳城一号房址和出土的瓦文》，《考古》1973年第4期，第209～217页。

② 王银田、曹臣明、韩生存：《山西大同市北魏平城明堂遗址1995年的发掘》，《考古》2001年第3期，第26～34页。

③ 王银田：《北魏平城明堂遗址研究》，《中国史研究》2000年第1期，第37～44页。

④ 刘俊喜、张志忠：《北魏明堂辟雍遗址南门发掘简报》，载山西省考古研究所、山西省考古学会编：《山西省考古学会论文集》（三），山西古籍出版社，2000年，第106～112页。

⑤ 张一兵：《明堂制度研究》，中华书局，2005年；《明堂制度源流考》，人民出版社，2007年。

⑥ 赵一德：《北魏平城明堂》，山西人民出版社，2007年；王世仁：《北魏平城明堂形制考略》，载王贵祥主编：《中国建筑史论汇刊》第2辑，清华大学出版社，2009年；张春等：《北魏平城明堂营建初探》，《山西大同大学学报》（社会科学版）2019年第6期，第48～51页；张春：《北魏平城明堂建设时间初探》，《文物世界》2020年第3期，第13～16页；詹宏媛、朱向东：《北魏平城明堂复原设计研究》，《华中建筑》2020年第7期，第87～90页。

明堂与汉魏明堂之间的关系，并探究平城明堂形制与《月令》明堂的关系，在此基础上，以太和十六年孝文帝所行平城明堂礼仪为核心，通过平城明堂礼仪的神圣性与世俗性两个面相，揭示孝文帝以孝治天下、以礼化民的政治理念。作者指出平城明堂主要糅合汉魏故事、《月令》明堂九室说等，在具体形制上明显有别于南朝明堂，显示出孝文帝塑造华夏正统的政治心态。太和十年以后，孝文帝通过全面行华夏礼仪来彰显北魏的正统性，平城明堂的告竣，标志着北魏平城礼仪空间格局的基本建立。太和十六年孝文帝所行宗祀明堂礼与养老礼，凸显出孝文帝为秉承天命的神圣皇帝与屈尊敬老的世俗皇帝两种形象，展现出明堂礼仪的神圣性与世俗性两个显著特征，折射出孝文帝以孝治天下、以礼化民的政治理念，充分体现了华夏礼仪移风易俗的政治职能。[①]

1999年台湾学者詹德隆《汉唐至唐宋时期的郊坛遗址》对汉至宋的郊坛遗址进行了初步考察，惜行文就简，且其出发点是接续“汉唐至唐宋时期的玉礼器”研究，[②]着眼于玉器及郊坛遗址的调查上，并未深入礼制研究。[③]2003年姜波在博士论文基础上出版《汉唐都城礼制建筑研究》[④]，以朝代和都城为坐标，对汉唐间都城礼制建筑的建筑结构、分布状况、分布规律、祭祀对象加以讨论，指出汉唐礼制两大发展趋势：礼制逐步规范、简化；礼制逐步论为政治的附庸。第六章系统考察了北朝都城礼制建筑，总结了北魏平城和洛阳礼制建筑的分布规律和历史特点。该书选定汉唐都城礼制建筑的视角切入礼制研究并进行了长时段系统考察，是其价值所在。但也存在若干问题：其一，考察并不深入，多处平铺直叙；其二，部分关键

---

① 赵永磊：《神圣与世俗：北魏平城明堂礼仪发覆》，《学术月刊》2021年第1期，第183 ~ 196页。

② 詹德隆：《汉唐至唐宋时期的玉礼器初探》，《文博》1997年第4期，第33 ~ 42、50页；《汉唐至唐宋时期的玉礼器初探（续）》，《文博》1997年第5期，第38 ~ 49页。

③ 詹德隆：《汉唐之唐宋时期的郊坛遗址》，《文博》1999年第1期，第39 ~ 46页。

④ 姜波：《汉唐都城礼制建筑研究》，文物出版社，2003年。

论述部分未有确切史料证明，造成论述存在舛误之处。[①]张月琴、马志强《北魏平城京郊的礼制性建筑与祭祀活动》将北魏平城时期的礼制性建筑分为两类：一是祭祀神灵或祖先的场所，如郊天坛、圜丘、祖庙；二是皇帝召开会议、朝会万国、宴请群臣的场所，如天文殿、太华殿、板殿，并进行了考察。[②]《都城与圜丘——北魏宣武帝于景明二年设置圜丘的历史意义》是佐川英治对北魏洛阳城中轴线的系列研究之一，指出北魏洛阳城圜丘祭天肇始于郑玄之学说，圜丘之设立使得宫殿—内城—外郭得以合并成整体，实现了包含居民住宅区的城市规划。而此种新城市空间的形成，在中国城市史上具有重要意义。[③]《北魏洛阳城的中轴线及其空间设计试论》指出北魏洛阳城的中轴线，不仅影响了东西外郭的设计，还影响了沿中轴线的南北方向的外郭的设计。太极殿至圜丘之间的都市空间，沿着中轴线被分4层：第一层，太极殿至宫城正门的阊阖门的空间，太极殿对应天上的紫微宫，模拟出以其为中心的天上星象布局对应的地上空间，是皇帝神圣的空间；第二层空间是从阊阖门到宣阳门，是扶助国政的官僚空间；第三层是从宣阳门至永桥，是布置北魏臣民生活的坊制空间；第四层，由永桥至圜丘，是为四夷的空间。[④]北魏洛阳城中轴线上的4个空间，明显表示了以北魏皇帝为中心的天下秩序。

---

① 例如，皇帝籍田方位，作者在未引述任何文献或考古资料的情况下，径言汉文帝“耕籍的地点在长安城东郊”、曹魏“行礼的地点，在洛阳城的东郊”，仿佛是学界共识，却并没见任何史料证据。

② 张月琴、马志强：《北魏平城京郊的礼制性建筑与祭祀活动》，《山西大同大学学报》（社会科学版）2011年第1期，第33～36页。

③ ［日］佐川英治：《都城与圜丘——北魏宣武帝于景明二年设置圜丘的历史意义》，2009年8月28—30日，此文是佐川英治于武汉大学举办的第三届“中国中古史青年学者联谊会”所做的报告。

④ ［日］佐川英治：《北魏洛阳城的中轴线及其空间设计试论》，载李凭主编：《魏晋南北朝史研究：回顾与探索——中国魏晋南北朝史学会第九届年会论文集》，湖北教育出版社，2007年，第724～733页。

三、杂祀

蔡宗宪系统考察了淫祀、淫祠与祀典三个礼制研究中基本祠祀概念的演变，对于魏晋南北朝礼制研究极有助益。其中，总结指出“淫祀”一词的指涉对象大致可分为官方祀制、宫廷祷祀、王侯大臣、民众祭祀及蛮族与方国五类。值得注意的是，评议中央不合理的祭祀为“淫祀”的史例，自《魏书》《北史》之后的正史即未再出现，相对地，愈来愈多的“淫祀”事例指向了民众的祭祀活动或风俗。原本被要求祭祀应合礼且禁除“淫祀”的统治者，其自我清理的思想渐趋淡化，成为以行政手段管制民众祭祀的裁决者，这似乎意味着原本戒慎于能否受福的皇帝，其天命王权受到法制的保障，且以此绝对性的权威，更加强化他作为人间统治者的角色。[①]甘怀真指出在晋唐间国家礼制的依据主要有三：礼经、先朝故事与儒家官僚的公议，“或综合而言，是儒家官僚根据礼经，参酌前代的礼仪书所作出的公议。其中皇帝的地位与其说是独断的决策者，不如说是扮演儒家官僚公议的主席。皇帝若是一意孤行或执行某礼，此礼是否具有合法性容有争议，但不具有正当性则无可怀疑”。[②]甘氏的论点或有可商，文中所论也未能涉及北魏，不过引入皇权、礼经和礼制，将三者纳入“制礼”以获得正当性这一动态过程考察，颇具有启发性。

刘凯对北魏杂祀有较早的关注，并有较为系统的考察成果。《清整与转化：北魏杂祀简考》将杂祀界定为不被中央政府实际掌控的祭祀，既涵盖

---

① 蔡宗宪：《淫祀、淫祠与祀典——汉唐间几个祠祀概念的历史考察》，载荣新江主编：《唐研究》第十三卷，第 203 ～ 232 页。

② 甘怀真：《中国中古时期制礼观念初探》，载台湾大学历史系编：《史学：传承与变迁学术研讨会论文集》，台湾大学历史学系，1998 年；后删补校订改题《“制礼”观念的探析》，收入氏著：《皇权、礼仪与经典诠释：中国古代政治史研究》，第 59 ～ 85 页。

“其神不在祀典”的“淫祀”概念，也包括地方政府承认的祀典之外的地方祠祀。其间情形可分为两种。杂祀与王朝正统祭祀并非完全对立，因为政治需求，二者虽有碰撞、冲突，却也可在一定条件下交融乃至转化。作者指出北魏杂祀是伴随着王朝正统祭祀的发展而变动的，可关注情形有三：以西郊为核心的原始祭典，从王朝正统祭祀转变成杂祀；嘎仙洞石室从游离于中央政权之外的杂祀，被收纳入王朝正统祭祀；与淫祀概念相类的杂祀，被政府清整的同时亦因政治实用主义而被纳入王朝祭祀范畴。北魏杂祀政策背后是潜隐的皇权及其壮大自身的政治意图，有意识也有能力完成杂祀的清整及其与正祀的相互转化，而东晋皇权在门阀政治中自顾不暇，甚至需要借助杂祀，以求取政治抗争上的有利形势。[①]《句读与书写程序：嘎仙洞石刻祝文释读再议》以嘎仙洞石刻祝文的句读与书写程序为切入点，对第二种情形，即嘎仙洞石室从游离于中央政权之外的杂祀，被收纳入王朝正统祭祀的过程与缘由有所考察。关于北魏杂祀具体史例研究，《奚康生“鞭像拔舌”及相关史事考论》《奚康生之死与其反复》选取奚康生“鞭（石虎画）像拔（西门豹祠像）舌”事，结合奚康生之死与其政治反复，管窥迁洛后鲜卑姓族政治心态的变化，以此说明王朝祭礼与杂祀转化背后的政治内蕴。[②]此外，《杂祀与东晋南北郊的成立》是作者关注东晋杂祀的成果，该文以东晋杂祀为例，在了解其杂祀政策的基础上，探讨江南本地“杂祀”如何进入并转化为东晋王朝祭礼，从礼制层面管窥东晋初定江南时与江南土著势力的交锋、博弈与妥协，可由此为基点，展开东晋与北魏的

---

① 刘凯：《清整与转化：北魏杂祀简考》，《东岳论丛》2021 年第 4 期，第 146 ~ 154 页。

② 刘凯：《奚康生“鞭像拔舌”及相关史事考论》，载中国社会科学院历史研究所学刊编：《中国社会科学院历史研究所学刊》第十一集，中国社会科学出版社，2019 年，第 45 ~ 74 页；《奚康生之死与其反复——迁洛后鲜卑姓族政治心态的一个侧影》，《社会科学战线》2017 年第 6 期，第 120 ~ 134 页。

杂祀政策、举动乃至政局的对比研究。[①]

结　语

诚如上述，北魏礼制研究在20世纪兴起，20世纪80年代以来，特别是进入新世纪之后，伴随礼制研究的回暖乃至热潮，涌现出较为丰硕的成果，研究的广度在逐步扩展。更为喜人的是，经历了前期的披荆斩棘与铺垫，学者们各显神通，或是以独特新颖的视角，或是着重愈挖愈深的精深研究，抑或是关注长时段或历时性的研究，纷繁复杂却精彩纷呈的成果在不断涌现，这也昭示出，在素以资料少、起点高、积淀厚而著称的魏晋南北朝史领域，礼制研究仍有众多需要深入挖掘之处。

当然，目前所处的研究阶段决定了研究“表面碎片化”也是不可避免的，之所以说是表面上的碎片化，是因为在学科分类与细化的趋势下，“细、小、深”的研究是必须经历的前置阶段。通过具体而微的细部研究，逐帧逐点地进行积累，在此过程中，出现良莠不齐的成果是应有之义，时间与实践的标准会实现学术的“优胜劣汰”，最终完成“阵痛”后的分娩。目前的碎片化研究，准确而言，应当是“十年生聚，十年教训”，为此后的宏观研究搭起框架、奠定基础、丰满血肉。

单就本文所谓北魏礼制而言，仍有部分研究领域值得关注与研究：

第一，北魏部落、部落联盟时期的礼俗研究。拓跋鲜卑建极的“北魏”撞上华夏自有身份标识的“礼制”，会擦出怎样的火花？探讨此问题的前提，毋宁说是困难所在，是需要对传统意识中的“北魏”与“礼制”进行概念与外延的更新与界定。传统史学意义上，北魏是以“北”（在方位、政权上与南朝相对而言）来标示的、静止的王朝指代名称，其起始时段是登

① 刘凯：《杂祀与东晋南北郊的成立》，《中外论坛》2020年第3期，第29～56页。

国元年（386）拓跋珪改国号为魏，而在此之前，源出森林草原游牧部族的鲜卑部落、部落联盟时期，无疑是不入华夏所谓“礼”的夷。自儒生们津津乐道的周公“制礼作乐”以降，再经孔子对于“五经”的阐发，以华夏文化为内涵的“礼”在王权之内别尊卑作用确立的同时，对外发挥着划分与蛮夷戎狄之泾渭，承载华夏边缘的功效，而此作用随着其本身的规范化特质与朝代更迭，愈来愈有固化的倾向。华夏与蛮夷的区别在于是否识礼：“所谓夷狄者，并不一定在中夏的外部，……他们与中华的区别所在，并非种族或者地域，而是对周室之‘礼’的体会如何，易言之，是如何编入以周天子为中心的秩序体制。而区别的基准，定于‘礼’之有无，关联到后来‘东亚世界’的形成。”[①]以文化而非血统/种族为标准的“有教无类”观又使得二者之间可以转换：“孔子之作《春秋》也，诸侯用夷礼，则夷之；进于中国，则中国之。”[②]然而转化并不能掩盖华夏与蛮夷的界限：在蛮夷没有转化为华夏之前，是没有“礼”可言的；“非我族类，其心必异”是坚定彼此界限的深层原因。按照如上的传统定义，自然形成这样的逻辑：北魏建国之前是无“礼”之夷，自然无所谓“礼制”研究。于是，当所谓的“礼制”碰上崛起漠北的拓跋鲜卑建立的北魏，人们多是乐于谈论与研究他们是如何遵从华夏典章，施行“汉化”的举措，对于部落与部落联盟时期，总是下意识地目之为蛮夷习俗而一笔带过；或有简略论及鲜卑习俗者，却以是否“合（华夏）礼”的套路来评判，这在流于形式的同时，也陷入了以己度人、唯华夏中心主义的危险境地。有充分的史料证明，鲜卑部落、部落联盟时期已然存在类似于华夏礼制别内外、定尊卑的制度，也许它并不如华夏礼制完善，但更为契合部落联盟的社会经济结构；而其独具游牧

① ［日］西嶋定生撰，高明士译：《东亚世界的形成》，载刘俊文主编：《日本学者研究中国史论著选译》第二卷《专论》，中华书局，1993年，第94页。

② 〔唐〕韩愈撰，马其昶校注，马茂元整理：《韩昌黎文集校注》卷一《原道》，上海古籍出版社，1986年，第17页。

特色的祭天、拜祖仪式与华夏礼制中的郊祀存在差异的同时，也有共通之处。至为关键的是此种仪式作为精神信仰，伴随部落联盟的特有政治形势，如木之本、水之源，长期潜移默化地影响着拓跋鲜卑，至于建立政权后很长一段历史时期，最为明显者如西郊祭天、白登祭祖等；而在北魏末期，河阴之变前后兴起的胡化浪潮，也呼应了前政权时代的仪式与习俗。

第二，《周礼》五礼框架显然不适合北魏尤其是前期礼制研究，对其进行动态描摹的缺陷也不容忽视。作为中国传统社会有效运转的软性约束力量，"礼"是将象数思维运用到政治和人伦领域而成，[①]既涵盖诸多宗教性或非宗教性的典礼和仪节，也包括社会成员应当普遍接受并遵循的行为准则、道德规范和人类秩序，质言之，它应当是多层面的、立体的。[②]学者一般将礼制的产生归结于国家权力的介入，由此在传统的典礼和仪节中，有了礼

① 关于象数思维在古代祭礼中的运用及其影响，参杨英：《祈望和谐：周秦两汉王朝祭礼的演进及其规律》，第 19 ~ 25 页、第 46 ~ 60 页；

② 礼有"体""履"之分，《礼记·礼器》云："礼也者，犹体也。体不备，君子谓之不成人。"《说文》一上示部云："礼，履也。所以事鬼致福也。"〔唐〕孔颖达《礼记正义序》发表已见："郑（玄）作序云：'礼者，体也，履也。'统之于心曰体，践而行之曰礼。"质言之，体为核心、框架，指导思想并界定外延，履为辐辏、细节，实践礼节，以使合礼。又有"经礼""曲礼"之分，《礼记·礼器》"经礼三百，曲礼三千"是也，孔颖达以为"曲礼"与"仪礼"为一，疏《礼记·曲礼》篇名云："曲礼之与仪礼，其事是一。以其屈曲行事，则曰曲礼，见于威仪，则曰仪礼。"今日学者对"礼"的划分所见有五：陈戍国认为礼有礼物、礼仪、礼意三部分；王启发则区分为行为之礼、制度之礼、观念之礼，具有宗教、法律、道德三方面属性；梁满仓则分作礼学、礼制、礼俗、礼行四方面；高明士指出礼有三义，即礼之义（义理）、礼之仪（仪式）与礼之制（制度）；杨英的划分最为细致：礼义、礼仪、礼容与物化礼乐，后两者尤其是礼容，即行礼时所包含的恭敬庄严的情感要素，颇具新意。分别参陈戍国：《先秦礼制研究》，湖南教育出版社，1991 年，第 7 ~ 8 页；王启发：《礼学思想体系探源》，中州古籍出版社，2005 年，第 4 ~ 7 页；梁满仓：《魏晋南北朝五礼制度考论》，第 1 页；高明士：《律令法与天下法》，五南图书出版公司，2012 年，第 371 ~ 377 页；杨英：《祈望和谐：周秦两汉王朝祭礼的演进及其规律》，第 46 ~ 56 页。

制和礼俗之分，两者的分野在于：“礼制是朝廷以礼典和相关法令的形式颁布的礼仪活动规则，礼俗是由社会习俗支撑的礼仪行为。”[①]而传统礼制的具象即指《周礼》“五礼”（吉、凶、宾、军、嘉），梁满仓睿智地指出魏晋南北朝是五礼制度化的时期，[②]其专著《魏晋南北朝五礼制度考论》以《周礼》五礼制度为框架，对魏晋南北朝的“礼制”进行全面、系统、深入的研究，是为典范之作。但具体到北魏，与礼俗相对的礼制定义，以及《周礼》五礼的框架显然是不合体的。

前述部落、部落联盟时期的仪式与习俗，并没有成型的国家权力的介入，但并不妨碍其以相关法令的形式形成仪式规则，与此同存的约定俗成的习俗，接近于礼俗，可谓杂糅礼制和礼俗。而在五礼框架下，将带有鲜明游牧政权色彩及部落礼俗烙印的拓跋魏礼制带入华夏五礼论述的套路，囿于规矩，处处掣肘，难于铺展开来，如《魏晋南北朝五礼制度考论》第四章《魏晋南北朝的吉礼》，首节论华夏国家祭典与经学上最为关键、聚讼纷纭的“圜丘与南郊的分合”，而至北魏处，独具游牧特色、于北魏影响深远的西郊祭天，只引用了《魏书·礼志一》天赐二年四月西郊祭天记载，加上陈戍国《魏晋南北朝礼制研究》总结的与汉族传统祭天仪式不同处，合为一段便了，对于康乐《从西郊到南郊》为代表的学界已有研究成果没有引用，也未能展开作者自己的见解。此外，北魏前期极不丰富的史料现状，也使得面面俱到的五礼架构难以系统展开。再加上五礼分类最易导致静态描述，使得北魏礼制研究成为无源之水，无法生动展现魏晋南北朝时期唯一统一华北的少数民族政权礼制变迁的来龙去脉。再次，北魏孝文汉化是学界研究的重点，俨然已是北魏礼制研究沙漠中的绿洲。但除了康乐

① 朱溢：《事邦国之神祇：唐至北宋吉礼变迁研究》，第 2 页。

② 梁满仓：《论魏晋南北朝时期的五礼制度化》，《中国史研究》2001 年第 4 期，后收入氏著：《魏晋南北朝五礼制度考论》，第 126 ～ 178 页。

《从西郊到南郊》的研究颇有深度，其他研究并无实质性进展。而自孝文之后的北魏政局，最鲜明的便是灵胡太后两次临朝，政局的变动使得装饰性的礼制成为博弈的筹码，掺杂着权势的意志，屡有改作，而静态的五礼制度考察是无法鲜活地体现礼制与政局的动态关系的。

第三，部分领域研究仍存空白，亟待填补完善，如吉礼中的朝日夕月礼，此礼并非仅是单纯的日、月崇拜反映，而是关涉古代时间管理乃至王朝对民众在时间维度的掌控，有较大的研讨空间。又如前述吉礼之外的四礼及杂祀，目前研究成果较少，亟需补充完善。

吴简所见社会群体与社会经济研究综述

赵义鑫

自长沙走马楼三国吴简出土至今，吴简研究已逾20年。吴简作为记载基层社会的第一手史料，按照其内容可以分为经济簿籍、名籍和行政文书三大部分。这三部分内容全面反映了孙吴基层社会中社会群体、社会经济、地方行政制度等情况，其中社会群体和社会经济两个方面受学界关注最多，研究成果也最为丰富。本文即通过对吴简所见社会群体、社会经济研究成果的整理，发现其中的不足与局限，以探索吴简基层社会史研究的新方向。

一、吴简所见社会群体研究

吴简中的社会群体种类众多，“嘉禾吏民田家莂”中记录了诸吏、普通平民、诸卒、士、复民等五大群体，吴简竹简中又出现了私学、子弟、奴（生口）、诸客、师佐、部曲、邮卒、佃卒、助吏、卫士、金民等群体。像诸吏、私学、复民、奴客、师佐等群体，由于记录他们的材料较为完整，所以较早受到了学界关注。前人对以上各群体的研究最为集中，而像子弟、卫士、郡士、诸卒等群体则受到关注较少。

（一）诸吏

吴简中的诸吏群体包括州吏、郡吏、县吏、军吏、佃吏、佃帅、掾史等各种身份的人。对吴简诸吏问题的研究，始于“嘉禾吏民田家莂”的发布，在“田家莂”中记载了诸吏耕种土地、缴纳赋税的情况。此后，吴简竹简相继整理出版，学界对诸吏问题的研究也逐渐成熟。

1.前人关于诸吏问题的观点

高敏先生是较早关注“田家莂”中吏民问题的学者。高先生认为吴简中已经有了区别于民籍的吏籍，诸吏要同时耕作公田和担任职役。州吏在嘉禾四年（235）享有经济优惠，但嘉禾五年（236）官府加强了对吏的管理，改革租佃制度，取消了州吏的优惠。[①]蒋福亚先生也赞同吴简中存在吏户制，认为吏户籍虽然和民籍编制在一起，却是单独管理的。[②]蒋先生还通过分析官府征发诸吏“子弟”耕作公田，认为当时的诸吏已经具有了国家“佃客”的性质。[③]

韩树峰先生在《走马楼吴简中的“真吏”与“给吏”》《论吴简所见州郡县吏》和《孙吴时期的“给吏”与“给户”——以走马楼吴简为中心》3篇文章中，集中论述了吴简中的诸吏问题。韩先生认为“真吏”是具有正式“吏”的身份的吏，是吏役（在官府服役性的吏）的正式承担者，但不是官员；“给吏”是普通百姓临时在政府服吏役，其身份本质上仍是民，“给吏”可以转化为正式的“吏”。“州郡县吏”是“真吏”的组成部分，均系在政府中正式服

---

① 高敏：《从〈嘉禾吏民田家莂〉中的“诸吏”状况看吏役制的形成与演变——长沙走马楼简牍札记之六》，《郑州大学学报》（哲学社会科学版）2001年第1期，第60 ~ 64页；《关于〈嘉禾吏民田家莂〉中“州吏”问题的剖析——兼论嘉禾五年的改革及其效果》，《史学月刊》2000年第6期，第34 ~ 41页。

② 蒋福亚：《〈嘉禾吏民田家莂〉中的诸吏》，《文史哲》2002年第1期，第130 ~ 134页。

③ 蒋福亚：《走马楼吴简经济文书研究》，国家图书馆出版社，2012年，第44 ~ 76页。

役的身份性吏，州吏的地位并不比郡县吏高。诸吏群体在身份上低于平民，正在形成世袭的吏户。[①]侯旭东先生则认为“给吏”是给事制度下，“临时脱离本职、本机构到其他机构承担某种工作”的吏，是正式的吏。[②]

除了州郡县吏，吴简中还有乡吏。侯旭东先生对乡吏、乡劝农掾、乡典田掾进行了考察，指出乡吏是一种专称，而非泛称。乡劝农掾可能由啬夫发展而来，负责编制名籍、核查人口。乡典田掾职责与土地和赋税有关，有督促之职。乡吏在本质上属于“县吏”，有任期、领有微薄的吏俸。乡吏在仕途上，存在晋升的可能。[③]孙闻博先生则认为乡吏是一种泛称，并非专称。除乡劝农掾、乡典田掾外，乡市掾也是乡吏。[④]王子今先生注意到了乡吏身份的特殊性，认为乡吏一方面代表国家管理社会，另一方面又代表乡民的利益，是“社会上层和社会下层相互衔接的中间层级，是社会管理者和被管理者彼此联系的中间环节”，也承担着连接城乡社会的作用。[⑤]

沈刚先生分别论证了州郡县吏和乡吏的特征。沈先生认为，“给吏”“可能没有临时的意味，从字面理解，就是正在州郡县府服役”。州郡县吏“来源可能并不是秦汉时期各级地方行政机构中的一般属吏”，而是给事制度下征发

---

① 韩树峰：《走马楼吴简中的“真吏”与“给吏”》，载长沙简牍博物馆、北京吴简研讨班编：《吴简研究》第2辑，崇文书局，2006年，第25～40页；《论吴简所见州郡县吏》，载长沙简牍博物馆、北京吴简研讨班编：《吴简研究》第2辑，第41～55页；韩树峰、王贵永：《孙吴时期的“给吏”与“给户”——以走马楼吴简为中心》，载长沙简牍博物馆、北京大学中国古代史研究中心、北京吴简研讨班编：《吴简研究》第3辑，中华书局，2011年，第88～108页。

② 侯旭东：《长沙走马楼三国吴简所见给吏与吏子弟——从汉代的“从事”说起》，《中国史研究》2011年第3期，第19～43页。

③ 侯旭东：《长沙走马楼三国吴简所见“乡”与“乡吏”》，载北京吴简研讨班编：《吴简研究》第1辑，崇文书局，2004年，第87～113页。

④ 孙闻博：《走马楼吴简所见“乡”的再研究》，《江汉考古》2009年第2期，第113～118页。

⑤ 王子今：《走马楼简牍所见“吏”在城乡联系中的特殊作用》，《浙江社会科学》2005年第5期，第155～160页。

的服役的吏。[①]在乡吏的研究方面，沈先生延续了孙闻博先生的观点，认为乡吏是一种泛称。乡吏“不是纯粹以乡里事务作为其职掌，乡里事务只是其职能之一”，其本身属于县吏。通过对州郡县乡吏的考察，沈先生认为吴简中的吏正在走向卑微化，处于成为吏户的前夜。[②]

孟彦弘先生也以吏役的形成和吏户制为基础，对吴简诸吏进行了考察。孟先生通过官府征发“吏子弟”服役这一情况，认为孙吴时期已经形成了吏户制。[③]此后又指出“走马楼吴简中的‘户人’下表明为‘吏’者，并不是说户人一人是吏，而是该户为吏”。[④]凌文超先生复原了“隐核州、军吏父兄子弟簿”，通过对簿书的考察，凌先生也同意孙吴时期存在吏户制，并认为州、军吏家庭的男性成员（包括外族）被记录的主要原因在于要“保质”，即质任，充当吏的后备军。[⑤]

以上学者对诸吏问题的研究，都是在“吏户论”的框架下开展的。黎虎先生则否定了吴简中存在吏户的观点，并且利用吴简材料对整个魏晋南北朝时期的吏制问题进行了考察。黎先生认为，吴简中的吏民包含农民、吏、卒、军吏、复民、士等6种身份的人，吏的经济待遇要优于民，统计吏员人数是

---

① 沈刚：《吴简中的诸吏》，《吉林师范大学学报》（人文社会科学版）2012年第6期，第23 ~ 27页。

② 沈刚：《试论长沙走马楼吴简中的乡吏》，载陈建明主编：《湖南省博物馆馆刊》第七辑，岳麓书社，2010年，383 ~ 391页。

③ 孟彦弘：《吴简所见的“子弟”与孙吴的吏户制——兼论魏晋的以户为役之制》，载武汉大学中国三至九世纪研究所编：《魏晋南北朝隋唐史资料》第二十四辑，武汉大学文科学报编辑部，2008年，第1 ~ 22页。

④ 孟彦弘：《吴简所见“事”义臆说——从“事”到“课”》，载长沙简牍博物馆、北京吴简研讨班编：《吴简研究》第2辑，第201 ~ 213页。

⑤ 凌文超：《走马楼吴简隐核州、军吏父兄子弟簿整理与研究——兼论孙吴吏、民分籍及在籍人口》，《中国史研究》2017年第2期，第81 ~ 104页；《隐核州、军吏父兄子弟簿与人口集计》，后收入氏著：《吴简与吴制》，北京大学出版社，2019年，第103 ~ 138页。

汉代以来的传统做法，并非为吏单独立户。[①]吏具有稳定性和流动性的双重特点，"'吏'是在'官'与'民'之间流动，下则来自'民'，或复归于'民'，上则升迁为'官'"，最终形成"吏民一体"的社会。[②]此后黎先生又从经济、政治、社会等角度论证了"吏民一体"的原因。[③]"吏民一体"也成为其研究吴简吏问题的基本思路。此后，黎先生从制度史角度指出军吏是"军事系统和部门的中下级军官和吏员"。[④]"真吏"是指真除实授的吏，是正式的吏员。[⑤]"给吏"是被派遣至其他单位或部门的吏，或不在本地服役。"给吏"有可能转化为吏、其他职务或者回归为民。"给吏"转化为正式吏的3个条件是其是否享受吏的权利、待遇，是否履行吏职以及是否具有吏的职称。[⑥]

徐畅先生从地方官制的角度考察了吴简诸吏问题。徐先生认为当时"出现了综合两曹名称而有固定职掌的曹"，其中部分列曹"应是基于孙吴地方特色的设置"。[⑦]孙吴地方官制呈现出"长官、佐官、属吏"的"科层化结构"[⑧]

---

① 黎虎：《"吏户"献疑——从长沙走马楼吴简谈起》，《历史研究》2005年第3期，第53～68页。

② 黎虎：《魏晋南北朝"吏户"问题三献疑》，《史学集刊》2006年第4期，第13～21页。

③ 黎虎先生认为"吏民一体"社会结构的形成，是由多方面作用的结果。经济上，古代的农业经济不仅要求普通农民劳作，基层的吏也要务农。政治上，官吏分途，吏固定于本土，与民相通。社会层面上地缘和血缘作用，使吏民关系紧密。（黎虎：《先秦汉唐史论》，北京师范大学出版社，2016年，第524页。）

④ 黎虎：《说"军吏"——从长沙走马楼吴简谈起》，《文史哲》2005年第2期，第98～104页。

⑤ 黎虎：《说"真吏"——从长沙走马楼吴简谈起》，《史学月刊》2009年第5期，第50～61页。

⑥ 黎虎：《说"给吏"——从长沙走马楼吴简谈起》，《社会科学战线》2008年第11期，后收入氏著：《先秦汉唐史论》，第611～624页。

⑦ 徐畅：《走马楼简所见孙吴临湘县廷列曹设置及曹吏》，载长沙简牍博物馆、北京大学中国古代史研究中心、北京吴简研讨班编：《吴简研究》第3辑，第349页。

⑧ 徐畅：《长沙出土简牍中的"丞掾"》，《文物》2017年第12期，第70～78页。

乡级政权的运作，表现出的特征是县廷的权力向下扩散，管理乡的活动。[①]苏俊林先生比较了吏、民在赋税徭役方面的差别，认为孙吴诸吏系统中州吏的身份最高，其次是郡吏，再次是县吏，军吏地位最低。[②]

综合来看，以上关于吴简吏民问题的研究，焦点主要集中在吏的身份和吏户制两个方面。对于吏的身份，虽然在真吏、给吏、州郡县吏、乡吏等的性质上还存争议，但多数学者都认同诸吏已经走向了卑微化，吏役制度已经形成或正在形成。关于吏户制，除了黎虎先生，大多数学者均认为此时已经出现世袭的吏户。

2.吏户论的内在逻辑

吏户论是关系魏晋南北朝社会史研究的重大理论，长期以来得到学界认可。在吴简研究初期，多数学者利用相关材料力求证实吏户制在孙吴时期已经形成。黎虎先生则对吏户论提出疑问，引起了很大争议。此后黎先生与孟彦弘先生、李文才先生又将吏户问题从应用方面上升到了理论探讨的高度。

黎虎先生认为吏户论的成立有3个前提条件："①吏有单独的'吏籍'，被编制于'民户'之外，从而被称为'吏户'；②吏的地位很低贱，他们不是一般的百姓，类似于'兵户'；③吏是'世袭专业户'，'一经为吏，世代为吏，父死子继'"。[③]这一观点得到了李文才先生的支持。[④]孟彦弘先生则认为，吏户论成立的关键在于吏是否具有世袭的身份，与吏民合籍、地位卑贱

---

① 徐畅：《走马楼简所见孙吴"乡劝农掾"的再研究——对汉晋之际乡级政权的再思考》，《文史》2016年第1辑，第23 ~ 50页。

② 苏俊林：《孙吴基层社会身份秩序研究——以走马楼吴简为中心》，博士学位论文，湖南大学，2015年，第203 ~ 222页。

③ 黎虎：《魏晋南北朝"吏户"问题四献疑》，《宜春学院学报》2016年第10期，第6页。

④ 李文才：《评长沙走马楼吴简"吏民"问题研究及其学术乱象——兼论大陆史学界"吏户"问题研究60年》，《陕西师范大学学报》（哲学社会科学版）2018年第2期，第78 ~ 112页。

没有必然联系。[①]以上观点都是将吏户论视作一个独立的理论来看待，忽略了吏户论是“魏晋封建论”之下的组成部分。作为“魏晋封建论”的附属理论，吏户论以封建关系的存在为前提而成立，所以要理解吏户论的内在逻辑，必须从“魏晋封建论”角度出发，解释吏户这一概念。

“魏晋封建论”来源于马克思主义五种社会形态说。[②]马克思所论述的封建社会，分为前后两个阶段。封建社会前期，阶级对立的双方是封建主和农奴。两者之间的人身依附关系的本质是封建主通过劳役地租的方式控制农奴，即使劳役地租可以被实物地租取代，农奴也要额外为封建主服徭役。在封建

① 孟彦弘：《吴简所见“事”义臆说——从“事”到“课”》，第 201 ~ 213 页。

② 20 世纪 30 年代，以陶希圣等人为代表的“食货学派”，利用马克思主义“五种社会形态”学说，将魏晋南北朝设定为封建时代的开端，开启了“魏晋封建论”的研究。（黄静：《食货学派及其对魏晋封建说的阐发》，《学术研究》2005 年第 2 期，第 108 ~ 113 页。）何兹全先生提出了“魏晋封建论”研究的 4 个方面：（1）论证了古代城市与农村的对立；（2）将魏晋南北朝时期社会基层的变化，归纳为自由民、奴隶向依附民的转化；（3）社会财富争夺的中心由土地转向了人口；（4）人口由流动变为地著。（何兹全：《汉魏之际社会经济的变化》，载氏著：《何兹全文集》第一卷，中华书局，2006 年，第 307 ~ 353 页。）唐长孺先生则论证了自汉末至唐中叶，随着大土地所有制的确立，自由民和奴隶逐渐转化为依附性的佃农、奴客等阶层，官府也通过征发等手段直接控制了一部分独立于户籍之外的兵、吏、佃客、手工业者等依附人口。（唐长孺：《魏晋南北朝隋唐史三论》，中华书局，2011 年。）王仲荦先生论证了中国封建社会与欧洲中世纪社会的不同，也将部曲、佃客等阶层视为大族地主的依附民。奴婢等阶层则是奴隶制残余之下的低贱人口，“由于奴婢被转移到土地上从事农业劳动的缘故，久而久之，他们就逐渐走上了农奴化的道路”。（王仲荦：《魏晋南北朝史》，中华书局，2007 年，第 142 ~ 171 页。）林甘泉先生则总结了这一理论的基本观点，包括 6 个方面的内容：（1）认为春秋战国秦汉时期是奴隶制形成与发展时期；（2）出于种种原因，从东汉开始奴隶的社会地位得到改善；（3）汉代的自耕小农数量比奴隶多，但是由于受到剥削、压榨，导致自耕农不断转化为奴隶；（4）西汉时期，贵族奴隶主和商人奴隶主之间存在矛盾；（5）两汉时期，封建制的因素沿着两条线索生长：一条是自由民身份的下降，一条是奴隶身份的提高；（6）东汉末年以来，商品经济和城市衰退，自然经济和农村取得经济上的支配性地位。（林甘泉等著：《中国古代史分期讨论五十年：一九二九——一九七九》，上海人民出版社，1982 年，第 368 ~ 370 页。）

社会后期，地租形式由劳役、实物地租转变成了货币地租，因之对立的阶级也转变成了地主与佃农之间的对立。在马克思的笔下，佃农属于自由民，他们与地主之间不具有人身依附关系。[①]所以，马克思所论述的封建社会的人身依附关系，严格意义上来说仅存在于封建社会前期，即农奴对封建主的依附。这种人身依附关系之所以成立，前提是农奴需要向封建主服役。张世满先生也指出，“如果抽去了徭役和代役租，那也就不存在农奴制了”。[②]因此，在整个封建社会中，“役”是实现人身控制的核心要素。“役—人身依附”之间形成了完整的逻辑关系，在“魏晋封建论”研究框架下的“吏户”问题，也遵循了这一逻辑线索。根据李文才先生的研究，吏户这一概念渊源于唐长孺先生对“吏役”问题的考察，其后经过韩国磐先生、高敏先生等名家的发展，最终形成了现在的“吏户论”。[③]可见，在“魏晋封建论”的框架下，“吏户”这一“封建社会”的人身依附关系能否成立的关键，在于当时是否存在“吏役”。

据此来看，此前关于吴简中吏户存在与否的讨论，实际上都符合“魏晋封建论”的基本逻辑。支持吏户论的韩树峰先生、沈刚先生和孟彦弘先生都认为吴简中的吏承担着吏役，在此基础上论证吏户已经出现。黎虎先生则通

① 马克思说：“货币是市民阶级的巨大的政治平衡器。凡是在货币关系排挤了人身关系、货币贡赋排挤了实物贡赋的地方，封建关系就让位于资产阶级关系。虽然在大多数情况下农村中继续存在着古老朴拙的自然经济，但是已经有整个地区，……农民都向主人缴纳货币，而不是服徭役和缴纳实物租了；在那里，主与奴在向地主与佃农的过渡中已经迈出了决定性的第一步，因而封建主义的政治制度在农村中也丧失了它的社会基础。”可见在马克思看来，封建社会成立的基础是劳役地租，当劳役地租消失后，农奴制度也就不复存在。（［德］马克思：《论封建制度的瓦解和民族国家的产生》，载中共中央马克思、恩格斯、列宁、斯大林著作编译局编译：《马克思恩格斯全集》第二十八卷，人民出版社，2018年，第231页。）

② 张世满：《马克思恩格斯农奴制理论的再认识》，《史学理论研究》2006年第3期，第106页。

③ 李文才：《评长沙走马楼吴简“吏民”问题研究及其学术乱象——兼论大陆史学界“吏户”问题研究60年》，第79～83页。

过吏的经济待遇高于民这一情况，认为吏所从事的工作不是役，从而否定了“吏户论”。至此，双方关于“吏户”的讨论都是延续了传统吏户论的逻辑轨辙。不过，在黎虎先生对“吏户论”质疑后，研究风向便发生了改变。韩树峰先生和孟彦弘先生虽然都质疑黎先生的观点，但是他们并没有回答一个核心问题，即吴简中是否真的存在吏役。此后，双方关于吏户论理论的研讨，将焦点放在了吏的卑微化、吏籍和吏世袭性身份等方面，都没有再论及吏役问题。由此，吏户论与吏役说彻底分离。在回避了吏役这一关键问题后，吴简研究中的“吏户”概念实际上仅剩下了一个空壳，即吏的家属可能会从事官府的某些工作，但工作性质却不能确定。在这种情况下，“封建式”的人身依附关系是否存在，也只能存疑。

综上所述，吏户论不是一个独立的研究理论，吏户概念本身是“魏晋封建论”之下的子概念。在“魏晋封建论”框架下，吏户反映的是官府通过“役”的方式控制了吏及其家属，使其成为官府的依附人口。所以，要探究吴简中吏的社会地位、吏与官府之间的关系等，必须明确吏所从事工作的性质。

3. 吴简诸吏问题的再深入

学界对吴简吏民问题的研究，主要集中于对吏户论的补充和修正。多数学者用吴简材料比附吏户论，缺乏对吴简的原生性分析。综合来看，关于吏民问题目前还有两个方面有待深入研究。

第一，吴简中是否存在“吏役”。如前所述，吏役问题是吏户论能否成立的关键所在。多数学者都沿袭了传统吏役制的观点，但是并没有对吴简中吏所从事的工作进行具体分析，所以吏役是否存在成为了影响诸吏问题研究的一大关键。

第二，学者们在研究诸吏问题时，多将吏作为一个整体来看待，对州吏、郡吏、县吏等不同层级的吏的分层研究较少。

（二）私学

“私学”问题，是吴简中最早受到关注的课题之一。在《长沙走马楼简牍整理的新收获》一文中，作者依据私学缴纳限米但不交税米和租米的情况，认为私学并非国家正户民。[①]此后，胡平生先生和王素先生又进一步阐释了“私学”的性质和“举私学”的过程。二位先生分别对《右郎中窦通举谢达为私学文书》和《劝农掾番琬白为吏陈晶举番依为私学事》两件木牍进行考释。胡先生认为吴简中的“私学”就是指传统文献中的“私学生”或“私学弟子”，是不在官办学校的学生，不入正籍，享受着减免租税的优待；木牍文书中的“举”是指举荐“私学”为官，是孙吴荐举制度的反映。[②]王素先生则认为“举”为“没入”之意，“私学”由逃亡人口产生，非国家正户民。这两件木牍文书，是“地方豪强以逃亡户口为名，没入某人为私学”而受到官府审查的文书。[③]这两种观点，奠定了此后吴简“私学”研究的基础。以此为出发点，各家学者从不同角度展开了论述。

王素先生在对“私学”问题的追加讨论中认为“私学”是“吏役”的一种，私学身份同于诸吏。私学所在的家庭则称为“私学户”，举家从役。[④]侯旭东先生也认为私学具有依附性的特点。侯先生将举私学与史籍中孙吴的“占募”相对比，指出二者之间有很大的相似性，举私学或为占募的一种名目

---

① 王素、宋少华、罗新：《长沙走马楼简牍整理的新收获》，《文物》1999 年第 5 期，第 26 ~ 44 页。

② 胡平生：《长沙走马楼三国孙吴简牍三文书考证》，《文物》1999 年第 5 期，第 45 ~ 52 页。

③ 王素：《长沙走马楼三国孙吴简牍三文书新探》，《文物》1999 年第 9 期，第 43 ~ 50 页。

④ 王素：《长沙走马楼三国吴简的新材料与旧问题——以邸阁、许迪案、私学身份为中心》，《中华文史论丛》2009 年第 1 期，第 1 ~ 26 页；《长沙走马楼三国吴简时代特征新论》，《文物》2015 年第 12 期，第 60 ~ 70 页。

或途径。[①]凌文超先生先后发表了两篇研究私学问题的文章，他复原了3种格式的举私学名籍，指出3种格式的文书分别对应了3类情况，即I格式文书为发遣的私学名籍，Ⅱ格式为所有举私学的名籍简，Ⅲ格式为未发遣的私学名籍。此后，凌先生又对相关的12份举私学木牍文书分别进行了考释，从文书行政的角度复原了“举私学”的过程。凌先生也将私学与占募制度相联系，认为孙权要求举遗脱为私学的目的，在于打击将领的占募。地方官为了不得罪将领，将一部分在籍人口定为私学发遣时，不得不将这部分在籍人口留下，用自己控制的流民充任私学。[②]此后，在《隐核新占民簿与户籍体例》一文中，凌先生又进一步指出，隐核新占民的行为是太常府发动的临时清查，是为“举私学”进行的预演。[③]李迎春先生和邓玮光先生则将“私学”与学吏制度相联系，认为私学本身就是一种吏。[④]

以胡平生先生的观点为基础，很多学者将“私学”的研究方向推向了传统文献中与官学相对的私学。于振波先生认为吴简中的私学“为儒者以私人身份招收的学生，以及虽游学于学官但不属于正式员额的学生”，私学由官府组织进行屯田，缴纳限米，免除其他徭役。[⑤]王子今、张荣强先生也认为私学可能是民间儒学教育体制下的受教育者，需要通过官吏的“举”才能登录入

① 侯旭东：《长沙三国吴简所见“私学”考——兼论孙吴的占募与领客制》，载李学勤、谢桂华主编：《简帛研究》（二〇〇一下册），广西师范大学出版社，2001年，第514～522页。

② 凌文超：《举私学簿与占募》，《吴简与吴制》，第15～70页。

③ 凌文超：《隐核新占民簿与户籍体例》，《吴简与吴制》，第71～101页。

④ 李迎春：《走马楼简牍所见“私学”身份探析》，《考古与文物》2010年第4期，第52～58页；邓玮光：《走马楼吴简所见“私学”考》，《东南文化》2010年第3期，第66～72页。

⑤ 于振波：《汉晋私学考述》，《走马楼吴简初探》，文津出版社，2004年，第175～224页。

籍。[①]代冰华先生则认为“私学”指与官学相对的民间教育。[②]李恒全先生认为吴简中的私学有两重含义，一是“私学弟子”的简称，即“民间私立教育机构的学生”；一是“代指私立教育机构”，而“给私学”则是国家给教育机构派出的服役人员。[③]

以上研究中，多数学者主要利用“二重证据法”，对吴简“私学”与传统文献的“私学”对比研究。凌文超先生则从文书复原和文书行政的角度考察了举私学的全过程，为私学问题的研究提供了新的思路。

（三）复民

复民最早在“田家莂”中出现，其特征较为明确。复民集中居住在己酉丘，其“熟田”税率低于普通吏民。王素先生认为，复民是史籍中的“复人”，属于“当时专门配给功臣的一种特殊依附人口”，不属于国家正户民，不服官役。[④]贺双非先生和胡平生先生都同意这一观点。[⑤]王明前先生则认为复民是由复客转化来的人口。[⑥]高敏先生不认同复民是依附民的观点，他认为

① 王子今、张荣强：《走马楼简牍“私学”考议》，载长沙简牍博物馆、北京吴简研讨班编：《吴简研究》第2辑，第67～82页。

② 代冰华：《吴简与孙吴私学研究》，硕士学位论文，郑州大学，2011年。

③ 李恒全：《走马楼三国孙吴简牍“私学”考论》，《南京师大学报》（社会科学版）2012年第4期，第48～54页。

④ 王素、宋少华、罗新：《长沙走马楼简牍整理的新收获》，第34页；王素：《〈嘉禾吏民田家莂〉所见“己酉丘复民”性质新探》，载长沙市文物考古研究所编：《长沙三国吴简暨百年来简帛发现与研究国际学术研讨会论文集》，中华书局，2005年，第51～56页。

⑤ 贺双非、罗威：《从走马楼吴简看汉、吴户籍制度的异同》，《湖南城市学院学报》（人文社会科学）2003年第5期，第87～88页；胡平生：《嘉禾四年吏民田家莂研究》，载长沙市文物考古研究所编：《长沙三国吴简暨百年来简帛发现与研究国际学术研讨会论文集》，第47～50页。

⑥ 王明前：《三国两晋财政体系演变初探》，《阿坝师范高等专科学校学报》2011年第4期，第62页。

复民是耕种“复田”之民。[①]蒋福亚先生认为复民指的是正户民中因各种原因而免除赋役的人。[②]陈荣杰先生也认为复民是正户民，是享受租税优惠、免除徭役的群体。[③]苏俊林先生认为复民是退伍军人，其享受的经济优惠是孙吴优待军人的体现。[④]

（四）奴、客

奴、客是魏晋南北朝时期重要的社会阶层。在传统观点中，奴与客通常被看作是封建农奴制下的劳动者，被授予了农奴、奴隶等内涵，是直接体现“封建性”人身依附关系的社会阶层，具有特殊的意义。

唐长孺先生认为，魏晋时期出现了奴逐渐客化、客逐渐奴化的趋势，奴、客逐渐成为性质相同的依附人口。[⑤]何兹全先生也认为魏晋南北朝社会基层的变化趋势是自由民、奴隶向依附民的转化，依附民包括部曲和客两类人口，具有半自由的身份。[⑥]此后何先生为了区别战国时期的“依附”关系与中古时期“依附”关系的不同，又将中古时期的部曲、客对地主的关系称为“隶属关系”——依附民属于领主，不属于国家户籍。[⑦]人身关系由“依附”转化为“隶属”，说明何先生已经改变了依附民为半自由身份的看法，认为依附民已经完全是领主（地主）所控制的人口。

以上两种观点构成了“魏晋封建论”框架下关于“奴、客”问题研究的

---

① 高敏：《长沙走马楼简牍研究》，广西师范大学出版社，2008 年，第 83 页。
② 蒋福亚：《走马楼吴简中的“复民”》，《许昌学院学报》2011 年第 6 期，第 1 ~ 6 页。
③ 陈荣杰：《走马楼吴简佃田、赋税词语研究》，人民出版社，2016 年，第 63 ~ 64 页。
④ 苏俊林：《孙吴基层社会身份秩序研究——以走马楼吴简为中心》，第 157 ~ 168 页。
⑤ 唐长孺：《魏晋南北朝时期的客与部曲》，《魏晋南北朝史论拾遗》，中华书局，2011 年，第 1 ~ 24 页。
⑥ 何兹全：《汉魏之际封建说》，《何兹全文集》第一卷，第 302 页。
⑦ 何兹全：《汉魏之际人身依附关系向隶属关系的转化》，《何兹全文集》第一卷，第 615 页。

基本思路，即“奴、客”等同于封建制度下的农奴。吴简中“奴、客”问题研究也采用了这一思路。吴简中“奴”阶层成分较为单一，包括“户下奴”“户下婢”和“生口”等社会成员，还有单称为“奴”的人口，相关材料集中于户籍簿文书和买卖生口记录等。对于吴简中的“奴”，前人已经进行了细致的研究。

李均明先生和宋少华先生认为，吴简中的“生口”是史籍中常见的“战争掳获的人口，有些或为家中奴婢”。[①]陈爽先生认为，吴简中“奴”注家籍，在法律上属于依附人口，“客”则保持了独立的编户身份。[②]蒋福亚先生认为，“户下奴”“户下婢”是民户的私奴婢，“生口”则属于官奴婢；官奴婢的来源包括奴产子、籍没罪犯和战争俘虏三种。孙吴时期，官奴婢已经用于屯田劳作。[③]

凌文超先生通过复原“生口”买卖文书，梳理了买卖奴婢的程序。凌先生指出，征收“生口”（奴婢）买卖估税双方配合完成。“生口”买卖之所以要记录在案，一方面是为了征税，另一方面是为了变更户籍。根据奴、客共同注家籍这一现象，凌先生认为孙吴时期已然出现了奴、客混同的趋势。[④]熊曲先生也对“生口”买卖文书进行了分析，指出孙吴官府允许“生口”买卖，但是要向官府缴纳估税。在“生口”买卖后，要注家籍成为“户下奴”。关于奴婢注家籍的原因，熊先生认为包括3个方面，一是奴婢为户主的私有财产；

① 李均明、宋少华：《〈长沙走马楼三国吴简〉竹简［四］内容解析八则》，载中国文物研究所编：《出土文献研究》第八辑，上海古籍出版社，2007年，第189页。

② 陈爽：《走马楼吴简所见奴婢户籍及相关问题》，载北京吴简研讨班编：《吴简研究》第1辑，第160～166页。

③ 蒋福亚：《长沙走马楼吴简所见奴婢杂议》，《首都师范大学学报》（社会科学版）2006年第6期，第1～6页。

④ 凌文超：《走马楼吴简中所见的生口买卖——兼谈魏晋封建论之奴客相混》，《史学集刊》2014年第4期，第73～81页。

二是奴婢可以替主人服役；三是奴婢需要缴纳口算。[①]史泰豪先生同样复原了第六册竹简中与“生口”相关的文书，认为吴简中所示买卖“生口”的人员以男性为主。[②]

沈刚先生认为吴简中的奴婢大体延续了汉代奴婢的状况。[③]此后，沈先生又对“生口”买卖文书进行了区分，认为吴简中存在两种“生口”买卖文书，一类由郡掌握，为防止弄虚作假；一类是由官府为征收估税而作。孙吴早期“生口”主要来源于“部伍夷民”，数量较少。[④]王子今先生通过对户籍簿分析，认为吴简中所记录的“户下奴”“户下婢”有很多是由未成年人承担。[⑤]

于振波先生对吴简中的户下奴、婢进行了数据统计，根据统计结果，于先生认为吴简中的奴婢，男女性别比大体持平。14岁以下男奴较多，这是在成年男性大量死亡和伤残情况下，为补充劳动力而购买奴畜养所致；15 ~ 59岁及60岁以上女性较多。奴在成年后承担的户主赋税负担较重，应是其比例下降的原因。在吴简中，奴婢人口占总人口数的1.85%，但综合其他时代来看，在5%左右属于合理。原因应该在于大量奴婢被豪强大族所掌握，没有入籍。[⑥]

吴简中“客”的成分较为复杂，以“客”为称谓的群体包括“吏帅客”“吏客”“帅客”“佃客”“限佃客”“衣食客”“冢种客”等。虽然吴简中

---

① 熊曲：《论长沙走马楼吴简中“生口”及相关问题》，载中国文化遗产研究院编：《出土文献研究》第十二辑，中西书局，2013年，第327 ~ 339页。

② 史泰豪：《走马楼吴简“生口”简牍研究》，硕士学位论文，郑州大学，2020年。

③ 沈刚：《走马楼吴简所见私奴婢剩议》，载中国文化遗产研究院编：《出土文献研究》第十辑，中华书局，2011年，第291 ~ 297页。

④ 沈刚：《长沙走马楼三国吴简所见“生口”买卖问题补论》，《烟台大学学报》（哲学社会科学版）2016年第2期，第87 ~ 93页。

⑤ 王子今：《走马楼简所见未成年“户下奴”“户下婢”》，载长沙简牍博物馆、北京大学中国古代史研究中心、北京吴简研讨班编：《吴简研究》第3辑，第123 ~ 131页。

⑥ 于振波：《走马楼吴简续探》，文津出版社，2007年，第111 ~ 128页。

“客”的类型众多，但相关材料数量却十分有限。所以，关于吴简中“客”的研究相对而言较为薄弱。对于“限佃客”，只有沈刚先生和王素先生进行了考察。沈先生将“限佃客”解为“限田客”，认为其是“官府的依附民……是专门从事耕作的依附人口”。[①]王素先生将“限佃客”视为“佃客”，认为其分为依附于官府和依附于个人两种情况。[②]“吏帅客”是出现频率最高的“客”，胡平生先生认为，“‘帅’同‘率’，从字面上讲是‘带领’、‘统辖’之意。‘吏’可能是乡吏，‘客’可能是佃客、田客”。[③]陈爽先生则认为吏帅客是屯田客，为官府的依附民。[④]蒋福亚先生和沈刚先生也认同陈爽先生的观点。[⑤]关于“衣食客”，蒋福亚先生认为与史籍中的“衣食客”相同。[⑥]王素先生则认为“衣食客”是“主人给予衣食的雇佣者”。[⑦]从研究成果来看，学界对吴简“奴、客”问题的关注点主要在于强调奴、客的卑贱性和依附性。由于材料数量所限，前人对“奴”的研究明显多于“客”。

---

① 沈刚：《试论吴简中的客》，载长沙简牍博物馆、北京大学中国古代史研究中心、北京吴简研讨班编：《吴简研究》第3辑，第143页；《走马楼三国吴简所见“叛走”剩义》，《江汉考古》2009年第1期，第134～138页，又参氏著：《长沙走马楼三国竹简研究》，社会科学文献出版社，2013年，第31～39页。

② 王素：《长沙吴简中的佃客与衣食客——兼论西晋户调式中的“南朝化”问题》，《中华文史论丛》2011年第1期，第1～34页。

③ 胡平生：《〈长沙走马楼三国吴简〉第二卷释文校证》，载中国文物研究所编：《出土文献研究》第七辑，上海古籍出版社，2005年，第122页。

④ 陈爽：《走马楼吴简所见“吏帅客”试解》，载长沙简牍博物馆、北京吴简研讨班编：《吴简研究》第2辑，第56～66页。

⑤ 蒋福亚：《吴简所见吴国前期民屯——兼论魏吴民屯的区别》，《中华文史论丛》2008年第1期，第39～40页；沈刚：《试论吴简中的客》，第147页。

⑥ 蒋福亚：《长沙走马楼三国吴简中的“客”》，《中国经济史研究》2006年第3期，第66～73页。

⑦ 王素：《长沙吴简中的佃客与衣食客——兼论西晋户调式中的“南朝化”问题》，第7～9页。

（五）师佐

吴简中的师佐是从事手工业生产的人员，学界对师佐群体的关注由来已久。罗新先生最早关注到师佐的相关信息，认为师佐是由作部控制，“属于兵士类、有专门户籍、进行单独管理的”。师佐迁徙时，妻子也要随行。[①]此后，罗先生又进一步论证了师佐是采用军事化管理的工匠。[②]于振波先生利用统计学，对师佐家庭的年龄、性别等结构性问题进行了考证。根据其统计，师佐与普通民户的性别结构不同。师佐籍中14岁以下的人口，男女大体持平；15 ~ 59岁人口，男性多于女性。其原因在于，师佐并非一个固定、封闭的群体，具有一定的流动性。一些私营手工业者可能会被征入师佐籍，而师佐籍中的一些女性也可能会流出；但很少会有成年女性流向师佐家庭。其生活状况可能好于普通吏民，却要频繁调动。[③]

与师佐有关的材料基本收录在师佐籍之中，很多学者对师佐籍进行了整体性研究。韩树峰先生考察了师佐籍和物故师佐籍的书写格式，认为“师佐籍可能是长沙郡各县向郡手工业机构遣送师佐的花名册”。关于师佐的生活状态，韩先生认为师佐家属只有部分被征发服役，不是全家被征发，没有形成特定的户籍，吴简中的师佐处在依附性身份形成的阶段上。[④]沈刚先生基本认同了韩先生的论断。此外，沈先生还认为师佐家属不一定要世代传袭手工业，师佐表现出了在政治和经济方面的不平衡性，政治地位较低，但经济地位与

① 罗新：《走马楼吴简整理工作的新进展》，载北京大学历史学系编：《北大史学》第7辑，北京大学出版社，2000年，第336页。

② 罗新：《吴简中的“作部工师”问题》，载长沙市文物考古研究所编：《长沙三国吴简暨百年来简帛发现与研究国际学术研讨会论文集》，第57 ~ 63页。

③ 于振波：《走马楼吴简续探》，第73 ~ 110页。

④ 韩树峰：《长沙走马楼三国吴简所见师佐籍考》，载北京吴简研讨班编：《吴简研究》第1辑，第167 ~ 189页。

吏民相当。[①]

邓玮光先生和凌文超先生对师佐籍进行了复原研究。邓玮光先生复原了刘阳县师佐籍文书。邓先生以韩树峰先生所复原的师佐籍书写格式为基础，通过人名、职务、年龄等信息对文书进行了复原。通过复原，邓先生认为"师佐籍"针对同一对象，存在着两种不同的书写体系。[②]凌文超先生的复原方式与此不同，凌先生将《竹简［壹］》中的师佐籍称为"徙作部工师簿I"，将《竹简［叁］》中的师佐籍命名为"徙作部工师簿Ⅱ"，然后利用《竹简［叁］》中的揭剥图对"徙作部工师簿Ⅱ"进行复原。凌先生对两部文书对比研究后指出，"徙作部工师簿I"是各县根据师佐名籍，按照上级的某项要求制作的，分别对师佐及其家属标注了"见徙""别使行"或"留在本县"等不同情况。"徙作部工师簿Ⅱ"是各县将注记为"见""别使"的师佐统计后制作而成。各县制作的工师簿只是一份初稿，由各县保留，吴简中现存的两部文书是郡府兵曹根据各县制作的"工师簿"初稿，检校、补充后编连而成的。[③]可见，目前学界关于师佐问题研究的主要思路是在承认师佐是官府依附民的前提下，通过分析师佐籍的书写格式、不同类型簿籍的相互关系等文书特征以论证师佐身份的卑微化趋势。

（六）其他群体

学界对子弟、士、邮卒等群体也有所研究。"子弟"是吴简中出现的一个高频名词。吴简中使用"子弟"这一称谓的有两种情况，一种是作为亲属关

① 沈刚：《〈长沙走马楼三国吴简（竹简［壹］）〉所见师佐籍格式复原及相关问题探讨》，《人文杂志》2008年第6期，第152～157页。

② 邓玮光：《走马楼吴简"师佐籍"的复原尝试——以刘阳县师佐籍为例》，载苏州博物馆编：《苏州文博论丛》第2辑，文物出版社，2011年，第17～21页。

③ 凌文超：《走马楼吴简采集簿书整理与研究》，广西师范大学出版社，2015年，第170～282页。

系，常用于“父兄子弟”等词语中；第二种是与某些职务连用，称为“某某子弟”，或简称“子弟”。学界研究的是第二种“子弟”的使用。孟彦弘先生认为，吴简中的“子弟”是对“吏子弟”的专称。“子弟”最初是对“吏户”家庭中其他年轻男性成员的称呼，但后来演变成为一种独立的身份。[①]侯旭东先生也认为吴简中的“子弟”是一种役的名称，但承担子弟役的人不一定是相关人员的家属。[②]

士在“田家莂”中较为特殊，其“熟田”全部免除租税。高敏先生、于振波先生和胡平生先生认为士是读书人。[③]蒋福亚先生和苏俊林先生认为士是现役士兵。[④]黎虎先生认为士为乡吏之中的“学士”。[⑤]邮卒这一群体，前人多认为是邮驿系统中的工作人员。[⑥]沈刚先生认为这时的邮卒已经变成了国家控制的特殊人口。[⑦]此外，也有学者认为邮卒属于士兵。[⑧]此外，还有卫士、郡士、州郡县卒、岁伍、月伍等群体，由于材料所限，学界对其关注不多，未能形成系统性的研究。

---

① 孟彦弘：《吴简所见的“子弟”与孙吴的吏户制——兼论魏晋的以户为役之制》，第1～22页。

② 侯旭东：《长沙走马楼三国吴简所见给吏与吏子弟——从汉代的“从事”说起》，第19～43页。

③ 高敏：《长沙走马楼简牍研究》，第27～31页；于振波：《走马楼吴简初探》，第4页；胡平生：《嘉禾四年吏民田家莂研究》，第46～47页。

④ 蒋福亚：《走马楼吴简经济文书研究》，第80～85页；苏俊林：《孙吴基层社会身份秩序研究——以走马楼吴简为中心》，第163页。

⑤ 黎虎：《“吏户”献疑——从长沙走马楼吴简谈起》，第58～59页。

⑥ 王子今：《走马楼吴简所见“邮卒”与“驿兵”》，载北京吴简研讨班编：《吴简研究》第1辑，第317～326页；《吴简邮驿人员的称谓补议》，载长沙简牍博物馆、北京吴简研讨班编：《吴简研究》第2辑，第83～89页；侯旭东：《走马楼竹简的限米与田亩记录——从“田”的类型与纳“米”类型的关系说起》，载长沙简牍博物馆、北京吴简研讨班编：《吴简研究》第2辑，第159页；陈荣杰：《走马楼吴简佃田、赋税词语研究》，第65～66页。

⑦ 沈刚：《长沙走马楼三国竹简研究》，第178～187页。

⑧ 于振波：《走马楼吴简初探》，第37页。

二、吴简所见社会经济研究

吴简中涉及经济的材料占据大半比例，为研究社会经济情况提供了有利条件。目前，学界关于吴简经济史的研究论文约150篇。对各社会经济的研究主要集中在农业经济的开发和租税征收、赋役征发两个方面。

（一）农业经济的开发

吴简中的农业经济开发以土地耕作为主。陈荣杰先生根据土地性质、耕种者身份和租税等不同标准对土地类型进行了划分，按土地性质，可划分为“旱田”、“熟田”、“二年常限”田、“余力田”、“余力火种田”、“火种田”、“波田”、“沃田”、“中田”等；按耕种者身份，可划分为“复民田”“邮卒田”“州吏田”“私学田”“子弟限田”“佃卒田”和“卫士田”等；按赋税类型，可划分为“租田”“税田”“限田”“佃田”“吏民田”等。[①]

以上土地类型中，学界对“旱田”、“熟田”、“二年常限”田和“余力田”讨论较为集中，其他土地间或有所涉及。“旱田”与“熟田”是相对应的两种土地。邱东联先生认为“‘旱败田’是指因干旱而歉收的田”，“熟田”是“常年耕种的有收成的田”。[②]蒋福亚先生认为，“熟田”是收成好的土地，“‘旱田’在简文中有时写成‘旱亩’‘旱’‘悉旱’‘旱败不收’和‘旱田亩’等，意思是没有收成或收成甚少”。[③]李卿先生和陈明光先生也认

① 陈荣杰：《走马楼吴简佃田、赋税词语研究》，第33～88页。

② 邱东联：《略论长沙走马楼吴简中的佃田租税简》，《船山学刊》1998年第1期，第46页。

③ 蒋福亚：《也谈〈嘉禾吏民田家莂〉中“二年常限”田的涵义》，《首都师范大学学报》（社会科学版）2001年第5期，第8页。

同这一观点。[①]臧知非先生则认为"'熟田'是指国家规定的作为纳租依据的统一标准良田"，其数量是由官吏直接规定的；"旱田"是"'熟田'之外的低产田"。[②]陈荣杰先生认为"熟田"与"旱田"是官府根据土地质量划分的高产田和低产田。[③]王勇先生则将"旱田"理解为"缺乏灌溉水源的稻田"，在得到水利工程的支持后可以转化为"熟田"。[④]孟彦弘先生认为，"旱田"指与水田相对的陆田。[⑤]吴荣曾先生从耕作角度提出，"熟田"是精耕细作的土地，"旱田"是耕作粗放的土地。[⑥]

"二年常限"田是《嘉禾吏民田家莂》中数量最多的土地类型。高敏先生认为"二年常限"田是亩租额二年不变的土地。[⑦]蒋福亚先生认为"二年常限"有两重含义，一是亩租额二年不变，二是民户土地的佃种时间为二年。[⑧]张荣强先生认为"二年常限"是"官府根据当时普遍实行的各种形式的轮休耕作制而制定的一种关于官租的规定——按照二年一垦的标准收取

---

① 李卿：《〈长沙走马楼三国吴简·嘉禾吏民田家莂〉性质与内容分析》，《中国经济史研究》2001 年第 1 期，第 130 页；陈明光、邱敏：《六朝经济》，南京出版社，2010 年，第 200 ~ 212 页。

② 臧知非：《从〈吏民田家莂〉看汉代田税的征收方式》，《史学月刊》2002 年第 5 期，第 37 ~ 41 页。

③ 陈荣杰、张显成：《吴简〈嘉禾吏民田家莂〉"旱田""熟田"考辨》，《中国经济史研究》2013 年第 2 期，第 156 ~ 161 页。

④ 王勇：《也释吴简〈嘉禾吏民田家莂〉中的"旱田"与"熟田"》，载西北师范大学历史文学院等编：《简牍学研究》第六辑，甘肃人民出版社，2015 年，第 152 ~ 161 页。

⑤ 孟彦弘：《〈嘉禾吏民田家莂〉中所录田地与汉晋间的民屯形式》，载《中国社会科学院历史研究所学刊》编委会编：《中国社会科学院历史研究所学刊》第二集，商务印书馆，2004 年，第 173 ~ 192 页。

⑥ 吴荣曾：《孙吴佃田初探》，载长沙市文物考古研究所编：《长沙三国吴简暨百年来简帛发现与研究国际学术研讨会论文集》，第 64 ~ 71 页。

⑦ 高敏：《〈吏民田家莂〉中所见"余力田"、"常限"田等名称的涵义试析——读长沙走马楼简牍札记之三》，《郑州大学学报》（社会科学版）2000 年第 5 期，第 101 ~ 106 页。

⑧ 蒋福亚：《也谈〈嘉禾吏民田家莂〉中"二年常限"田的涵义》，第 7 ~ 12 页。

官租”。[①]孟彦弘先生的观点与张先生相同。[②]于振波先生则认为“二年常限”田是官府为限制土地兼并而规定的具有数量限额的土地。[③]曹砚农先生则认为“田家莂”中的土地是“以屯田为模式的国家‘营田’”。[④]

“余力田”在“田家莂”中的数量仅次于“二年常限”田，对其性质的讨论也存在一定的争议。关于“余力田”的讨论，目前形成了“私田论”和“官田论”两大阵营。持“私田论”者以“田家莂”整理组为代表，认为“余力田，大概是田家‘行有余力’而自行开垦的荒地”。[⑤]这一观点为邱东联先生、罗威先生和胡平生等先生所采用。[⑥]蒋福亚先生则持“官田论”，认为“余力田”是田家佃种的国有荒地，而非自行开垦的私有土地。[⑦]高敏先生、孟彦弘先生和陈荣杰先生认为，“余力田”是具有优惠性质的国有土地。[⑧]于

① 张荣强：《吴简〈嘉禾吏民田家莂〉“二年常限”解》，《历史研究》2003年第6期，第20 ~ 30页。

② 孟彦弘：《〈嘉禾吏民田家莂〉中所录田地与汉晋间的民屯形式》，第173 ~ 192页。

③ 于振波：《走马楼吴简初探》，第1 ~ 24页。

④ 曹砚农：《从〈长沙走马楼三国吴简·嘉禾吏民田家莂〉看吴国在长沙郡的国家“营田”》，载长沙市文物考古研究所编：《长沙三国吴简暨百年来简帛发现与研究国际学术研讨会论文集》，第72页。

⑤ 引文参见长沙市文物考古研究所、中国文物研究所、北京大学历史学系走马楼简牍整理组编著：《长沙走马楼三国吴简·嘉禾吏民田家莂》，文物出版社，1999年，第71页。“田家莂”整理组在界定“余力田”性质时存在矛盾，一方面认为“余力田”是“田家向官府佃租的土地”，是一种官田；另一方面又认为“余力田”是田家自行开垦的荒地，属于私田。学界一般将“余力田，大概是田家‘行有余力’而自行开垦的荒地”视作整理组的最终意见，即“余力田”属于私田。

⑥ 邱东联：《略论长沙走马楼吴简中的佃田租税简》，第46页；罗威：《走马楼吴简所见孙吴在长沙地区的赋税剥削》，《湖南城市学院学报》2004年第5期，第30页；胡平生：《嘉禾四年吏民田家莂研究》，第41页。

⑦ 蒋福亚：《走马楼吴简经济文书研究》，第31 ~ 37页。

⑧ 高敏：《〈吏民田家莂〉中所见“余力田”、“常限”田等名称的涵义试析——读长沙走马楼简牍札记之三》，第101 ~ 106页；孟彦弘：《〈嘉禾吏民田家莂〉中所录田地与汉晋间的民屯形式》，第173 ~ 192页；陈荣杰：《走马楼吴简佃田、赋税词语研究》，第52 ~ 54页。

振波先生认为，“余力田”是民户额外佃种的官田。[①]李卿先生则认为，“余力田”就是“余力火种田”，是官田的一种。[②]此外，王子今先生没有讨论“余力田”的所有制问题，将“余力”解释为“余夫”，认为“余力田”是民户家中剩余劳动力所耕种的田。[③]

学界对以上4种土地类型的研究较为集中，此外还有一些学者对“余力火种田”“限田”等土地类型进行了零星讨论。关于“余力火种田”，李卿先生认为其属于官田。[④]王子今先生认为“余力火种田”中的“余力”指的是“余夫”，“火种”与“伙种”同义。[⑤]陈荣杰先生则将其定义为“亩收米四斗五升六合，又斛加五升的田地”。[⑥]

“限田”是吴简竹简中出现的土地类型。因吴简中吏民缴纳限米的数量和种类众多，所以“限田”问题也引起了学界重视。蒋福亚先生对“限田”的观点可归纳为官府强制“封建政府控制的劳动力如‘佃卒’‘邮卒’或‘卫士’等耕种”的土地。[⑦]于振波先生则认为“限田”属于屯田。[⑧]侯旭东先生推翻了于先生的观点，但并未给出“限田”的定义。[⑨]孟彦弘先生认为“限

---

① 于振波：《走马楼吴简初探》，第 14 页。

② 李卿：《〈长沙走马楼三国吴简·嘉禾吏民田家莂〉性质与内容分析》，第 122 ~ 131 页。

③ 王子今：《试释走马楼〈嘉禾吏民田家莂〉“余力田”与“余力火种田”》，载北京吴简研讨班编：《吴简研究》第 1 辑，武汉：崇文书局，2004 年，第 114 ~ 118 页。

④ 李卿：《〈长沙走马楼三国吴简·嘉禾吏民田家莂〉性质与内容分析》，第 122 ~ 131 页。

⑤ 王子今：《试释走马楼〈嘉禾吏民田家莂〉“余力田”与“余力火种田”》，第 114 ~ 118 页。

⑥ 陈荣杰：《走马楼吴简佃田、赋税词语研究》，第 57 页。

⑦ 蒋福亚：《走马楼吴简经济文书研究》，第 21 页。

⑧ 于振波：《走马楼吴简初探》，第 25 ~ 42 页。

⑨ 侯旭东：《走马楼竹简的限米与田亩记录——从“田”的类型与纳“米”类型的关系说起》，第 157 ~ 175 页。

田”是缴纳“限米”之田。[①]此外，学界对吴简中的“租田”“沃田”等土地类型也进行了研究。由于记录这些土地类型的材料相对较少，所以未能形成阶段性的研究成果。

（二）租税征收、赋役征发

在租税征收方面，官府主要向各群体征收米、布、钱三项物品。这3项物品也存在不同的类型，学界已有论证。吴简中米的类型众多，数量较大、出现频率较高包括税米、租米、限米、禶米四大类。税米是“田家莂”和竹简中数量最大、出现频率最高的米。高敏先生认为税米是耕种“二年常限”田和“余力田”所缴纳的赋税。[②]于振波先生和陈荣杰先生的观点与此相同。[③]蒋福亚先生认为税米与租米同义，都是“二年常限”田的定额租。[④]侯旭东先生则将米的类型与耕作土地的类型相联系，认为“吴简中田家所纳的不同名目的‘米’可能是源于他们所耕种的不同类型或性质的‘田’”，税米即是税田所出之米。[⑤]关于租米，高敏先生认为是耕种租田所缴纳的米。蒋福亚先生、于振波先生和侯旭东先生也同意这一观点。王素先生则认为，租米是与限米相对的税目，是国家正户所缴纳的赋税。[⑥]

吴简中限米的成分较为复杂，有近百种类型的米都是以限米的名目缴纳赋税，如邮卒限米、卫士限米、佃吏限米等。限米竹简自发布之后，便引起

① 孟彦弘：《吴简所见的“子弟”与孙吴的吏户制——兼论魏晋的以户为役之制》，第1～22页。

② 高敏：《长沙走马楼简牍研究》，第13页。

③ 于振波：《走马楼吴简初探》，第25～27页；陈荣杰：《走马楼吴简佃田、赋税词语研究》，第163～175页。

④ 蒋福亚：《〈嘉禾吏民田家莂〉中的诸吏》，第130～134页。

⑤ 侯旭东：《走马楼竹简的限米与田亩记录——从“田”的类型与纳“米”类型的关系说起》，第160页。

⑥ 王素：《长沙走马楼三国吴简时代特征新论》，第60～70页。

了较大争议。最早对限米问题进行讨论的是王素先生、宋少华先生和罗新先生，他们认为“限米是吏、兵一类非国家正户所缴纳之米”。[①]此后，王素先生又进一步阐述，认为限米是“按某种规定需要缴纳的米”，缴纳限米的作用是免除军役。[②]陈荣杰先生的观点与其一致。[③]蒋福亚先生认为限米是官府强制“封建政府控制的劳动力如‘佃卒’‘邮卒’或‘卫士’等耕种”限田所收获的产品。[④]于振波先生认为限米是耕作屯田所缴纳的米。[⑤]邓玮光先生进一步认为限米是军屯所缴纳的米。[⑥]熊曲先生也认为限米是“屯田、特定身份及职役者所缴纳的”。[⑦]侯旭东先生则指出，吴简中的限米应是耕种限田所缴纳的米。[⑧]孟彦弘先生也看到了限米与限田之间的联系，但认为两者的关系应是限米在前，所以“才将其所耕作之田连带称作‘限田’”，限米是代替耕作者其他赋役的米。[⑨]陈明光先生和邱敏先生认为“限米是孙吴官田田租的一个名目”。[⑩]

布匹也是吴简中的一项税目，其数量与米、钱相比相对较少。对于吴简中布匹问题的研究，早期集中在对其赋税性质的讨论。王素先生认为吴简中

① 王素、宋少华、罗新：《长沙走马楼简牍整理的新收获》，第 26 ~ 44 页。
② 王素：《长沙走马楼三国吴简时代特征新论》，第 60 ~ 70 页。
③ 陈荣杰：《走马楼吴简佃田、赋税词语研究》，第 115 ~ 143 页。
④ 蒋福亚：《走马楼吴简经济文书研究》，第 21 页。
⑤ 于振波：《走马楼吴简中的限米与屯田》，《南都学坛》2004 年第 1 期，第 29 ~ 33 页。
⑥ 邓玮光：《走马楼吴简粢田简的复原与研究》，《出土文献》2020 年第 1 期，第 128 ~ 134 页。
⑦ 熊曲：《走马楼吴简嘉禾五年诸乡田顷亩收米乡住簿研究》，载邬文玲、戴卫红主编：《简帛研究》（二〇二〇春夏卷），广西师范大学出版社，2020 年，第 292 页。
⑧ 侯旭东：《走马楼竹简的限米与田亩记录——从“田”的类型与纳“米”类型的关系说起》，第 157 ~ 175 页。
⑨ 孟彦弘：《吴简所见的“子弟”与孙吴的吏户制——兼论魏晋的以户为役之制》，第 1 ~ 22 页。
⑩ 陈明光、邱敏：《六朝经济》，第 155 页。

的调布，是租调制的体现。[①]高敏先生则认为吴简中的调布属于官府临时增加的横调，不是常税。[②]于振波先生的观点与高先生相同。[③]杨际平先生则认为，吴简中的调布，“属正常的财政调度范畴”，既不是常税、也非杂税。[④]阿部幸信先生指出吴简中的调，以乡为单位赋课，“不能说是临时性的调配，而在相当程度上已经处于定制化阶段”。[⑤]此后，阿部先生又进一步指出，长沙地区存在吏通过“市布”维持的大范围的“调”和面向百姓征收的小范围的“调”，两者来源和目的不同，分别使用不同簿籍管理。[⑥]柿沼阳平先生则认为孙吴社会中男耕女织的经济基础尚未破坏，孙吴的“调”只是“官府有意图、有计划、且临时性的物资调配”，性质与曹魏的户调制不同。[⑦]

沈刚先生和凌文超先生分别复原了临湘侯国征收布匹的“入布簿”，对布匹问题进行了整体研究。沈刚先生首先复原了“入布簿”的书写格式，对吏民缴纳布匹的流程、时间和品种做了考证。沈先生认为，孙吴官府所征收的布“仍属横调，但从布的种类、数量、缴纳流程的规范化程度看，又有变

① 王素：《吴简所见“调”应是“户调”》，《历史研究》2001 年第 4 期，第 167 ~ 168 页。

② 高敏：《从〈长沙走马楼三国吴简·竹简（壹）〉看孙权时期的口钱、算赋制度》，《史学月刊》2006 年 2 期，第 24 ~ 27 页；《长沙走马楼吴简中所见“调”的含义——兼与王素同志商榷》，《中华文史论丛》2007 年第 1 期，第 37 ~ 51 页。

③ 于振波：《走马楼吴简初探》，第 77 ~ 104 页。

④ 杨际平：《析长沙走马楼三国吴简中的“调”——兼谈户调制的起源》，《历史研究》2006 年第 3 期，第 39 ~ 58 页。

⑤ ［日］阿部幸信：《长沙走马楼吴简所见的“调”——以出纳记录的检讨为中心》，载长沙简牍博物馆、北京大学中国古代史研究中心、北京吴简研讨班编：《吴简研究》第 3 辑，第 226 ~ 251 页。

⑥ ［日］阿部幸信：《长沙吴简所见的“市布”》，卜宪群、杨振红主编：《简帛研究》（二〇一二），广西师范大学出版社，2013 年，第 151 ~ 164 页。

⑦ ［日］柿沼阳平：《孙吴货币经济的结构和特点》，《中国经济史研究》2013 年第 1 期，第 32 ~ 36 页。

成常税的趋势”，呈现出过渡性的特征。[①]凌文超先生复原了两种格式的诸乡“品市布入受簿”和“库布承余新入簿”“出用簿”。通过对复原文书的研究，凌先生认为“调布不是按财政年度征收”的常税，“只是临时性的征调”。在征收布匹的方式上，孙吴起初“延续了汉代通过财政购买来实现调布的老办法”，即“市布”，后来则通过按户品征收的“品布”来代替。[②]谭翠先生认为吴简中的“品布”是按户品征收的调布。[③]

除了米、布，征收钱也是孙吴时期重要的租税之一。吴简中所见钱的类型众多，除史籍中明确记载的口算钱，大多类型的钱为传统文献所未见。[④]在早期研究中，学界对各种钱类名词进行了试释。王素先生等学者考证了“地僦钱”，认为“地僦钱”是官府向集市商贾征收租赁土地的摊位费。[⑤]罗威先生、陈荣杰先生的意见与此相同。[⑥]李均明先生则认为“地僦钱”是租赁宅基地的钱。[⑦]蒋福亚先生认为其是商贩们租赁屋舍经商所缴纳的租金。[⑧]胡平生、朱德贵先生认为“地僦钱”是粮食等租税的转运

① 沈刚：《长沙走马楼三国竹简研究》，第 79 ~ 92 页。

② 凌文超：《走马楼吴简采集簿书整理与研究》，第 383 ~ 396 页。

③ 谭翠：《走马楼吴简中的“四品布”》，载陈建明主编：《湖南省博物馆馆刊》第十辑，岳麓书社，2014 年，第 298 ~ 302 页。

④ 中村威也先生认为吴简中的口算钱是口钱和算赋的合并。（［日］中村威也：《从兽皮纳入简看古代长沙之环境》，载长沙简牍博物馆、北京吴简研讨班编：《吴简研究》第 2 辑，第 245 ~ 257 页。）陈荣杰先生认为这是一种人头税。（陈荣杰：《走马楼吴简佃田、赋税词语研究》，第 191 ~ 192 页。）张荣强先生则指出，口算钱是按照民和吏的身份，分别计算的征收的。（张荣强：《汉唐籍帐制度研究》，商务印书馆，2010 年，第 102 ~ 103 页。）

⑤ 王素、宋少华、罗新：《长沙走马楼简牍整理的新收获》，第 37 页。

⑥ 罗威：《走马楼吴简所见孙吴在长沙地区的赋税剥削》，第 32 页；陈荣杰：《走马楼吴简佃田、赋税词语研究》，第 175 ~ 183 页。

⑦ 李均明：《走马楼吴简“地僦钱”考》，载卜宪群、杨振红主编：《简帛研究》（二〇〇四），广西师范大学出版社，2006 年，第 347 ~ 353 页。

⑧ 蒋福亚：《走马楼吴简经济文书研究》，第 248 页。

费。[①]宋超先生、王子今先生和沈刚先生认为，“地僦钱”是临湘侯步骘衣食租税的一部分。[②]黎石生先生也认为这是“邑下居民”向步骘租赁住房的钱。[③]

孟彦弘先生考证了财用钱的性质，认为“‘财用钱’最初正是征收上来专门用于购置纸、笔、墨、封泥等‘行政办公’之物，后来则变成了政府一项固定的财税项目”。[④]高敏先生和李明龙先生的观点与此一致。[⑤]宋超先生对吴简中的何黑钱进行了考释，认为何黑钱是用于维护地方治安的赋税。[⑥]陈荣杰先生不同意这一看法，但并未给出详解。[⑦]

侯旭东先生考证了鋘贾钱的意义，认为鋘贾钱是“官营盐铁体制下百姓缴纳给官府的购买农具钱”。[⑧]高敏先生和陈荣杰先生也认同这一观点。[⑨]蒋福亚先生则认为这是官府的手工业作坊出卖产品换取的钱。[⑩]凌文超先生则复

---

① 胡平生：《〈长沙走马楼三国吴简〉第二卷释文校证》，第126～129页；朱德贵：《长沙走马楼吴简商业税献疑》，《商业研究》2008年第12期，第192～194页。

② 宋超：《吴简所见“何黑钱”、“僦钱”与“地僦钱”考》，载北京吴简研讨班编：《吴简研究》第1辑，第236～248页；王子今：《长沙走马楼竹简“地僦钱”的市场史考察》，载长沙简牍博物馆、北京吴简研讨班编：《吴简研究》第2辑，第232～244页；沈刚：《长沙走马楼三国竹简研究》，第121～133页。

③ 黎石生：《走马楼吴简所见商贸活动三题》，载陈建明主编：《湖南省博物馆馆刊》第七辑，第397页。

④ 孟彦弘：《释“财用钱”》，载北京吴简研讨班编：《吴简研究》第1辑，第222～229页。

⑤ 高敏：《长沙走马楼简牍研究》，第124页；李明龙：《〈长沙走马楼三国吴简〉账户词语研究》，硕士学位论文，西南大学，2006年，第40页。

⑥ 宋超：《吴简所见“何黑钱”、“僦钱”与“地僦钱”考》，第236～248页。

⑦ 陈荣杰：《走马楼吴简佃田、赋税词语研究》，第196～197页。

⑧ 侯旭东：《三国吴简中的“鋘钱”》，载北京吴简研讨班编：《吴简研究》第1辑，第230～235页。

⑨ 高敏：《长沙走马楼简牍研究》，第126～127页；陈荣杰：《走马楼吴简佃田、赋税词语研究》，第197～199页。

⑩ 蒋福亚：《走马楼吴简经济文书研究》，第262～269页。

原了诸乡鋘贾钱簿，认为东吴并没有设置专门生产和销售铁器的铁官体系，而是由行政部门自营。[①]此外，还有学者对八亿钱、市租钱、具钱、行钱等进行了零星讨论，均以名词试释为主。[②]在名词试释之外，凌文超先生通过对钱簿文书的复原进行整体研究，开创了新的研究思路。凌先生复原了临湘侯国的库钱帐簿，指出临湘普通租税襍钱帐簿由“襍钱入受簿”“襍钱承余新入簿”和“襍钱领出用余见簿”组成。其财政按收、支两条线进行管理。官府按量入为出预算开支，通过币种换算增值。其帐簿体系，已运用“入受—新入”“承余—领受—出用—余见”的四柱结算法。又通过复原户品出钱人名簿，指出户品钱是为兴修水利而准备的费用。[③]柿沼阳平先生则论证了孙吴全面继承了汉代以来的商税、徭役制度原则，并且依据实际环境建立了灵活的税制。[④]

在租税的征收、存储和运输环节中，各群体居民都涉及与三州仓、州中仓、库和关邸阁等机构的交流。关于这些机构性质的讨论，王素先生已有了详尽的总结。主要观点包括，认为三州仓是转运仓或县仓，州中仓为正仓、县仓或荆州中仓。关邸阁则是储粮仓、军仓或指代一种职衔。王素先生在总结前人观点后，又提出了州中仓为郡仓、三州仓为郡级转运仓的看法。[⑤]此后，侯旭东先生又论证了三州仓为县仓、州中仓为郡仓。[⑥]戴卫红先生也认

① 凌文超：《鋘贾钱簿记与铁器官营》，《吴简与吴制》，第 231 ~ 242 页。

② 蒋福亚：《论走马楼吴简中的货币》，《中华文史论丛》2011 年第 1 期，第 59 ~ 89 页；高敏：《从〈长沙走马楼三国吴简〉看孙权时期的商品经济状况》，载卜宪群、杨振红主编：《简帛研究》（二〇〇四），第 317 ~ 328 页。

③ 凌文超：《库钱帐簿与财务会计》，《吴简与吴制》，第 181 ~ 230 页。

④ ［日］柿沼阳平：《孙吴货币经济的结构和特点》，第 23 ~ 43 页。

⑤ 王素：《中日长沙吴简研究述评》，载故宫博物院编：《故宫学刊》第 3 辑，紫禁城出版社，2007 年，第 547 ~ 553 页。

⑥ 侯旭东：《吴简所见“折咸米”补释：兼论仓米的转运与吏的职务行为过失补偿》，载长沙简牍博物馆、北京吴简研讨班编：《吴简研究》第 2 辑，第 176 ~ 191 页。

同这一观点。[①]谷口建速先生提出邸阁可能是由州级官吏管理的机构。[②]何少芳先生考察了吴简中的库，认为库指的是县库，西库则是郡库，而邸阁则为军仓。[③]

赋役征发是各群体居民需要承担的另一项经济活动。吴简中的居民有缴纳口算钱的记录。中村威也认为吴简中的口算钱是口钱和算赋的合并。[④]陈荣杰先生和李恒全先生也认为口算指的是口钱和算赋，口钱向小于15岁的小男、小女征收，算赋则征收自15 ~ 60岁的成年男女。[⑤]张荣强先生则指出，口算钱是按照民和吏的身份，分别计算征收的。[⑥]于振波先生则认为孙吴口算的数额和征收方式无定制，应相当于汉代的取民之赋。[⑦]韩树峰先生指出了吴简中的口算钱有拖欠的情况。[⑧]居民有时也会用缴纳兽皮的方式代替口算钱，称为“口算皮”。[⑨]孙吴的徭役异常繁重，吴简中的“应役

① 戴卫红：《长沙走马楼吴简所见孙吴时期的仓》，《史学月刊》2014年第11期，第99页。

② ［日］谷口建速：《长沙走马楼吴简所见孙吴政权的地方财政机构》，载武汉大学简帛研究中心主办：《简帛》第五辑，上海古籍出版社，2010年，497 ~ 510页。

③ 何少芳：《孙吴仓库制度初探——以长沙走马楼吴简为中心》，硕士学位论文，华东政法大学，2014年。

④ ［日］中村威也：《从兽皮纳入简看古代长沙之环境》，第245 ~ 257页。

⑤ 陈荣杰：《走马楼吴简佃田、赋税词语研究》，第191 ~ 192页；李恒全：《从走马楼吴简看孙吴时期的口算与徭役》，《南京农业大学学报》（社会科学版）2013年第2期，第123 ~ 129页。

⑥ 张荣强：《汉唐籍帐制度研究》，第102 ~ 103页。

⑦ 于振波：《走马楼吴简续探》，第129 ~ 152页。

⑧ 韩树峰：《吴简中的口算钱》，《历史研究》2001年第4期，第171 ~ 172页。

⑨ 中村威先先生认为“口算麂皮”是指用缴纳麂皮代替吴简里处处可见的“口算钱”。（［日］中村威也：《从兽皮纳入简看古代长沙之环境》，第245 ~ 257页。）凌文超先生不认同这一观点，他指出“口算皮”是官府借助征派口算的标准来分配调皮任务，所以这些调皮又被称为“口算皮”。（凌文超：《走马楼吴简采集簿书整理与研究》，第420页。）

民”即是对承担徭役居民的称呼。[①]张荣强先生认为吴简中有官府根据居民户等征派徭役的现象，身体残疾的居民和奴、客则会免除课役。[②]李恒全先生认为孙吴的徭役征发自15～60岁的男女。[③]凌文超先生论证了孙吴为了便于征派服役而特别制作了相应的簿籍。[④]凌先生还考察了徭役、兵役对吏民户籍身份的影响，他认为赋役繁重的政局形势打破了秦汉以来户籍中“小”“大”身份的限制，催生了新的“丁中制”。在赋役征发中“年龄的限制作用式微，而身体条件则可能成为是否服役的重要依据”。[⑤]于振波先生则指出，吴简中居民有自残身体以逃避徭役的情况，由于徭役繁重也导致了户籍中成年男性较少的情况。而为了满足官府征发赋役的需求，吴简中多以15～59岁的男性为户主。[⑥]

（三）其他经济活动

除了土地开发与租税征收，吴简中还存在俸禄发放、借贷、经济追责和租税逋欠等经济活动。戴卫红先生指出，孙吴官府为官吏、吏士、师士等群体以月为单位、按身份等级发放“直”“稟”。[⑦]徐雪先生认为“直”主要是吏卒师士的酬，“奉”是官吏的俸禄，“稟”是供给官员吏卒的生活食粮。“奉”

---

① 李明龙：《〈长沙走马楼三国吴简〉账户词语研究》；张荣强：《再论孙吴简中的户籍文书——以结计简为中心讨论》，《北京师范大学学报》（社会科学版）2014年第5期，第75～89页。

② 张荣强：《汉唐籍帐制度研究》，第123～176页。

③ 李恒全：《从走马楼吴简看孙吴时期的口算与徭役》，第123～129页。

④ 凌文超：《走马楼吴简采集簿书整理与研究》，第96～153页。

⑤ 凌文超：《秦汉魏晋“丁中制”之衍生》，《历史研究》2010年第2期，第40～44页。

⑥ 于振波：《走马楼吴简初探》，第105～142页、第153～174页；《走马楼吴简续探》，第1～24页。

⑦ 戴卫红：《长沙走马楼吴简所见“直”、“稟”简及相关问题初探》，载卜宪群、杨振红主编：《简帛研究》（二〇〇八），广西师范大学出版社，2010年，第251～267页。

和“稟”可按月和年发放，“直”只能按月发放。[①]庄小霞先生则认为孙吴的官吏除了正俸，还有“奉鲑钱”一类的杂俸。[②]关于借贷粮米问题，戴卫红先生指出，东吴官府在给贷贫民、屯田民时，有的要收取50%的利息。[③]魏斌先生认为借贷者的身份不同，其借贷量也不一。贫民借贷量较小，而与官府有关的群体，借贷数额则较大，其借贷动机有可能是为了转贷牟利。[④]熊曲先生考察了“取禾簿”“种粮给贷簿”，指出“官府借贷种粮以一户为标准”，主要用于赈济贫民；百姓借贷来的种粮或用于耕种，或为口粮。[⑤]

在经济追责方面，王子今先生指出，吴简中的“折咸米”即“折减米”，是在仓储、运输过程中损耗的粮米。[⑥]侯旭东先生进一步指出粮米出现损耗时，需要由当值吏员补偿。[⑦]熊曲先生则认为“渍米”和“没溺米”也具有追责、赔偿的性质。[⑧]魏斌先生考证“加臧米”的性质，认为这是官吏贪污仓米被发现后，受惩罚赔偿的米。[⑨]陶新华先生讨论孙吴的租税逋欠情况，认为吴

① 徐雪、陈荣杰：《试析走马楼吴简“直”“奉”“稟”》，《湖北文理学院学报》2019年第9期，第19～28页。

② 庄小霞：《走马楼吴简所见“奉鲑钱”试解——兼论走马楼吴简所反映的孙吴官俸制度》，载卜宪群、杨振红主编：《简帛研究》（二〇〇八），第268～273页。

③ 戴卫红：《中、韩出土“贷食”简研究》，《中华文史论丛》2015年第1期，第217～246页。

④ 魏斌：《走马楼所出孙吴贷食简初探》，载武汉大学中国三至九世纪研究所编：《魏晋南北朝隋唐史资料》第二十三辑，武汉大学文科学报编辑部，2006年，第27～57页。

⑤ 熊曲、宋少华：《走马楼吴简中的种粮给贷簿研究》，载武汉大学简帛研究中心主办：《简帛》第十二辑，上海古籍出版社，2016年，第253～268页。

⑥ 王子今：《走马楼简“折咸米”释义》，载何双全主编：《国际简牍学会刊》第三号，兰台出版社，2001年，第75～80页。

⑦ 侯旭东：《吴简所见“折咸米”补释：兼论仓米的转运与吏的职务行为过失补偿》，载长沙简牍博物馆、北京吴简研讨班编：《吴简研究》第2辑，第176～191页。

⑧ 熊曲：《吴简折咸米、渍米、没溺米及相关问题》，载长沙简牍博物馆、北京大学中国古代史研究中心、北京吴简研讨班编：《吴简研究》第3辑，第211～225页。

⑨ 魏斌：《走马楼孙吴“加臧米”简试论》，载武汉大学中国三至九世纪研究所编：《魏晋南北朝隋唐史资料》第二十五辑，武汉大学文科学报编辑部，2009年，第19～31页。

简中的租税逋欠分为直接逋欠、仓储损耗和吏员贪污3种情况，直接逋欠是以乡为单位的集体逋欠。[①]

三、既有研究的局限

目前学界对吴简所见基层社会史研究方向主要集中在对传统研究框架的阐释和补充，虽然取得了丰硕的成果，但也随之产生了一定的局限性。通过对吴简所见社会群体及其经济活动的整理来看，其问题体现在以下3个方面。

第一，前人虽然仍在沿用“魏晋封建论”这一研究理论，在具体的阐释上却逐渐偏离了这一理论的基本概念。如前文所述，讨论吴简中是否存在吏户制的问题时，研究者抛开了吏户制的形成基础——吏役制，围绕着以户为单位“世袭为吏”这一形式进行探讨，在理论建构上就不能自圆其说了。

第二，在研究视角方面，吴简的研究视角与利用传统史籍的研究视角应当不同。凌文超先生认为，吴简出自下层小吏之手，与士大夫所书写史籍有很大差别。[②]士大夫作为国家精英，常以“俯视”的态度来审实社会基层的情况。以传统史料为中心构建的研究框架，多少会带有士大夫的“俯视”视角。作为出土文献的吴简，书写者是基层小吏，其本身处于基层社会之中，是以“平视”的视角来记录基层社会中的情况。因此，用传统史籍中的概念来解读吴简中的名词，可能会出现一定的偏差。

第三，就具体的研究议题而言，前人对吴简所见社会群体和社会经济的研究多以单项研究为主，缺乏整体性考察。除了高敏先生、蒋福亚先生、黎

① 陶新华：《走马楼吴简所见百姓对政府租税的直接逋欠》，《中国经济史研究》2018年第4期，第18～25页。

② 凌文超：《走马楼吴简采集簿书整理与研究》，第6页。

虎先生和苏俊林先生通过全面统计、分析“田家莂”中的数据，论证了各群体居民的等级关系，多数学者都集中于论证某一群体或某一种经济活动的性质或流程。对各群体在经济活动中所反映出来的群体关系、社会结构等问题关注较少。

四、结语

自1996年长沙走马楼吴简被发现以来，学界对吴简所见社会群体和社会经济领域的研究已有20余年。在这20余年中，吴简研究主要经历了两个阶段。在2009年以前，学者们多利用“二重证据法”，通过吴简与传统文献的互证来补充已有的历史学研究框架。在第一阶段的研究中，吴简大多时间是作为传统文献的补充材料来使用的。

2009年以侯旭东先生发表《长沙走马楼吴简〈竹简〉[贰]“吏民人名年纪口食簿”复原的初步研究》一文为标志，整个吴简研究进入了第二个阶段——以研究方法创新为中心的研究阶段。[①]此后凌文超、邓玮光等先生又创制了多种文书复原方法。[②]在吴简文书学的影响下，学界大量展开了对经济簿籍、名籍等文书复原研究。随着文书复原工作的推进，文书行政研究也成为

① 侯旭东：《长沙走马楼吴简〈竹简〉[贰]“吏民人名年纪口食簿”复原的初步研究》，《中华文史论丛》2009年第1期，第57～93页。

② 凌文超先生利用揭剥图、竹简形制、内容等信息完成了多部文书的复原工作（凌文超：《走马楼吴简采集簿书整理与研究》，《吴简与吴制》）。邓玮光先生则提出了“横向比较复原法”和“纵向比较复原法”两种理论。“横向比较复原法”是通过对同一事件的多文本互照，“补全单份记录缺失的信息”；“纵向比较复原法”，即“将一件事的前因后果串联起来，然后借助逻辑关系辅助复原”。（邓玮光：《走马楼吴简三州仓出米简的复原与研究——兼论“横向比较复原法”的可行性》，《文史》2013年第1辑，第231～253页；《对三州仓“月旦簿”的复原尝试——兼论“纵向比较复原法”的可行性》，《文史》2014年第2辑，第5～35页）。

这一阶段吴简研究的主流。[①]吴简文书学的兴起对重新认识吴简的价值极为重要。它使得吴简研究得以脱离对传统文献的依赖，成为一门独立的学问。在文书复原和文书行政的运用中，学界也充分认识到了吴简材料不同于传统文献的独特性价值。

在过去20余年的吴简研究中，学界已基本完成了研究方法的拓展与创新，吴简材料的独特性价值也得到了实践的证明。吴简未来的研究，除了文书行政这一主流方向，通过前人研究成果与不足来看，在认识吴简独特性基础上，对吴简所见的社会结构问题研究或许也会成为一个新的研究方向。

---

① 徐畅先生认为“在簿书、官文书整理复原基础上对三国孙吴基层文书行政与制度变迁的探究，将成为吴简研究下一个二十年中最具潜力的发展方向之一”。（徐畅：《长沙走马楼三国吴简整理研究二十年热点选评》，载武汉大学简帛研究中心主办：《简帛》第十五辑，上海古籍出版社，2017年，第240页。）凌文超先生也通过文书行政讨论了孙吴制度的独特性（凌文超：《吴简与吴制》）。

六朝襄阳大族研究述评

张 潇

魏晋南北朝时期南北分裂的割据形势，决定了沿秦岭、淮水一线南北对峙与争夺的边境地区尤为引人注目。特别是以襄阳为中心的沔北地区，作为南北水陆交通的要冲，号称“天下重地”。永嘉之乱后，这一地区长期是南北两属之地，几经摧残，旧民四处流徙。东晋末年，北方雍秦大姓纷纷迁居此地，逐渐形成具有一定规模与实力的地方豪族势力。南朝时期，襄阳大族作为重要地域力量在历次外御内争中均扮演着重要角色。该大族群体自晋末桓玄之乱初露锋芒，经宋齐时代浮沉升降，在萧梁政权全面崛起，却于侯景之乱后迅速衰落。相比永嘉时南渡江南，并一直活跃于建康社会的侨姓士族，襄阳大族作为晚渡北人的典型代表，他们与东晋南朝政权的互动，以及自身在发展过程中所经历的种种变化，可视为这一时期南方大族和社会的另一种面相。基于此，以往学者以地域集团或家族个案的形式对六朝时期襄阳大族多有探讨，王永平、徐成《近六十年来有关南朝襄阳地区武力豪族研究述评》[①]一文已经

① 王永平、徐成：《近六十年来有关南朝襄阳地区武力豪族研究述评》，《南京晓庄学院学报》2010 年第 1 期，第 28 ~ 32 页。

对相关成果有了初步的回顾和总结。本文拟在前人研究基础上，吸收近年来对襄阳大族的最新研究成果，并将视野扩大至襄阳地域社会，更为系统地梳理六朝襄阳大族及地域社会研究的演变状况，从中探索可能推进的途径，其中若有偏颇之处，敬请指正。

一、六朝襄阳大族的政治活动研究

学界关于六朝襄阳大族政治活动的研究，基本处于陈寅恪有关士族和地域政治集团的研究脉络之下。陈寅恪曾高屋建瓴地评价南朝政治："宋齐梁之建国，多依赖江左北人武力集团，而陈霸先则又别用南方土著之豪族，此为江左三百年政治社会上之大变动。"[①]此前，周一良曾撰文统计南朝北方侨人与南方土著任官比例，以考察其力量之消长，其思路也是受到了陈氏学说的影响。[②]在这条线索之下，两位学者都注意到了迁至襄阳的这批北方移民家族对于南朝政治的重要意义，陈寅恪将其划分为"南阳及新野地域之次等士族"与"雍、秦流民"，俱称之为"南来北人之武力集团"，[③]周一良则指出雍州地区武将在南朝政治中的重要地位，"国家所恃将帅之臣每在雍州……南朝起兵抗朝廷者，十九皆据雍州，良有以也"，但并未做进一步讨论。[④]此后，田余庆对东晋时的襄阳大族亦有宏观认识，他在《东晋门阀政治》中《襄阳的经略》[⑤]一节，从荆扬内争的视角分析门阀大族对襄阳的争夺，指出东晋庾翼北伐意在将桓宣排挤出襄阳，以获得对上游军事的控制权，而排挤桓宣的原因

---

① 陈寅恪：《金明馆丛稿初编》，上海古籍出版社，1980 年，第 67 ~ 68 页。

② 范兆飞：《中古地域集团学说的运用及流变——以关陇集团的影响为线索》，《厦门大学学报》（哲学社会科学版）2016 年第 1 期，第 13 ~ 25 页。

③ 陈寅恪：《金明馆丛稿初编》，第 63 ~ 64 页。

④ 周一良：《魏晋南北朝史论集》，北京大学出版社，1963 年，第 70 页。

⑤ 田余庆：《东晋门阀政治》，北京大学出版社，2012 年，123 ~ 131 页。

源于襄阳的战略地位以及士族人物对流民帅的褊狭心理。田氏把襄阳流民纳入门阀政治，并将其作为上游门阀人物之间政治博弈工具的卓识，具有一定的启发意义。他的另一篇文章《北府兵始末》[①]基本延续这种思路，结合东晋末年门阀政治衰落之际荆扬局势的急剧变化，得出"北府兵力日衰，荆雍兵力日盛，是同一历史过程的两个方面"的精辟见解。

20世纪80年代后，大陆学界开始重视对陈寅恪士族研究理论的消化和运用，适逢欧美学界士族个案研究方法的传入，中古士族研究话题再次回到学者关注的"聚光灯"下，而且方法与思路更加开放。[②]一方面，士族个案研究的方法引领了80年代以后大陆学者中古士族政治研究的新风气，在二十世纪八九十年代的大陆学界呈井喷之势。另一方面，陈寅恪地域集团的学说同时受到了日本地域社会研究的影响，这一研究范式也被学者广泛地重复和展开。

六朝襄阳大族的研究，正是在这一背景下拉开帷幕。首先，受当时风靡的士族个案研究的影响，关于襄阳大族的个案研究集中涌现。王大良最先对南阳地区的家族进行个案考察，他自1989年起分别对南阳涅阳刘氏、顺阳范氏、堵阳韩氏、新野庾氏逐一进行考察和分析。[③]之后学者的研究路径与之大体无异，一般都是围绕追溯姓氏源流、排列家族人物世系、梳理家族著名人物的政治社会活动、勾勒家族的发展历程、总结家学门风等几个方面对家

① 田余庆：《秦汉魏晋史探微》（重订本），中华书局，2017年，第376页。

② 仇鹿鸣：《失焦：历史分期论争与中文世界的士族研究》，《文史哲》2018年第6期，第110～120页。

③ 王大良：《南阳涅阳刘氏研究——南阳家族史系列研究之一》，《南都学坛》（社会科学版）1989年第3期，第107～112页；王大良：《南阳顺阳范氏研究——南阳家族史系列研究之二》，《南都学坛》（社会科学版）1990年第5期，第86～92、118页；王大良：《南阳堵阳韩氏研究——南阳古代家族史系列研究之三》，《南都学坛》（社会科学版）1992年第1期，第102～106、118页；王大良：《南朝新兴世族：南阳新野庾氏研究——南阳古代家族史系列研究之四》，《南都学坛》（社会科学版）1993年第4期，第98～103页。

族进行程度不一的研究。[①]这些成果的确丰富了我们对襄阳家族的认识，但大部分仍流于个案范式，缺少宏阔的问题意识，不过，其中也有推进之作，比如韩树峰从南朝柳氏子弟的政治活动中，归纳出柳氏由宋齐时代军功仕进，至萧梁时代文武分途的独特现象，进而解释柳氏家族在南朝长盛不衰的深层逻辑。受此启发，学者对襄阳家族的婚宦、文化等诸多侧面展开更为细致的考察。[②]

不同于士族个案研究的形式化，近些年，关于宏大历史背景下的个体生命的叙事受到学者的推崇。黄桢《韦华考——南北纷争的个体生命与家族记忆》[③]一文具有一定的代表性。该文有两条线索：一是韦华在晋末宋初辗转出仕南北多个政权，其流寓襄阳的后代子孙不断淡化其家族形象，以调适改善家族在南朝统治者心目中的地位；二是隋唐时代，韦华以东晋、刘宋官员重新出现在家族记忆中，强调其与正统王朝的联结。作者通过这两条线索指出祖先形象与世系、郡望一样，是家族记忆中十分重要且易受改动的部分。这就突破了以往家族个案研究中简单梳理世系的窠臼，而是进一步思考家族世

---

① 代表性作品包括刘静夫：《京兆杜氏研究——魏晋南北朝士族门阀个案研究之二》，《许昌师专学报》（社会科学版）1993 年第 3 期，第 17 ~ 25 页；张灿辉：《南朝河东柳氏家族研究》，《晋阳学刊》1995 年第 6 期，第 81 ~ 85 页；韩树峰：《河东裴氏南迁述论》，《中国史研究》1996 年第 2 期，第 96 ~ 103 页；王力平：《中古杜氏家族的变迁》，博士学位论文，南开大学，1996 年；陶新华：《魏晋南北朝弘农杨氏的发展道路》，《杭州师范大学学报》1998 年第 2 期，第 51 ~ 57 页；牟发松：《汉唐之间的荆州宗氏》，《文史》1998 年总第 44 辑，第 81 ~ 88 页；韩树峰：《河东柳氏在南朝的独特发展过程》，《中国史研究》2000 年第 1 期，第 45 ~ 58 页。

② 之后也有一些家族个案的讨论，在以往研究的基础上细化或者扩充家族其他方面的讨论，代表成果如李红：《隋唐河东柳氏家族研究——以世系、迁移、婚宦、家族文化为中心》，博士学位论文，北京师范大学，2006 年；王永平：《南朝时期河东柳氏“东眷”之家族文化风尚述论》，《江苏大学学报》（社会科学版）2008 年第 5 期，第 41 ~ 50 页；杨君：《中古范阳张氏研究》，硕士学位论文，华东师范大学，2018 年。

③ 黄桢：《韦华考——南北纷争下的个体生命与家族记忆》，载《中国中古史研究》编委会编：《中国中古史研究》第六卷，中西书局，2018 年，第 59 ~ 82 页。

系背后的政治和社会心态问题，由此揭开地方家族发展，以及与朝廷互动过程的更多面相。

其次，在对陈寅恪地域集团学说的继承和运用方面，陈琳国在1991年发表的《论南朝襄阳的晚渡士族》[①]一文首先对陈寅恪早年提及“南来北人之武力集团”中的“雍、秦流民”河东柳氏、裴氏，京兆韦氏、杜氏进行了整体性的讨论，该文追溯这些家族在两汉魏晋时著名人物的以及南下的世系，大体勾勒他们以军功仕进，活跃在南朝政治舞台，不断转变以适应门阀社会，最终腐朽没落的生命历程，并在此基础上归纳出这些晚渡高门在襄阳的立足源于他们聚族而居、有乡里基础和部曲武装的特征。

由于陈琳国对襄阳大族中的部分高门在南朝的活动只是进行了整体性的浅描，之后的学者继续对陈寅恪“南来北人之武力集团”加以补充和阐释。张灿辉区别看待了南朝宋、齐、梁政权下襄阳大族人物的政治活动，按照断代对其阶段性发展状况进行了较为细致的讨论。[②]张琳在1997年发表的《南朝时期雍州的中下层豪族》对陈寅恪提出的“南来北人武力集团”之另一群体“南阳及新野地域之次等士族”首先展开讨论，张琳将这一群体的发展置于当地乡族社会秩序不断完善的动态环境中加以考察，分析其与当地宗豪大姓（晚渡高门士族）、南朝政权的关系，以及自身升降所带来的政治社会影响，进而总结道：“雍州中下层豪族在政治中的兴衰荣枯，归根结底取决于他们在当地士族制地方社会中的地位，以及他们与雍州地方社会联系的强弱程度。”[③]张琳在对襄

① 陈琳国：《论南朝襄阳的晚渡士族》，《北京师范大学学报》（社会科学版）1991年第4期，第20～27页。

② 张灿辉：《雍州势力崛起与刘宋政治》，《湖南师范大学社会科学学报》1995年第4期，第109～113页；张灿辉：《雍州势力的发展与齐代政治》，《益阳师专学报》1997年第2期，第90～93页；张灿辉：《雍州势力与梁代政治》，《文史》2001年第3辑，第81～90页。

③ 张琳：《南朝时期雍州的中下层豪族》，《武汉大学学报》（人文社会科学版）1997年第6期，第76～80页。

阳大族的考察中，首次强调乡族社会秩序的意义，这或许是受到了当时学界地域社会研究的影响。他在不久后发表的另一文《南朝时期侨居雍州的河东柳氏与京兆韦氏发展比较》[①]依然延续这种观察地方家族与地方社会、朝廷关系的研究视角，通过比较河东柳氏与京兆韦氏各房支本土化、官僚化过程中不同的发展轨迹，再度强调了乡族社会对襄阳家族发展的重要意义。韩树峰则关注到襄阳大族居于边境的特征，以边境豪族的视角对该集团在宋、梁政权的政治升降和仕宦轨迹加以讨论。值得一提的是，韩树峰从南北地缘政治角度剖析以襄阳为中心的沔北对北魏定都洛阳的影响，指出北魏孝文帝南伐的真正目的在于控制沔北，这一问题意识值得肯定。北魏自迁都洛阳后，与南朝上游襄阳军镇的距离拉近，这对襄阳大族的发展有何影响？韩树峰似乎没有对此进一步深入挖掘。[②]此后，章义和、徐成将襄阳大族冠以“雍州集团”“雍州尚武豪族”，继续细化对这一群体在南朝各政权政治发展的分析。[③]与这些整体性的讨论不同，一些学者从某个家族或人物关系入手，对襄阳大族发展过程中与其他地域家族群体的关系进行了探讨，如李文才、贺春燕以张敬儿、王敬则的矛盾引申其仕途差别的背景，进而上升至对萧齐时期雍州集团与淮泗集团地位升降差别的思考。[④]唐燮军则从沈氏家族与雍州豪族的分合看沈氏家族的兴衰原因。[⑤]也有学者对襄阳大族的构成、社会基础、内部关系及经济特征予以解析。[⑥]

---

① 张琳：《南朝时期侨居雍州的河东柳氏与京兆韦氏发展比较》，《武汉大学学报》（人文社会科学版）2000 年第 2 期，第 229 ~ 234 页。

② 韩树峰：《南北朝时期淮汉迤北的边境豪族》，博士学位论文，北京大学，1996 年。

③ 章义和：《地域集团与南朝政治》，华东师范大学出版社，2002 年；徐成：《东晋南朝雍州尚武豪族》，硕士学位论文，扬州大学，2010 年。

④ 李文才、贺春燕：《张敬儿、王敬则政治生涯之异同及其时代意义》，《许昌师专学报》（社会科学版）2000 年第 1 期，第 67 ~ 71 页。

⑤ 唐燮军：《吴兴沈氏、雍州豪族的分合与刘宋政治》，《江海学刊》2003 年第 3 期，第 152 ~ 157 页。

⑥ 王永平、徐成：《略论东晋南朝时期襄阳豪族集团的社会特征》，《扬州大学学报》（人文社会科学版）2010 年第 1 期，第 96 ~ 103 页。

围绕陈寅恪早年提出的“江陵素畏襄阳人”[①]问题，何德章认为恐怕不是两地文士懦弱与武人民风彪悍对比的结果，而应是“以江陵为中心的荆州与以襄阳为中心的雍州政治地位的升降造成的”[②]，其根源在于刘宋以来南朝朝廷不断实行的“弱荆”与“强雍”策略。章义和进一步细化了对这一“弱荆”过程的梳理，指出南蛮府的罢废，与雍州宁蛮府的设立，以及荆州辖区规模、人口和军事实力的锐降导致了荆州地位的下降。[③]陈金凤则以“中间地带”的视角分析了东晋南朝由“荆扬之争”至“荆雍之争”的转变过程，指出雍州作为中间地带战略地位的变化，是其受到南朝政权重视的关键因素。[④]以上研究多受何德章观点的影响，大体围绕东晋南朝荆州、雍州军镇战略地位的互换展开，虽可备一说，但在“人”的层面关注较少，似乎有些偏离了陈寅恪当初对此问题的思考方向。事实上，襄阳与江陵近在咫尺，两地大族之间的联系也会相当频繁，二者在各自地区战略地位变动的政治背景下有何复杂的互动，从两地大族关系出发，或许能为揭示“江陵素畏襄阳人”的深层意义提供新的认识。

襄阳大族是萧衍建梁的倚重力量，他们之间的复杂关系是学者重点关注的话题。日本学者最先对此展开系统的考察，越智重明注意到萧衍举兵成功的关键，在于充分利用南朝都督所掌握的地方军政权力，使其能够统合雍州地区的地方武装（次门层），他同时指出这些豪族影响了梁武帝即位后的政策。[⑤]其文

---

① 陈寅恪：《金明馆丛稿初编》，第 63 页。

② 何德章：《释“江陵素畏襄阳人”》，载中国魏晋南北朝史学会编：《魏晋南北朝史研究》，湖北人民出版社，1996 年，第 193 页。

③ 章义和：《地域集团与南朝政治》，第 86 ~ 97 页。

④ 陈金凤：《从“荆扬之争”到“雍荆之争”——东晋南朝政治军事形势演变略论》，《史学月刊》2005 年第 3 期，第 34 ~ 39 页。

⑤ ［日］越智重明：《州將蕭衍の舉兵をめぐって》，《軍事史學》1967 年第 9 号，第 21 ~ 41 页。

《梁の天監改革と次門層》[①]延续前文的观点，认为梁武帝天监初的官制改革，就是为了满足跟随萧衍建功立业的功臣集团的要求，以提高其政治地位。安田二郎从南方政权各地域豪族聚集参与政争的动机中抽绎出他们对当时门阀主义的不满和谋求进阶的共通意识，其文《梁武帝の革命と南朝門閥贵族体制》[②]正是基于这一种思路，但他同样指出萧衍取得成功不仅只靠雍州、荆州的土豪武装，亦是掌握贵族自我革新的精神，才能获得贵族的支持，稳定政权。安田二郎称萧衍的革新为“新贵族主义体制”，这一创造性阐释是否受到谷川道雄关于贵族“贤才主义”主张的影响，现已不得而知。[③]李天石从萧衍覆齐建梁的过程入手，分析起兵背景、梳理起兵力量构成及该过程中萧衍的应对策略。[④]吕春盛结合以往中日学者对梁代贵族的研究成果，进一步细化对萧衍建梁功臣集团人物的考证，并从与萧衍结合的顺序及人物来源背景分类讨论，重点关注他们在梁初权力结构中的地位变化。他发现功臣集团虽任军政要职，但在权力机构中并非占据绝对优势，这一点对重新审视萧衍与襄阳大族间关系提供新的理解思路，即萧梁政权如何处理襄阳从龙功臣与门阀阶层间的关系，后两者之间是否存在何种关联或矛盾，这些问题有待进一步思考。[⑤]

由于魏晋南北朝时期襄阳区位的特殊性，一些欧美学者对襄阳地区的贵族和社会同样有所关注。美国学者戚安道（Andrew Chittick）曾专门对这一区

---

① ［日］越智重明：《梁の天監改革と次門層》，收入氏著：《魏晋南朝の貴族制》，东京：研文出版，1982 年，第 326 ～ 341 页。

② ［日］葭森健介撰，孙正军译：《安田二郎著〈六朝政治史研究〉评介》，《中国史研究动态》2017 年第 4 期，第 73 ～ 78 页。

③ ［日］安田二郎：《梁武帝の革命と南朝門閥贵族体制》，收入氏著：《六朝政治史の研究》，京都：京都大学学术出版会，2003 年，第 335 ～ 384 页；［日］谷川道雄著，李济沧译：《隋唐帝国形成史论》，上海古籍出版社，2011 年。

④ 李天石：《萧衍覆齐建梁考论》，《江苏社会科学》1999 年第 2 期，第 109 ～ 115 页。

⑤ 吕春盛：《梁武帝的功臣集团与梁初的权力结构》，《台湾师大历史学报》第 46 期，2011 年，第 77 ～ 110 页。

域进行过考察。与国内学者研究视角不同，他基本避开了国内学者经常讨论的南朝士庶关系、皇权强弱、地域集团、门阀政治等话题，而是借用罗马社会“庇护制（patronage）”理论，即庇护人与被庇护人之间具备的个人性、不对称性、互惠性、自愿性等特征，重新解释南朝襄阳家族与建康贵族之间的关系。这种纵向的、带有浓厚个人利益取向的政治关系，促使襄阳地区缺乏形成共同体社会的基础，以此来解释襄阳人物频频在南朝政治动乱中分道扬镳的现象。同时，他也认为这种庇护机制有利有弊，它虽然能够保证襄阳家族人物的政治上升，但其存在的不稳定性使得家族的地位难以长久维持，因而襄阳家族未能在朝廷建立比较稳定的根基。襄阳社会的武力色彩使其更容易适应尚武的北方政权，故襄阳归入西魏北周是襄阳家族的“升华”。[①]

不可否认，戚安道关注到以往欧美中古士族研究中比较忽略的地方精英，以“庇护制”为线索梳理他们政治上升的动力，重新观察了南朝政治史，这种思路值得借鉴，而且，与以往学者认为襄阳大族在侯景之乱后没落的认识相比，戚安道关注到襄阳家族在北归后继续发展的形态，这无疑打开了襄阳家族通往隋唐时代的道路。

值得讨论的是，这种“庇护制”虽具有私人的、不对称的、互惠的、自愿的特征，但其对象缺乏明确性，庇护关系或许适用于一些积极在南朝政权寻求仕进的武人，但是否能够适用于那些“士族化”的河东柳氏、范阳张氏的发展？这些家族在萧梁时显然可以通过门第获得较高的起家官，进而“平流进取，坐至公卿”[②]，不需要利益的交换，因而这种“庇护制”有一定局限。另外，南朝复杂的时代背景、地域文化，乃至朝廷的制度变动对襄阳豪族的发展都会产生一定影响，在缺乏这些外在影响的前提下，仅以个人利益

① ［美］戚安道著，毕云译：《中古中国的荫护与社群：公元400—600年的襄阳城》，南京大学出版社，2021年。

② ［梁］萧子显：《南齐书》卷二三“史臣曰”，中华书局，1972年，第438页。

与关系讨论大族人物政治选择与动机，略有“空中楼阁”之感。正如前辈学者所讲：“在面临特定的问题或目标时，人们通常会依赖其中一种关系而非其他。而历史条件一旦变化，作为整体的统治阶层和其中特色鲜明的亚集团（subgroups），都将重新自我定位。”①事实上，中国中古时代与罗马时代的社会差别相当显著，襄阳地区虽有崇武风俗，但这些大族也多有家学沿袭，孝义观念亦相当流行，而罗马社会“庇护制”的构建需要人与人的契约来维持，这种观念在中古中国显然缺乏基础，作者仅是抽绎出其中“利益互换”的内容，解释襄阳大族上升阶段表现出的倾向，在无法取得史料充分佐证的前提下，不免带有移花接木的色彩。②而且，正如孙英刚指出的那样，襄阳地区作为边境地带，并非一个孤立存在的据点，这决定了襄阳大族的关系网络并非仅是与建康的纵向关系，与周边地区，甚至北方家族的合作与竞争都有可能在政治活动中有所体现。③

二、六朝襄阳的地域社会研究

六朝襄阳地区四通八达的地理位置，决定了当地必然是一个充斥着迁徙与流移的移民社会。除了南迁的北方家族，当地还有蛮人、出镇宗王，从外地赴任的士族人物，前来经商或传教的胡人、僧侣等等。不同人群间的互动与碰撞，形成了多元交汇的地域社会面貌，同时对六朝襄阳大族的发展有着深刻的影响。学者从诸多角度展开对襄阳地域社会的研究。

---

① ［美］伊沛霞著，范兆飞译：《东汉庇护者与托庇者关系考论》，《社会科学战线》2013年第1期，第247～254页。

② 林子薇：Patronage and Community in Medieval China: The Xiang yang Garrison,400-600 CE. 载余欣主编：《中古中国研究》第二卷，中西书局，2018年，第315～324页。

③ 孙英刚：Patronage and Community in Medieval China: The Xiang yang Garrison,400-600 CE. *Frontiers of History in China*. vol.7, no.3. (2012) , pp.473-481.

最先比较系统地展开对六朝襄阳地方社会研究的是日本学者安田二郎，他在1983年发表的《晋宋革命与雍州（襄阳）侨民——从军政统治到民政统治》一文从《宋书·州郡三》“雍州侨郡先属府，武帝永初元年属州”[①]中，阐微发覆，推断刘宋王朝建立之前侨置的雍州并没有掌管民政的州职机构，而是被军府体制支配，推动这一体制转变以及重建地方族姓等级次序的动力正是侨民自身的意愿和力量。安田二郎从地方行政体制的转变观察朝廷与地域社会间互动的思路，值得借鉴。[②]他在1986年发表的《刘宋大明年间的襄阳土断》[③]一文中基于同样的视角，首先通过辨析不同史料中有关刘宋孝武帝大明土断记载的差异，进而深入挖掘大明土断实施内容的变化，这种变化是王玄谟当初设想的“现土土断”遭到挫折，转而后退到“实土化土断”，背后推动因素依然是侨民自身意愿和力量。这种意愿和力量正是襄阳地区侨民群体（襄阳大族）以乡族集团迁徙与聚居社会形态的反映。之后，张琳在此研究基础上，以东晋南朝政权在襄阳的侨置历程为线索，梳理襄阳地方乡族社会由形成、发展至式微的政治兴衰历史，并重点分析了东晋末侨置始末以及刘宋时期襄阳乡族社会秩序的建立和完善的过程。[④]

襄阳是东晋南朝上游侨置郡县最为集中的区域。早在二十世纪三四十年代，谭其骧、班书阁就曾对襄阳地区移民的来源、时间、路线以及侨置州郡

---

① ［梁］沈约：《宋书》卷三七《州郡三》，中华书局，1974年，第1138页。

② ［日］安田二郎：《晉宋革命と雍州（襄陽）の僑民：軍政支配から民政支配へ》，《東洋史研究》第42卷第1号，1983年，第110～135页，后载刘俊文主编：《日本中青年学者论中国史·六朝隋唐卷》，上海古籍出版社，1995年，第118～144页。

③ ［日］安田二郎著，夏日新译：《刘宋大明年间的襄阳土断》，载李锦章主编：《湖北历史文化论集》（二），中国地质大学出版社，2000年，第24～49页。

④ 张琳：《东晋南朝时期襄宛地方社会的变迁与雍州侨置始末》，载武汉大学中国三至九世纪研究所编：《魏晋南北朝隋唐史资料》第十五辑，武汉大学出版社，1997年，第36～49页。

问题有过初步的考证。[①]80年代以后，胡阿祥等学者在前辈研究基础上对襄阳地区的侨置郡县的沿革、分布、区划变动等情况进行更为全面、细致的梳理。[②]石泉、鲁西奇对东晋南朝在长江中游地区的侨州郡县的地名、位置重新考证、辨析，并结合《水经注》、正史地理志及地方史志，对侨雍州（襄阳）的侨郡，乃至重要的县址的范围、方位逐一厘定，这些研究为以后学人深化对襄阳地区社会群体聚落形态的认识提供了地理方位上的参考。[③]

鲁西奇对长江中游的区域社会聚落形态进行了一系列的研究。鲁氏从族群、水域、城市形态等社会要素出发，探讨该区域的聚落形态与山川地理之间的关系，比如他在《释“蛮”》一文中，就认为长江中游及周围地区的“蛮”，大部分很可能是源自先秦两汉时期的土著居民，即所谓“楚人”的后裔。之所以被称为“蛮”，是士人出于对这些土著的歧视性观念。因此，他更倾向将这些南方族群视为带有某种文化特征的“社会群体”或“地域居民集团”。在此基础上，他指出六朝时蛮民人口实际远超过著籍人口数，两者居住形式呈现著籍户口为“城居”或“附城居”与散居的乡村相对应的模式，这为从空间分布形态理解当地移民大族与蛮民间的关系提供了思路。从正史记载来看，宋初襄阳大族与蛮民的矛盾比较尖锐，而随着时间推移，这种主客矛盾的记载逐渐减少，反之，两者交往的记载开始增多，这种从对立到交往乃至糅合的过程，是由于利益因素达成的“默契”，还是文化上彼此的“融

① 谭其骧：《晋永嘉之乱后之民族迁徙》，《燕京学报》1935年第15期，第199～223页；班书阁：《东晋襄阳郡侨州郡县考》，《禹贡》（半月刊）第六卷第六期，1936年，第27～33页。

② 胡阿祥：《东晋南朝侨州郡县与侨流人口研究》，江苏教育出版社，2008年；周振鹤主编，胡阿祥等著：《中国行政区划通史·三国两晋南北朝卷》，复旦大学出版社，2017年。

③ 石泉、鲁西奇：《东晋南朝长江中游地区侨州郡县地望新探》，《中国历史地理论丛》1995年第4期，第75～96页；石泉：《古代荆楚地理新探》，武汉大学出版社，2012年；石泉：《古代荆楚地理新探·续集》，武汉大学出版社，2013年。

合”，都是值得思考的问题。[①]鲁氏一直试图建立有别于中原系统的南方历史叙述和阐释体系，他对这一地区族群聚落形态的研究，为进一步探讨六朝时期长江中游地域社会的移民与土著关系打下基础。[②]日本学者北村一仁则重点关注于南北朝时期国境地带的社会群体及形态，他同样注意到了“蛮”带有王朝、体制的标签，但他并不想从“蛮”与“汉”的关系角度看待这些在国境地带活跃的“同姓集团”“亡命”和“荒人”，他认为“华”与“荒”的空间关系应该更加适合双方的存在形态。[③]

襄阳是六朝时期重要的南北水陆交通中枢和商业都市，繁荣的商贸又催生了独特的西曲文化。20世纪60年代前后，唐长孺首先剖析了南朝时期寒人崛起的原因在于那些地方土豪、富人阶层的出身比较寒微，导致他们拥有的财富是不稳固的，很容易受到朝廷和地方官府的掠夺，只有获得相应的政治地位才能拥有经济特权的保障。[④]日本学者川胜义雄《侯景之乱与南朝的货币经济》[⑤]在讨论南朝商人、恩倖的兴起与南朝货币经济发展的关系时注意到六朝雍州地方商人与军人的关系，他认为在南朝货币经济迅速发展背景下，谋

---

① 鲁西奇：《释“蛮”》，《文史》2008年第3辑，第55 ~ 75页。

② 鲁西奇：《区域历史地理：对象与方法——汉水流域的个案考察》，广西人民出版社，2000年；鲁西奇、潘晟：《汉水中下游河道变迁与堤防》，武汉大学出版社，2004年；鲁西奇：《城墙内外：古代汉水流域城市的形态与空间结构》，中华书局，2011年；鲁西奇：《人群·聚落·地域社会：中古南方史地初探》，厦门大学出版社，2012年；鲁西奇：《长江中游的人地关系与地域社会》，厦门大学出版社，2016年。

③ ［日］北村一仁：《在南北朝国境地域的同姓集团的动向和其历史意义》，载牟发松主编：《社会与国家关系视野下的汉唐历史变迁》，华东师范大学出版社，2006年，第261 ~ 294页；［日］北村一仁：《论南北朝时期的“亡命”——以社会史侧面为中心》，载武汉大学中国三至九世纪研究所编：《魏晋南北朝隋唐史资料》第二十二辑，武汉大学文科学报编辑部，2005年，第190 ~ 208页。

④ 唐长孺：《南朝寒人的兴起》，收入氏著：《魏晋南北朝史论丛续编》，生活·读书·新知三联书店，1959年。

⑤ ［日］川胜义雄著，李济沧、徐谷芃译：《六朝贵族制社会研究》，上海古籍出版社，2018年，第253 ~ 289页。

求扩张的商人通过与地方军人结合的方式向军府渗透，以便于获得更多财富，进而推测萧衍起兵的背后也有着强大地方商人资本的支持。以上两位学者虽没有直接探讨襄阳地方经济，但对于认识六朝时代襄阳地区商人、土豪经营家族产业的背景和特点提供了相应的参考。

20世纪80年代后，学者逐渐展开对包括襄阳在内的六朝荆襄地域商业特点的讨论。严耕望《荆襄驿道与大堤艳曲》①一文在考证荆襄一带的交通路线时关注到了该地区繁荣的商业环境，他称之为“中古时代最繁荣之交通路线”，同时，他推测西曲中大量描述的荆襄大堤独特的妖姬声色之娱，应该与聚居汉水两岸的蛮夷，以及西域胡商的流寓有关。关于襄阳地区西胡粟特商人的活动，朱雷从来往于西域与东晋的“互市人”入手，结合东晋在襄阳设立的“互市”机构，也推测这些“互市人”很可能就是粟特商人，商货可经这些粟特商人之手由河西辗转关中到达襄阳，这就将欧亚陆上丝绸贸易由关中延伸至东晋。②可见，寓居襄阳的粟特商人与六朝襄阳地区繁荣的商业贸易，甚至流传于荆襄一带的西曲文化都可能有相当密切的关联。之后学者大体在此基础上，对荆襄地区的南北互市、对外贸易、商业都会、地方官吏与经济开发等方面进行进一步的探讨。③胡箫白考证出在中国文化史上经典而多变的“莫愁”符号，最初的原型应是南朝荆襄石城的歌伎莫愁，歌伎莫愁又是大堤艳曲中的女性群体的代表。他认为石城莫愁与大堤艳姬共同形塑了中

---

① 严耕望：《唐代交通图考》，上海古籍出版社，2007年，第1039～1078页。

② 朱雷：《东晋十六国时期姑臧、长安、襄阳的“互市”》，载黄惠贤等主编：《古代长江中游的经济开发》，武汉大学出版社，1988年，第197～208页。

③ 陈绍辉：《六朝时期湖北地区商业略论》，载李锦章主编：《湖北文化论集》（二），第11页～23页；王玲：《魏晋六朝荆襄地方官吏与经济开发》，《中国社会经济史研究》2005年第1期，第12～19页；王玲：《魏晋六朝湖北地区的商业与市场网络》，《中南财经政法大学学报》2007年第1期，第126～130页；王玲：《〈西曲歌〉所见南朝长江中游之城市经济发展》，《中南民族大学学报》（人文社会科学版）2013年第6期，第173～176页。

古襄沔地区作为历史表征的人文景观，这种景观也是这一区域商业贸易和便捷交通刺激下“四方凑会”、文化交融共同作用的结果。[①]

荆襄地区是六朝时期佛教、道教发展的重镇，佛寺与山林道馆的数量众多，颇为兴盛。宗教俨然是呈现该区域地方社会和文化的重要视角。就佛教而言，东晋道安南下襄阳，分张徒众，是中国佛教发展史上的重大事件，他在荆襄15年的佛教经营，前辈学者许理和、汤用彤等都曾有过先行的研究。[②]严耕望、张伟然等学者对荆襄地区的佛教发展都有过不同程度的梳理和考证。[③]汤勤福从道安“襄阳悟道”引申出他在南下襄阳途中和居住襄阳期间重大的思想转变，他指出道安提出的“不依国主，则法事难立”以及从严守佛教经典到内外兼修，开启了儒、释、道三家合流的萌芽，而促使道安思想转变的正是汉末以来襄阳文化开放交融的社会背景。[④]陈志远曾对六朝前期荆襄地区的佛教发展历程有过比较细致的勾勒，他在论及道安南下襄阳的动机时，推测应是受到习凿齿致信的影响，习凿齿在信中描述东晋朝野对佛教的友好，促使道安做出了放弃山林修行转入城市传法的重大方针性转变。不过，他认为道安虽意识到教团需依附执政者而存在，但由于初至南方的特殊性，道安与世俗权力仍保持一定的距离。[⑤]

此外，近年来孙齐曾对六朝荆襄地区的道教有过专门的探讨。他在文中

---

① 胡箫白：《中古时代石城莫愁与大堤艳姬的历史表征与历史本相》，《史学月刊》2015年第4期，第24～36页。

② ［荷］许理和著，李四龙等译：《佛教征服中国》，江苏人民出版社，2017年；汤用彤：《汉魏两晋南北朝佛教史》，中华书局，1983年。

③ 严耕望：《魏晋南北朝佛教地理稿》，上海古籍出版社，2007年；张伟然：《湖北历史文化地理研究》，湖北教育出版社，2000年；杨维中：《从佛寺及寺僧看东晋时期佛教在荆州的传播》，载洪修平主编：《佛教文化研究》第五辑，南京大学出版社，2018年，第215～252页。

④ 汤勤福：《襄阳悟道：道安与东晋十六国佛教的重大转折》，《中国哲学史》2015年第3期，第25～36页。

⑤ 陈志远：《六朝前期荆襄地域的佛教》，《中山大学学报》（社会科学版）2019年第2期，第108～123页。

选取了流民、蛮族、隐修者和道馆、青溪山和百里洲上的隐逸群体4个侧面，透过这些群体借用道教的种种表达，反映了这一区域在六朝时代背景下流民土著化、异族华夏化、荆扬之争、佛教流布的种种面相。①

襄阳地区是目前发现的南朝墓葬最为集中的区域之一，尤以带有丰富元素的画像砖墓最具地域特色。自1957年邓县画像砖发掘出土以来，襄阳及周边陆续发现10余座画像砖墓，出土了大量线条精美、内容丰富的画像砖，以及一些具有鲜明特征的俑具。②考古学者一般将墓葬对象研究范围扩大至整个汉水中上游区域③，对这些墓葬的年代、南北地域归属、墓主身份、墓葬反映

---

① 孙齐：《六朝荆襄道上的道教》，载中国社会科学院历史所魏晋南北朝隋唐史研究室、宋辽金元史研究室编，刘晓、雷闻主编：《隋唐辽宋金元史论丛》第八辑，上海古籍出版社，2018年，第117～141页。

② 已刊的考古发掘报告和相关著作有河南省文化局文物工作室：《邓县彩色画像砖墓》，文物出版社，1958年；襄阳市文物管理处：《襄阳贾家冲画像砖墓》，《江汉考古》1986年第1期，第16～32页；黄陂县文化馆：《湖北黄陂横店南朝墓清理记》，《考古》1991年第1期，第90～91页；襄樊市考古队、谷城县博物馆：《湖北谷城县肖家营墓地》，《考古》2006年第11期，第15～37页；襄阳市文物考古研究所：《襄樊羊祜山墓地第三次发掘简报》，载《襄樊考古论集》，科学出版社，2007年，第415～439页；谷城县博物馆：《湖北谷城六朝画像砖墓发掘简报》，《文物》2013年第7期，第26～37页；河南省文物考古研究院、河南省文物局南水北调文物保护办公室：《河南淅川下寨遗址东晋至南朝墓发掘简报》，《文物》2016年第1期，第53～63页；襄阳市博物馆、襄阳市文物考古所、谷城县博物馆：《天国之享：襄阳南朝画像砖艺术》，科学出版社，2016年；王先福：《襄阳南朝画像砖研究》，载楼劲、陈伟主编：《秦汉魏晋南北朝史国际学术研讨会论集》，中国社会科学出版社，2016年，第410～435页；襄阳市文物考古研究所：《湖北襄阳麒麟清水沟南朝画像砖墓发掘简报》，《文物》2017年第11期，第21～39页；襄阳市文物考古研究所：《湖北襄阳柿庄南朝画像砖墓发掘简报》，《文物》2019年第8期，第38～48页；襄阳市文物考古所：《湖北襄阳市贾巷墓地两座南朝墓葬的发掘》，《考古》2021年第5期，第63～71页。

③ 汉水上游的安康地区亦有数座南北朝砖墓，如汉中博物馆：《汉中市崔家营西魏墓清理记》，《考古与文物》1981年第2期，第21～24页；李启良、徐信印：《陕西安康长岭南朝墓清理简报》，《考古与文物》1986年第3期，第16～21页；安康历史博物馆：《陕西安康市张家坎南朝墓葬发掘纪要》，《华夏考古》2008年第3期，第47～54页。

出的区域文化等话题都进行了一定的探讨。[①]美术史学者则围绕这些南北朝墓葬中的画像砖图像和出土俑具的渊源和形制展开了广泛的研究，范围包括孝子图像、佛教因素、画像砖排列和画像砖墓的营建、胡人图像、乐舞图像、武士俑具，以及陵墓石刻的传播，等等。[②]他们大体认为襄阳在南朝时期地方

① 柳涵：《邓县画像砖墓的年代和研究》，《考古》1959年第5期，第255～263页；中国大百科全书总编辑委员会《考古学》编辑委员会、中国大百科全书出版社编辑部：《中国大百科全书·考古学》，中国大百科全书出版社，1986年；李梅田：《论南北朝交接地区的墓葬——以陕南、豫南鄂北、山东地区为中心》，《东南文化》2004年第1期，第27～31页；韦正：《汉水中游三座南朝画像砖墓的初步研究》，载李清泉主编：《艺术史研究》第11辑，中山大学出版社，2010年；李梅田、周华蓉：《试论南朝襄阳的区域文化——以画像砖墓为中心》，《江汉考古》2017年第2期，第95～107页。

② 相关成果大体包括［日］吉村怜著，谢建明译，阮荣春校：《南朝天人像对北朝以及周围诸国的传播》，《东南文化》1992年第2期，第34～45页；郑岩：《魏晋南北朝壁画墓研究》，文物出版社，2002年；杨晓春：《南朝陵墓神道石刻渊源研究》，《考古》2006年第8期，第74～82页；杨瑾：《南朝墓壁画上的羽人和神仙形象》，《四川文物》2008年第2期，第73～77页；韦正：《试谈南朝墓葬中的佛教因素》，《东南文化》2010年第3期，第91～100页；罗世平：《仙人好楼居：襄阳新出相轮陶楼与中国浮图祠类证》，《故宫博物院院刊》2012年第4期，第10～26页；邹清泉：《汉魏南北朝孝子画像的发现与研究》，《美术学报》2014年第1期，第54～65页；邹清泉：《略论北魏时代的蔡顺画像——兼及六朝〈孝子传〉的成本》，《西北美术》2014年第4期，第52～54页；林树中：《从“战马”画像砖题字考证邓县墓的年代与墓主》，《南京艺术学院学报》（美术与设计）2015年第1期，第1～3页；霍巍：《六朝陵墓装饰中瑞兽的嬗变与“晋制”的形成》，《考古》2015年第2期，第103～113页；李梅田：《西曲歌与文康舞：邓县南朝画像砖墓乐舞图新释》，《故宫博物院院刊》2016年第4期，第82～94页；师若予：《南北朝晚期大型墓葬出土胡人驱傩画像砖和俑研究》，《中国国家博物馆馆刊》2016年第5期，第72～83页；张珊：《襄阳余家湖南朝画像砖墓“郭巨埋儿”图像小考》，《中国文物报》2017年1月27日，第006版；莫阳：《试论襄阳南朝画像砖墓的营建及图像布局》，《考古与文物》2018年第6期，第89～94页；耿朔：《“于襄阳致之”：中古陵墓石刻传播路线之一瞥》，《美术研究》2019年第1期，第75～82页；韦正：《将毋同：魏晋南北朝图像与历史》，上海古籍出版社，2019年；吴桂兵：《中古丧葬礼俗中佛教因素演进的考古学研究》，科学出版社，2019年。

势力和战略地位的提升，使之与京师建康及北方联系增强，在外来文化影响与本土文化底蕴得以频繁碰撞融合的背景下，遂形成带有独特地域特征的图像和俑具风格。日本学者小林仁将汉水一带的俑具形制归纳为“汉水流域模式”。①

三、结语

总体来看，对六朝襄阳大族政治活动的研究，国内学者先是以家族个案的形式集中考察，后大体在2000年前后转向运用陈寅恪地域集团学说加以分析。而无论哪种研究理路，学人虽在不同程度上丰富了对襄阳大族政治发展过程的认识，但这些研究方法难免因重复使用而出现内核耗尽的窘境。以地域集团学说为例，学人往往只是将地域集团概念套用于六朝襄阳大族的发展过程之上，在陈寅恪“南来北人武力集团”框架下徘徊不前，实际并未重视其发展过程中包含的社会阶层升降、本土化、内部关系等诸多方面的内容，尤其是襄阳大族居于上游的边境，本身面临着上下游以及南北之间复杂的政治局势。他们作为北方移民群体，是如何实现在襄阳“本土化”的，又是如何协调中央与地方的关系的，诸如此类，都是襄阳大族在发展过程中经历的种种横向的特征，这些问题应该被纳入对襄阳大族的考察中来。国外学者以庇护关系看待襄阳大族的政治上升途径和地域身份认同，虽缺乏史料的有力支撑，但结合多数襄阳大族在南朝政治中较为被动的处境及襄阳地区侨旧杂居的社会形态，仍可作为地域集团学说的重要补充。

学人自20世纪80年代展开的对六朝襄阳地域社会的研究，从起初关注该区域侨置郡县的设置、沿革及侨民社会的性质，到2000年前后对聚落形态与

① ［日］小林仁：《南北朝時代における南北境界地域の陶俑について——“漢水流域樣式”試論》，《中国南北朝隋唐陶俑の研究》，京都：思文阁，2015年，第91～144页。

族群关系、地域经济，再至近年来对宗教、墓葬等相关问题的探讨，这个过程大体呈现由单一至多元角度的研究转向。同时，随着近年来襄阳地区墓葬材料的大量出现，学人在研究过程中“眼光向下”的趋势也愈发明显。不过，这些研究虽从各自角度揭示了六朝襄阳地域社会诸多独特之处，但大多只能聚焦在其在六朝时的地缘优势和四方移民汇集、流动的层面。实际上，作为地域社会的主导势力，六朝襄阳大族的发展过程，无时无刻不在与地域社会的各种要素发生紧密的互动联系，而后者随着他们处境和需求的变化，也在发生着潜移默化的转变，这是以往关注襄阳地域社会的学者大多比较忽视的方面。

退一步讲，关于中古地域社会史的研究，即便当下有新材料的刺激，跨学科互动的推动，学人基于有限的能力、时间以及有限的材料，根本不可能将地域社会的方方面面都研究清楚。而若寻求以比较整体视角的推动对地域社会的认识，就需要回归以地域大族发展过程中的行为和需求为主体，在更多地挖掘承载这些历史信息背后的渊源的同时，将这些行为结果得到的各种要素都视为具有整体性联系的事实，以此为出发点，探寻地域社会的各个部分之间究竟是什么样的关系，它们是怎样进行着相互间的调适，从而使社会能够正常地运行，抑或是这个整体的背后究竟有哪些力量或因素在起作用，即或凝聚，或分离，或改造这个整体及其部分。

近30年来魏晋南北朝正统观研究综述

杨 懿

关于正统观的定义与研究，目前学界主要分为两类：一是将其作为一种史学观念，表现于史学史之上，为历代谈论经久不衰的统纪之学；[①]二是将其视作一种政治观念，从政治权力的角度予以考察，是具有古代中国特色的权力合法性理论。[②]有鉴于魏晋南北朝，或者说是三国两晋南北朝时期的正统观已经具备上述两大内涵——不仅政治上长期处于分裂割据的状态，政权更替频繁，引发各种法统诉求，而且史学上呈现出多途发展的局面，著述十分丰富，正闰之辨异常激烈。故而，本文拟就近30年来魏晋南北朝正统观的相关研究作一简要回顾，若有遗漏或者理解不当之处，敬请时贤批评指正。

一、史学上的正统论

关于魏晋南北朝时期正统论与史学关系的整体性研究。李传印《魏晋南

---

① 参见饶宗颐：《中国史学上之正统论》，中华书局，2015年，第3～5页。

② 参见汪文学：《再论中国古代政治正统论》，《贵州文史丛刊》1998年第6期，第29～34页。

北朝史学与政治的关系》[①]一书，不仅设立专章考察政治格局对皇朝史撰述的影响，还指出魏晋南北朝史学论证新建皇朝合法性的两大途径，一是神化君主，强调君权神授观念；二是宣扬天命符瑞，阐述皇朝更迭顺天应人的理由。邓锐《魏晋正统观念研究》[②]第四章，对魏晋史学的正统观念进行了简要论述，指出其主要表现为正闰之辨、天命史观、圣王史观。马小能《魏晋南北朝史学正统观念的特点》[③]认为，与大一统的秦汉王朝相比较，魏晋南北朝时期史学正统观念呈现出一些新的特点：首先，由于王朝更迭频仍，为凸显新朝政权的合法与正统性，史家在史书撰修时的断限、起元及具体内容上，都非常注意弥缝与讳饰；其次，对待魏、蜀、吴三国的正统问题，由于时代背景的迥异，史家有着截然不同的看法；第三，南北对峙时期的正闰之争，主要通过夷夏之辨的方式进行，然而随着民族融合的进一步加强，夷夏色彩逐渐淡薄，历史文化认同意识越发凸显。金仁义《正统观与东晋南朝时期的史学》[④]指出，从东晋前期的“晋承魏统”到中叶“晋越魏继汉”的正统观的出现，是东晋史学变化的一个重要特点；南朝时期，正统观念中“应天受命”的盛行与“夷夏之别”的强化，成为南朝史学一个突出特征。吕宗力《谶纬与魏晋南北朝史观》[⑤]认为，魏晋南北朝史学著述中的所谓“天命神权观”“神秘思想”，主要是指其常以西汉末以来流行的五德终始循环史观解释频繁发生的改朝换代正当性。刘欣《略论魏晋南北朝史学家的“正统观”》[⑥]指出，由于受到

---

① 李传印：《魏晋南北朝时期史学与政治的关系》，华中科技大学出版社，2004 年。

② 邓锐：《魏晋正统观念研究》，硕士学位论文，华中科技大学，2007 年。

③ 马小能：《魏晋南北朝史学正统观念的特点》，《学习与探索》2010 年第 4 期，第 214 ~ 216 页。

④ 金仁义：《正统观与东晋南朝时期的史学》，《史学史研究》2011 年第 1 期，第 27 ~ 34 页。

⑤ 吕宗力：《谶纬与魏晋南北朝史观》，载李凭、梁满仓、叶植主编：《中国三国历史文化国际学术讨论会论文集》，湖北人民出版社，2012 年，第 143 ~ 153 页。

⑥ 刘欣：《略论魏晋南北朝史学家的“正统观”》，《文教资料》2015 年第 15 期，第 83 ~ 85 页。

时代的影响，魏晋南北朝史学家的“正统观”普遍十分强烈，而且主要体现在确立“正统体系”和明“夷夏之辨”这两个方面。汪高鑫《魏晋南北朝史学的正统之辨》[①]认为，魏晋南北朝史学正统之辨是中国传统史学正统思想发展的重要阶段，其基本特点一是依据五德相生原理以明确朝代德运的相承相继关系，由此确立朝代的正统地位；二是出于维护本朝正统地位的需要，对分裂并立政权的正统问题进行论辩；三是各政权特别是北方民族政权通过历史认同，包括血缘认同、中原认同和夷夏之辨等，以维护其正统地位。

对陈寿《三国志》中正统论的研究。范家伟的两篇系列论文，《陈寿对〈三国志〉分行与并行的处理》[②]认为，因为陈寿的正统看法与西晋官方观念相矛盾，在其生前三书没有并行的可能，甚至吴、蜀两志也应该没有公开过，至于陈寿将三书合而为一，相信只是私藏及在一二友人中流传；《三国正统论与陈寿对天文星占材料的处理——兼论寿书无“志”》[③]指出，三国时期魏、蜀、吴争相引用天文星占来显示天命所归，陈寿虽然纪魏而传吴、蜀，但在处理这些材料时，则是以三国各为正统的观念来编撰。李纯蛟的两篇系列论文，《〈三国志〉书法略论》[④]批驳了长期以来一些学者，尤其是清代赵翼责难《三国志》以曹魏为正统和回护曹、马统治当局的观点；《再论〈三国志〉书法的研读》[⑤]则通过相关史事考论，否定了赵翼以《三国志》有曲笔，专门替曹魏“讳败夸胜为得体”的说法，认为《三国志》书法是维护西晋大一统，

① 汪高鑫：《魏晋南北朝史学的正统之辨》，《郑州大学学报》（哲学社会科学版）2020 年第 4 期，第 89 ~ 95 页。

② 范家伟：《陈寿对〈三国志〉分行与并行的处理》，《史学史研究》1998 年第 1 期，第 39 ~ 42 页。

③ 范家伟：《三国正统论与陈寿对天文星占材料的处理——兼论寿书无“志”》，载黄清连编：《结网编》，东大图书公司，1998 年，第 131 ~ 180 页。

④ 李纯蛟：《〈三国志〉书法略论》，《四川师范学院学报》（哲学社会科学版）2001 年第 6 期，第 16 ~ 21 页。

⑤ 李纯蛟：《再论〈三国志〉书法的研读》，《西华师范大学学报》（哲学社会科学版）2012 年第 1 期，第 58 ~ 62 页。

但不曾有褒贬魏、蜀、吴三方中任何一方的用意。庞天佑《论陈寿的历史哲学思想》[①]认为陈寿有着强烈的正统思想，这主要体现在一方面以曹魏为正统来记载三国时期的历史，一方面又根据“正朔有三”的原则对三国历史分别加以记载，并通过历史记载来维护封建等级制度和继承次序。

对范晔《后汉书》中正统论的研究。庞天佑《论范晔的史学思想》[②]指出，范晔从正统思想出发，把东汉王朝看成是因应天命的正统政权，以民本思想论评东汉史事，以儒家伦理评判东汉的历史人物。刘贵军《范晔的东汉正统观》[③]认为范晔有很强烈的正统意识，《后汉书》无论是体系结构，还是语言，都突显了东汉纲举天下、总揽一代的正统地位。郭海涛《文以传意：范晔“类传”思想论析——以〈后汉书·皇后纪〉为中心》[④]指出，《皇后纪》以创新的形式与内容的内外统一，昭示着范晔史学的“正统”观和古今贯通思想。

对魏收《魏书》中正统论的研究。何德章《〈魏书〉正统义例之渊源》[⑤]认为，《魏书》将东晋南朝及十六国诸政权编入列传等同僭逆的做法，渊源于李彪所撰北魏当代史书《国书》，并非如刘知幾说的那样，是其自创体例。佐川英治《東魏北齊革命と〈魏書〉の編纂》[⑥]对《魏书》的编纂背景、本质目的以及历史观进行考察，指出魏齐鼎革之后，北齐试图通过标榜北魏孝文帝汉化

① 庞天佑：《论陈寿的历史哲学思想》，《史学理论研究》2003 年第 4 期，第 77 ~ 86 页。
② 庞天佑：《论范晔的史学思想》，《史学史研究》2001 年第 4 期，第 33 ~ 41 页。
③ 刘贵军：《范晔的东汉正统观》，《安庆师范学院学报》（社会科学版）2007 年第 1 期，第 80 ~ 83 页。
④ 郭海涛：《文以传意：范晔“类传”思想论析——以〈后汉书·皇后纪〉为中心》，《淮北师范大学学报》（哲学社会科学版）2021 年第 2 期，第 21 ~ 27 页。
⑤ 何德章：《〈魏书〉正统义例之渊源》，《北朝研究》1996 年第 2 期，后收入氏著：《魏晋南北朝史丛稿》，商务印书馆，2010 年，第 376 ~ 380 页。
⑥ ［日］佐川英治：《東魏北齊革命と〈魏書〉の編纂》，《東洋史研究》第 64 卷第 1 号，2005 年。中译本请参见［日］佐川英治著，刘啸译：《东魏北齐革命与〈魏书〉的编纂》，载陈锋、张建民主编：《中国古代社会经济史论：黄惠贤先生八十华诞纪念论文集》，湖北人民出版社，2010 年，第 426 ~ 448 页。

政策的继承者，来突出自身的正统地位，而《魏书》的编纂正是这条政治路线的产物。张莉《〈魏书〉在民族史撰述上的成就》[①]认为，《魏书》中的正统观和夷夏观，体现了作者对汉民族的文化认同，重新发掘这些史料，具有积极的现实意义。李传印《〈魏书〉的历史文化认同意识》[②]指出，《魏书》创设《序纪》最主要的意义就在于通过叙述拓跋氏的族属源流，从血统上将拓跋氏融入中华民族，从文化上认祖归宗，并以此论证北魏政权在中国历史发展序列中的正统地位。马艳辉《论〈魏书〉史论的特点及价值》[③]对《魏书》史论进行综合评析，认为其中包含着鲜明的历史文化认同观念、统一意识和门阀观念。王铭《"正统"与"政统"：拓跋魏"太祖"庙号改易及其历史书写》[④]指出，拓跋魏"太祖"庙号改易的背后，体现的是王朝政权在各个历史阶段追溯其自身合法性的政治考量，其中魏收编纂《魏书》，便是坚持以东魏政权为拓跋正统所在，全书讳言道武庙号最初为"烈祖"而非"太祖"的史实。王朝海《〈魏书〉之正统观研究》[⑤]认为，《魏书》主要是从天时、地利，以及文化的继承与发扬等几个角度论证北魏政权的正统性。李磊《〈魏书·岛夷萧衍传〉的叙事与魏齐易代之际的南北观》[⑥]指出，《魏书》的叙事立场与北齐吞并江淮以北领土，并试图建立一个符合自身利益的藩属政权的政策保持一致，

---

① 张莉：《〈魏书〉在民族史撰述上的成就》，《山西大学学报》（哲学社会科学版）2005年第4期，第92～97页。

② 李传印：《〈魏书〉的历史文化认同意识》，《史学理论与史学史学刊》（2004—2005卷），2005年，第75～85页。

③ 马艳辉：《论〈魏书〉史论的特点及价值》，《黑龙江民族丛刊》2006年第4期，第88～94页。

④ 王铭：《"正统"与"政统"：拓跋魏"太祖"庙号改易及其历史书写》，《中华文史论丛》2011年第2期，第293～325页。

⑤ 王朝海：《〈魏书〉之正统观研究》，《哈尔滨师范大学社会科学学报》2015年第4期，第154～156页。

⑥ 李磊：《〈魏书·岛夷萧衍传〉的叙事与魏齐易代之际的南北观》，《史学月刊》2018年第11期，第27～36页。

于是《岛夷萧衍传》将侯景之乱对建康的破坏视作江左王朝的灭亡，最终目的是颂扬北齐一统南北的天命。

对正史以外其他史籍中正统论的研究。川本芳昭《五胡十六國・北朝時代における“正統”王朝について》[①]着重探讨了崔鸿《十六国春秋》中“五胡十六国”这一历史认识的产生过程，进而对五胡十六国北朝时代诸王朝的所谓“正统”性问题展开考察。鲍远航《〈水经注〉文献学文学研究》[②]辑录整理《水经注》所用东晋与南朝年号，并在此基础上，对郦道元的正朔观念进行了考察。田中靖彦《〈漢晉春秋〉に見る三國正統觀の展開》[③]认为习凿齿主张蜀汉正统论，进而编撰《汉晋春秋》的直接动机，乃是其对故乡襄阳的热爱，以及将诸葛亮视作同乡伟人。王文进《北魏文士对南朝文化的两种态度——以〈洛阳伽蓝记〉与〈水经注〉为中心的初探》[④]分别考察了杨衒之《洛阳伽蓝记》与郦道元《水经注》的著述态度，指出两者虽然都是以北方为正统，但杨衒之是激烈的历史主义者，认为北方才是唯一的合法政治圈，而郦道元则以山水美学为基调，撇开当代的历史包袱，对南方文化表现出向往

---

① ［日］川本芳昭：《五胡十六國・北朝時代における“正統”王朝について》，《九州大學東洋史論集》第 25 号，1997 年，后收入氏著：《魏晋南北朝時代の民族問題——民族間抗争と異文化受容の軌跡》，东京：汲古书院，1998，第 66 ~ 102 页。中译本请参见［日］川本芳昭著，邓红、牟发松译：《关于五胡十六国北朝时代“正统”王朝》，载殷宪主编，中国魏晋南北朝史学会大同平城北朝研究会编：《北朝研究》第二辑，北京燕山出版社，2001 年，第 77 ~ 104 页。

② 鲍远航：《〈水经注〉文献学文学研究》，博士学位论文，首都师范大学，2004 年。

③ ［日］田中靖彦：《〈漢晉春秋〉に見る三國正統觀の展開》，《東方學》第 100 辑，2005 年，第 49 ~ 64 页。

④ 王文进：《北魏文士对南朝文化的两种态度——以〈洛阳伽蓝记〉与〈水经注〉为中心的初探》，《台大中文学报》第 24 期，2006 年，后收入氏著：《南朝山水与长城想像》，里仁书局，2008 年。简体本请参见王文进：《南朝山水与长城想像》，河南人民出版社，2018 年，第 316 ~ 346 页。

与宽容的怀抱。王朝海《〈十六国春秋〉之正统观研究》[1]认为北魏史官崔鸿编撰《十六国春秋》，书中纪年却以东晋年号为纲，这反映出在传统“夷夏观”的影响下，南北朝时少数民族政权统治下的汉人士族在正统意识方面自有绳尺。李磊《〈华阳国志〉成汉史叙事中的“晋朝认同”》[2]指出《华阳国志》的编撰体例、叙事立场，均体现了以晋朝为正统的观念，而且除了认同正统，常璩之“晋朝认同”的更深内涵是对两晋门阀统治的认同。

此外，林郁迢《北魏三书的南北文化观》[3]指出，孝文帝迁都洛阳，遍祭名山大川及华夏列祖先贤等一系列汉化举措，除了扭转、突破北方的夷夏关系与文化大防，更使得北朝汉人知识分子必须认真思考北魏的历史定位，并站在洛阳古都的历史高度俯瞰南方文化，故而形成一系列对北朝正统性的论述，反映在《水经注》《洛阳伽蓝记》《魏书》三书之中。田中一辉《代北と中原：北朝の史學と正統觀》[4]认为代北和中原，究竟哪个区域才是王朝的中心，这是北魏自建国以来便经常争论的问题，北朝士人对此的关注和意识流变，在崔鸿《十六国春秋》、杨衒之《洛阳伽蓝记》中有具体反映。周梦梦《〈汉晋春秋〉与〈三国志〉正统观之比较研究》[5]立足于陈寿与习凿齿所处的时代，以知人论世为宗旨，分析讨论《三国志》与《汉晋春秋》的写作背景，进而揭示二书所蕴含的正统观念。

---

① 王朝海：《〈十六国春秋〉之正统观研究》，《宁夏大学学报》（人文社会科学版）2012 年第 3 期，第 98 ~ 101 页。

② 李磊：《〈华阳国志〉成汉史叙事中的“晋朝认同”》，《西南民族大学学报》（人文社会科学版）2017 年第 10 期，第 30 ~ 37 页。

③ 林郁迢：《北魏三书的南北文化观》，博士学位论文，政治大学，2008 年。

④ ［日］田中一辉：《代北と中原：北朝の史學と正統觀》，《東洋史研究》第 75 卷第 3 号，2016 年，第 415 ~ 447 页。

⑤ 周梦梦：《〈汉晋春秋〉与〈三国志〉正统观之比较研究》，硕士学位论文，湖北大学，2016 年。

二、政治上的正统化、正统之争与正统性建构

关于魏晋南北朝时期正统化问题的整体性研究。秦永洲《东晋南北朝时期中华正统之争与正统再造》[①]认为，自西晋末至南北朝末的中华正统之争，主要经历了3个阶段：十六国前期，“假中国之礼乐文章，而冒其族姓”；十六国后期，自建年号，自为帝统；南北朝时期，南北同为邻国，平等对话和北方系统地再造正统阶段。而正统之争的问题主要集中在华夷君长谁应为帝、南北君主谁得天命、南北政权谁是华夏文化中心等3个方面。贾小军《本位、正统与守国：魏晋南北朝政治格局新论》[②]中篇专门讨论魏晋南北朝时期的正统之争，既有对相关历史过程的简要论述，还选取“五胡次序，无汝羌名”、侯景之乱作为个案研究。孔琴琴《试述魏晋南北朝时期正统论的广泛影响》[③]主要从政治文化、政区制度、战争都邑和人口迁徙等4个方面来论述魏晋南北朝时期正统论的广泛影响。喻赛男《东晋南北朝时期的正统观》[④]认为正统观是一种重要的政治理念，其实质是一种权力合法性理论，胡族政权入主中原后，开始树立自身的正统地位，与汉民族政权展开了漫长的正统之争，以至于东晋南北朝时期的正统观，除了对先秦以来的正统观念有所继承和发展，又对传统的汉民族正统观和华夷观念有所突破，为华夷正统观注入了新理念，使其获得新发展。

---

① 秦永洲：《东晋南北朝时期中华正统之争与正统再造》，《文史哲》1998年第1期，第69 ~ 76页。

② 贾小军：《本位、正统与守国：魏晋南北朝政治格局新论》，甘肃文化出版社，2014年。

③ 孔琴琴：《试述魏晋南北朝时期正统论的广泛影响》，硕士学位论文，南京大学，2011年。

④ 喻赛男：《东晋南北朝时期的正统观》，硕士学位论文，云南大学，2017年。

对三国西晋时期正统之争的研究。秦永洲《三国时期正统观念简论》[①]认为三国时期，正统观念的主导面已由春秋战国的“拥正统”发展为“争正统”。以“拥正统”为特征的正统观念，使统一愿望和要求迟迟不在各诸侯国中产生，阻碍了春秋战国统一意识的产生，三国时期则恰恰相反，“争正统”的意识极大地强化、激励了国家统一意识。范家伟《受禅与中兴——魏蜀正统之争与天象事验》[②]指出，由于魏文帝代汉，蜀魏之间引发对正统的争夺，双方分别从天象解释上寻找受禅汉室和中兴汉室的依据，针锋相对，可见星占术和星占家为政权宣传和服务的工具。小林春树《三国時代の正統理論について》[③]将魏、蜀、吴的正统理论与战国至东汉时期的正统理论进行了比较，认为相对于东汉时期带有浓厚神秘主义的正统理论，三国时期更讲究“合理主义”。渡边义浩《杜預の左伝癖と西晋の正統性》[④]指出，杜预《春秋左氏经传集解》中对弑无道之君给予认同的解释，涉及为司马昭弑高贵乡公辩护，以及对西晋王朝正统性建构的问题。渡边义浩《孫呉の正統性と國山碑》[⑤]、魏斌《国山禅礼前夜》[⑥]均聚焦于孙皓天玺元年（276）国山禅礼事件，对其背后的孙吴内外局势、符瑞造作传统、山岳文化景观进行了深入且细致的分析。

---

① 秦永洲：《三国时期正统观念简论》，《山东师范大学学报》（社会科学版）1999年第6期，第38～40页。

② 范家伟：《受禅与中兴——魏蜀正统之争与天象事验》，《自然辩证法通讯》1996年第6期，第40～47页。

③［日］小林春树：《三国時代の正統理論について》，《東洋研究》第139号，2001年，第57～83页。

④［日］渡边义浩：《杜預の左伝癖と西晋の正統性》，《六朝学術学会報》第6集，2005年，后收入氏著：《西晉「儒教國家」と貴族制》，东京：汲古书院，2010年，第261～279页。

⑤［日］渡边义浩：《孫呉の正統性と國山碑》，《三國志研究》第2号，2007年，第40～65页。

⑥ 魏斌：《国山禅礼前夜》，《文史》2013年第2辑，后收入氏著：《“山中”的六朝史》，生活·读书·新知三联书店，2019年，第17～54页。

邓锐《魏明帝诏书中的正统观念初探》[1]指出，魏明帝现存诏书中的正统观念，主要涉及应天受命、符瑞灾异、天下一统、中原正统、改正朔以及通三统等几个方面，其理论基础是“天人感应”宇宙论和儒家礼乐文化，其历史依据是儒家所认定的三代至秦汉的政治传统。魏斌《孙吴年号与符瑞问题》[2]认为三国政权中，孙吴多以符瑞为年号的特殊现象，是因为与魏、蜀相比，孙吴正统性最为缺乏，所以刻意强化汉代政治文化中的符瑞传统，以与魏、蜀抗衡。朱子彦、王光乾《曹魏代汉后的正统化运作——兼论汉魏禅代对蜀汉立国和三分归晋的影响》[3]指出，由于眷恋汉室思潮的存在，以及三国鼎立局面的确立，曹氏在假“禅让”之式移运汉鼎之后，仍然不遗余力地对曹魏王朝进行合法化、正统化运作，其中包括曹丕、曹叡父子竭力模仿尧舜禅让，礼遇汉献帝及其后妃以笼络汉之元老耆宿，更易正朔、服色，确立“魏家舜后说”，以及郊祀礼制改革等等。付开镜《略论魏蜀吴建立前对其政权合法性的宣传》[4]认为魏、蜀、吴三国在建立政权之前，都十分重视政权合法性的宣传作用，其中曹魏的宣传重点在于禅代的合法性，即汉祚已尽、天命所在和曹操父子的功绩上；蜀汉的宣传重点在于其汉家天子血缘的合法性和否定曹魏政权合法性上；孙吴的宣传在于否定曹魏政权合法性、汉祚已尽和孙权称帝的合法性上。王瑰《“中原正统”与“刘氏正统”——蜀汉为正统进行的北伐和北伐对正统观的影响》[5]认为刘备执着于兴复汉室，有一个不可忽视的因素

① 邓锐：《魏明帝诏书中的正统观念初探》，《历史文献研究》第 27 辑，华东师范大学出版社，2008 年，第 152 ～ 160 页。

② 魏斌：《孙吴年号与符瑞问题》，《汉学研究》2009 年第 27 卷第 1 期，第 31 ～ 55 页。

③ 朱子彦、王光乾：《曹魏代汉后的正统化运作——兼论汉魏禅代对蜀汉立国和三分归晋的影响》，《中国史研究》2011 年第 1 期，第 117 ～ 140 页。

④ 付开镜：《略论魏蜀吴建立前对其政权合法性的宣传》，《重庆科技学院学报》（社会科学版）2011 年第 14 期，第 143 ～ 145 页。

⑤ 王瑰：《“中原正统”与“刘氏正统”——蜀汉为正统进行的北伐和北伐对正统观的影响》，《史学月刊》2013 年第 10 期，第 37 ～ 45 页。

就是得到过汉献帝的“衣带诏”，这使本具宗室身份的他在反对曹操时有了极大的合法性优势，后来蜀汉建立，囿于国力，在无法统一全国时，北伐成为国策，他便极致化地坚持和宣扬蜀汉正统。王安泰的两篇系列论文，《“恢复”与“继承”——孙吴的天命正统与天下秩序》[①]指出，除天命、祥瑞与谶纬等方面的论述外，孙权称帝后还借由与蜀汉结盟，名义上继承了汉朝的天下，至孙皓时更进一步将地方长官与诸侯安置于境外各处，以象征孙吴是天下唯一的正统；《天命有归——三国时期的地方行政体系与正统观》[②]强调对天命与正统的争夺，是三国政局的重要特征，新政权对州郡的规划与安排，也是表彰政权正统的重要方式。

对东晋南朝正统化问题的研究。牟发松《陈朝建立之际的合法性诉求及其运作》[③]认为，陈武帝在梁陈禅让之际，面临合法性资源严重不足的危机，故而采取了以下举措：显示“天命有归”的祥瑞制造；显示“天下为公”“四海乐推”的禅让程序；礼遇高门，利用宗教，极力扩大政权合法性基础。孙英刚《神文时代：谶纬、术数与中古政治研究》[④]上篇第二章《“黄旗紫盖”与“帝出乎震”——中古时代术数语境下的政权对立》指出，南北政权对峙时期，“黄旗紫盖”是南方政权宣扬符命、凸显自身正统性的重要理论依据。李勇强《南朝天命转移的援佛入谶》[⑤]对刘裕以释慧义制造金璧之瑞、释玄畅迎合萧道成制造齐兴寺瑞应、梁武帝儒佛道谶纬并举、陈霸先拜迎佛牙等南朝

① 王安泰：《“恢复”与“继承”——孙吴的天命正统与天下秩序》，《厦门大学学报》（哲学社会科学版）2016年第5期，第1～7页。

② 王安泰：《天命有归——三国时期的地方行政体系与正统观》，《华东师范大学学报》（哲学社会科学版）2018年第4期，第50～60页。

③ 牟发松：《陈朝建立之际的合法性诉求及其运作》，《中华文史论丛》2006年第3期，后收入氏著：《汉唐历史变迁中的社会与国家》，上海人民出版社，2011年，第443～457页。

④ 孙英刚：《神文时代：谶纬、术数与中古政治研究》，上海古籍出版社，2014年。

⑤ 李勇强：《南朝天命转移的援佛入谶》，《社会科学家》2016年第7期，第122～125页。

开国君主利用佛教制造谶言与祥瑞，为禅位合法性制造舆论的事例进行了考察。李磊《魏晋之际国子、太学之议与司马氏政权的合法性建构》[1]从司马氏政权合法性建构的过程来考察晋初国子学、太学之分立的远因与近由，认为西晋立国子学的意义不止于门阀制度建设，它是司马氏与曹氏斗争导致太学地位变化的结果，也是司马氏内部礼学之士集结及其势力扩张的结果。李磊《东晋初年的国史叙事与正统性建构》[2]指出，东晋初年的国史编纂与东晋王朝的正统性建构密切相关，它既是当日南北对峙的政治产物，又是两晋政权更替的意识形态产物，还是东晋内部皇权与门阀士族斗争的舆论产物。李正君《论两晋初年的正统化运作》[3]认为，西晋初立时的正统化举措主要有确立德制、沿袭曹魏正朔服色、善待前代君臣和确定本朝国史书写的限断等等，东晋初建之际则是通过制造符瑞和谶谣、拉拢南北世族等手段，来巩固其正统地位。

对五德历运、谣言谶纬、天文星占与十六国北朝正统性建构关系的研究。罗新《十六国北朝的五德历运问题》[4]指出，经过刘渊绍汉、刘曜绍晋、慕容燕及苻秦绍石赵、姚秦绍苻秦等历史过程，十六国时期的北方已经建立起法统传递的新秩序，这为北魏直接承前秦，以十六国继承者的身份出现在德运次序中提供了条件。然而，孝文帝改革直接把北魏的历史与西晋接续起来，总结和结束了十六国历史，使北朝历史呈现出继承华夏正统的强劲态势。郭

---

① 李磊：《魏晋之际国子、太学之议与司马氏政权的合法性建构》，《江海学刊》2016年第6期，第161 ~ 169页。

② 李磊：《东晋初年的国史叙事与正统性建构》，《史林》2018年第5期，第34 ~ 42页。

③ 李正君：《论两晋初年的正统化运作》，《佳木斯大学社会科学学报》2018年第5期，第139 ~ 143页。

④ 罗新：《十六国北朝的五德历运问题》，《中国史研究》2004年第3期，第47 ~ 56页。

硕《五德历运与十六国北魏华夷观的变迁》[①]认为，十六国北魏时期五德历运从论证“胡人天子”合理性到以文化认同区别华夷的全新政治文化，实现了对传统华夷观的突破与超越。吕宗力《谶纬与十六国北朝的社会与政治》[②]通过考察十六国北朝时期史籍和墓志的论述范式和流行话语，指出谶纬对当时社会和政治的最大影响，在于它的五德历运、符瑞图谶密码系统仍被普遍视为论证天命攸关、政权合法性不可或缺的论述框架。胡鸿《星空中的华夷秩序——两汉至南北朝时期有关华夷的星占言说》[③]指出，十六国北朝时期，胡族诸政权的统治者十分重视昴宿、太微、紫宫等星象的动态，纷纷利用星占学知识来维护自我政权的合法性。

对十六国时期胡族政权正统观的研究。邓乐群《十六国胡族政权的正统意识与正统之争》[④]认为，十六国胡族政权出于维护统治的名分需要，从汉文化传统中寻找理论依据，出现了奉有德政权为正统，视无道政权为僭伪；奉中原政权为正统，视周边政权为僭伪；奉大一统政权为正统，视偏安政权为僭伪等正统之争。

彭丰文《试论十六国时期胡人正统观的嬗变》[⑤]指出，十六国胡人正统观实现了两个方面的历史性嬗变，一是突破华夏正统观的影响与束缚，将胡人

① 郭硕：《五德历运与十六国北魏华夷观的变迁》，《中央民族大学学报》（哲学社会科学版）2018 年第 5 期，第 20 ~ 28 页。

② 吕宗力：《谶纬与十六国北朝的社会与政治》，载吉林大学古籍研究所编：《“1 ~ 6 世纪中国北方边疆·民族·社会国际学术研讨会”论文集》，科学出版社，2008 年，第 253 ~ 298 页。

③ 胡鸿：《星空中的华夷秩序——两汉至南北朝时期有关华夷的星占言说》，《文史》2014 年第 1 辑，后收入氏著：《能夏则大与渐慕华风——政治体视角下的华夏与华夏化》，北京师范大学出版社，2017 年，第 88 ~ 114 页。

④ 邓乐群：《十六国胡族政权的正统意识与正统之争》，《南通师范学院学报》（哲学社会科学版）2004 年第 4 期，第 84 ~ 87 页。

⑤ 彭丰文：《试论十六国时期胡人正统观的嬗变》，《民族研究》2010 年第 6 期，第 67 ~ 74 页。

正式纳入五行次序所代表的正统序列；二是提升了中原正统观的地位与作用，使得中原地域因素超越民族因素的影响，成为十六国时期北方胡人认同王权正统地位的唯一实质性标准。赵红梅《前燕正统观的发展变化——兼及中原士人出仕前燕心态》[①]认为，3—5世纪，慕容鲜卑的正统观念在“华夷观”“正闰观”“道统观”的阶段性变化中体现出前燕政权“勤王杖义”“自称燕王”“已为天子”的历史性转变。王安泰《皇帝的天下与单于的天下——十六国时期天下体系的构筑》[②]指出，十六国时期各政权将诸侯“分封”于各地的举动，也是宣示自身拥有统治天下之正统性的一种方式。杨懿《慕容氏的立国法统与族群聚合》[③]认为，慕容氏以“燕”为国号，除了可以如其他十六国政权那样归因为发迹之地和承继前代中原王朝的国号，还有更深一层的政治考虑，这主要反映在立国法统与族群聚合两个方面。严鼎兴《五胡政权的正统观研究》[④]致力于考察五胡政权在政治、经济、军事、文化、民族等方面所折射出来的正统观念。李路、李德山《十六国时期慕容鲜卑正统意识的演变》[⑤]指出，慕容鲜卑逐渐深入地对自身统治合法性进行阐释，从理论上为自身位列正统提供了文化依据，而随着自身正统地位的确立，慕容鲜卑对待晋室正统地位的态度亦同时产生着变化。雷戈《变夷从夏——五胡政治观念-实践分析》[⑥]认为，十六国时期的胡人正统观其实是胡人在政治成长过程中的战

① 赵红梅：《前燕正统观的发展变化——兼及中原士人出仕前燕心态》，《北方论丛》2011年第6期，第74 ~ 77页。

② 王安泰：《皇帝的天下与单于的天下——十六国时期天下体系的构筑》，载童岭主编：《皇帝·单于·士人：中古中国与周边世界》，中西书局，2014年，第78 ~ 94页。

③ 杨懿：《慕容氏的立国法统与族群聚合》，《社会科学战线》2015年第7期，第255 ~ 259页。

④ 严鼎兴：《五胡政权的正统观研究》，硕士学位论文，西北师范大学，2013年。

⑤ 李路、李德山：《十六国时期慕容鲜卑正统意识的演变》，《北华大学学报》（社会科学版）2018年第1期，第43 ~ 49页。

⑥ 雷戈：《变夷从夏——五胡政治观念-实践分析》，《文史哲》2018年第5期，第68 ~ 82页。

争实践产物，其含义的最关键之处在于究竟是胡人建国的正统性，还是胡人取代中国的正统性。李磊的多篇系列论文，《淝水战后河陇地区的正朔旗号与政权建构》[①]考察了淝水之战后河陇地区各政权或奉两晋，或奉后秦，或奉大夏，或奉北魏为正朔的历史现象；《石勒的政治名号与政权建构——兼论十六国法统之汉晋复归》[②]认为，石勒基于历史法统构建政治名号，即灭刘曜前遵循汉国、单于法统，其后回归周、汉、晋法统；《后燕建立之际的合法性诉求及其运作》[③]指出，慕容垂最初的构想是在前燕故地建立称藩于前秦的诸侯国，后来因为慕容暐、苻坚去世，其称帝的法统障碍不复存在，便通过承认前燕君统断绝、肯定苻坚天王之位、绍续慕容甝法统，完成了新王朝的建构；《十六国前期正统性建构中的符号策略与政治表达——以石虎“天人之望”的营造为中心》[④]论证石虎夺位非正，人心不附，因此在自称大赵天王前有三年的居摄期，从居摄期开始，石虎利用谶文、符瑞、佛教前世因缘、祆教礼义等多重政治观念，来建构自身统治的合法性。童岭《石勒“赵王元年”与慕容儁“燕王元年”——从“春秋列国故事”看十六国前期政权的正统化》[⑤]指出，羯族建立的后赵与鲜卑建立的前燕，分别采用过“赵王元年”“燕王元年”这样比帝王“年号纪年”次一等的“列国元年”纪年法，此举不仅牵涉到少数民族政权与江南东晋王朝的关系，也关系到华北诸少数民族之间的正

---

① 李磊：《淝水战后河陇地区的正朔旗号与政权建构》，载叶炜主编：《唐研究》第二十四卷，北京大学出版社，2019 年，第 19 ~ 34 页。

② 李磊：《石勒的政治名号与政权建构——兼论十六国法统之汉晋复归》，《江海学刊》2019 年第 1 期，第 246 ~ 253 页。

③ 李磊：《后燕建立之际的合法性诉求及其运作》，《史林》2020 年第 4 期，第 65 ~ 73 页。

④ 李磊：《十六国前期正统性建构中的符号策略与政治表达——以石虎“天人之望”的营造为中心》，《云南民族大学学报》2021 年第 4 期，第 118 ~ 127 页。

⑤ 童岭：《石勒“赵王元年”与慕容儁“燕王元年”——从“春秋列国故事”看十六国前期政权的正统化》，载武汉大学中国三至九世纪研究所编：《魏晋南北朝隋唐史资料》第四十二辑，上海古籍出版社，2020 年，第 38 ~ 67 页。

统化纷争。

对北朝正统化运动的研究。何德章《北魏国号与正统问题》[1]、松下宪一《北魏胡族体制論》[2]第五章《北魏の国号“大代”と“大魏”》、楼劲《北魏开国史探》[3]第二章《谶纬与北魏的建立及其国号问题》均注意到传世与出土文献中拓跋氏“魏”与“代”的国号问题，进而对其中涉及的正统之争、身份认知、谣言谶记等进行了深入且细致的考察。陶贤都《北朝汉族士人对待南朝政权的态度分析》[4]认为北朝汉族士人对待南朝政权的态度十分复杂，它受多方面因素的影响，而问题的本质则在于他们是以南朝还是北朝为正统。陈金凤《北魏正统化运动论略》[5]指出，北魏为了确立与巩固自己的统治，承十六国以来的历史发展趋势，积极地推行正统化运动，在历代君主尤其是拓跋珪、拓跋焘、元宏的积极努力下，北魏的正统形象得以确立。徐亚轩《北魏争正统意义论略》[6]认为，北魏争正统对拓跋鲜卑势力向外扩张、北方地区的民族融合和隋唐文明的奠基都发挥了积极意义。川本芳昭《遼金における正統観をめぐって——北魏の場合との比較》[7]基于与北魏对比的观点，对辽、

① 何德章：《北魏国号与正统问题》，《历史研究》1992年第3期，第113～125页。

② ［日］松下宪一：《北魏胡族体制論》，北海道：北海道大学出版会，2007年。

③ 楼劲：《北魏开国史探》，中国社会科学出版社，2017年。

④ 陶贤都：《北朝汉族士人对待南朝政权的态度分析》，《广州大学学报》2003年第10期，第34～37页。

⑤ 陈金凤：《北魏正统化运动论略》，《黑龙江民族丛刊》2008年第1期，第95～103页。

⑥ 徐亚轩：《北魏争正统意义论略》，《湖南工业职业技术学院学报》2009年第4期，第77～78页。

⑦ ［日］川本芳昭：《遼金における正統観をめぐって——北魏の場合との比較》，《史淵》第147辑，2010年，后收入氏著：《東アジア古代における諸民族と国家》，东京：汲古书院，2015年，第397～421页。中译本请参见［日］川本芳昭著，刘可维译：《东亚古代的诸民族与国家》第四篇《汉唐间围绕民族的诸问题与东亚》第二章《围绕辽金的正统观——与北魏的比较》，社会科学文献出版社，2020年，第487～521页。

金王朝的中华意识、正统意识进行了考察。李凭《黄帝历史形象的塑造》[①]，杨懿、王瀚尧《黄帝系谱与鲜卑正宗：五胡时代下北魏立国的合法性诉求》[②]以及吴洪琳《北魏拓跋鲜卑黄帝祖源认同的构建》[③]均认识到黄帝系谱对于拓跋魏构建认同、聚合族群、标榜正统的重要性。王朝海《北魏政权正统之争研究》[④]指出，北魏与南朝宋、齐等政权展开天命、中原地理、华夏文化中心等方面正统地位的争夺，孝文帝时期，这一运动达到高潮。胡克森的两篇系列论文，《北魏的正统与汉化》[⑤]认为北魏正统观的发展经历了中原地域正统与汉民族正统两个阶段，《魏书·礼志一》所载北魏关于君臣五德历运的争论就是关于这两种正统观的争论，而这两种正统观正对应着北魏汉化的两个阶段；《从〈元经〉看王通北魏正统的确立依据——兼评孝文帝的门阀制度重建》[⑥]指出，《元经》是王通撰写的一部为分辨南北正统的编年体史书，其正统标准不是血缘种族，而是文化传承，由于北朝士人将元嘉之治视作南朝盛世巅峰，宋孝武帝上台则为衰败的开始，故而《元经》将萧道成篡位的第二年，即太和四年（480）作为北魏正统的起始年份。赵永磊的两篇系列论文，《塑造正统：北魏太庙制度的构建》[⑦]指出，道武帝于开国之际，设立郊社、太庙等国家祭祀制度，彰显出其对华夏正统的追求，其中太庙制度对内关乎皇统谱系，

---

① 李凭：《黄帝历史形象的塑造》，《中国社会科学》2012 年第 3 期，第 149 ~ 181 页。

② 杨懿、王瀚尧：《黄帝系谱与鲜卑正宗：五胡时代下北魏立国的合法性诉求》，《宁夏社会科学》2016 年第 4 期，第 191 ~ 195 页。

③ 吴洪琳：《北魏拓跋鲜卑黄帝祖源认同的构建》，《西北民族论丛》第 19 辑，2019 年，第 1 ~ 19 页。

④ 王朝海：《北魏政权正统之争研究》，《北方民族大学学报》（哲学社会科学版）2012 年第 2 期，第 49 ~ 56 页。

⑤ 胡克森：《北魏的正统与汉化》，《史林》2015 年第 5 期，第 38 ~ 53 页。

⑥ 胡克森：《从〈元经〉看王通北魏正统的确立依据——兼评孝文帝的门阀制度重建》，《史林》2018 年第 1 期，第 50 ~ 65 页。

⑦ 赵永磊：《塑造正统：北魏太庙制度的构建》，《历史研究》2017 年第 6 期，第 24 ~ 44 页。

对外又显现出国家政治合法性与正统性，故北魏太庙制度的建构历史亦即是北魏国家正统性塑造过程的缩影；《争膺天命：北魏华夏天神祭祀考论》[①]认为北魏迁都洛阳以后，孝文帝通过行圜丘祭礼宣示天命在魏，其正统观念主要表现在仿魏承汉与承继西晋两个面向，而郊庙制度更近于曹魏明帝景初元年（237）以后之制，在一定程度上折射出北魏超越两晋南朝、直追曹魏的心态。方健《经济视野下的东魏北齐政权正统性之构建》[②]从经济史的视角分析东魏北齐政权的正统性构建，认为政权在构建自身正统性之时，会受到当时社会经济发展阶段的影响和制约，而成功的政权正统性构建，亦将反作用于社会经济，促进经济的稳定与增长。刘晓伟《正统化：北朝政权博弈与隋唐音乐的转型》[③]指出，唐音乐的形态变革是北朝195年的历史中，外来民族夺取政权后在中原进行"正统性"建构而推进"礼乐制度"建设的结果。温拓《多重层累历史与双重正统建构：宇文部、北周与契丹先世史叙述的考察》[④]揭示宇文部到北周先世传说的层累过程，体现了北周统治者为建构自身正统性做出的一系列努力，其不仅模仿《魏书·序纪》编纂了宇文氏的先世传说，同时亦将十六国时代有关宇文部政权的文本一并进行修改，使得北周政权的合法性得以解释。郭硕《"岛夷"称号与北朝华夷观的变迁》[⑤]认为"岛夷传"乃是魏收《魏书》所创立的史传叙事模式，北魏对南朝的实际称谓并不是"岛夷"，而是使用指称地理位置的江南或代表僭伪含义的"伪齐""伪梁"等名

---

① 赵永磊：《争膺天命：北魏华夏天神祭祀考论》，《历史研究》2020年第4期，第74 ~ 97页。

② 方健：《经济视野下的东魏北齐政权正统性之构建》，硕士学位论文，江西师范大学，2017年。

③ 刘晓伟：《正统化：北朝政权博弈与隋唐音乐的转型》，《中国音乐学》2018年第3期，第54 ~ 58、65页。

④ 温拓：《多重层累历史与双重正统建构：宇文部、北周与契丹先世史叙述的考察》，《民族研究》2020年第2期，第119 ~ 131页。

⑤ 郭硕：《"岛夷"称号与北朝华夷观的变迁》，《文史哲》2020年第3期，第26 ~ 35页。

号，“岛夷”称号产生的直接原因是侯景之乱导致南方政权急剧衰败，同时试图以华夷之辨为魏齐禅代制造正统依据。

三、思考与展望

综上所述，近30年来学界对魏晋南北朝正统观的研究取得了颇为丰硕的成果，这与改革开放以来，国内与海外学术交流日益频繁，使得观念史作为一种研究方法方兴未艾，乃至形成一个较大的学术研究热潮不无关系。于是，在此趋势之下，笔者以为，魏晋南北朝正统观相关研究在以下几个方面仍有待推进：

首先，无论是史学史考察，还是政治史探研，均呈现出“重北轻南”的趋向。相比前有诸国林立，后有东西分裂的十六国北朝，对东晋南朝正统问题的讨论不仅热度偏低，而且往往局限于南北之争的框架中，研究少有突破性进展。

其次，就史学史的范畴而言，大部分成果还停留在某个史家或某本典籍的正统观的个案考察上，缺乏不同史家或不同典籍的比较研究，以及在此基础之上，更长时段、更加宏观的观察与思考。

最后，就政治史的范畴而言，魏晋南北朝时期正统性建构所涉及的胡汉关系，经常受到学者们的重视，并将之作为研究的重要切入点，而与之相反的胡胡关系，也就是对胡族与胡族之间的问题较为忽视，专题研究迄今仍不多见。

【第三部分】

书评

徐冲《观书辨音：历史书写与魏晋精英的政治文化》

［日］冈部毅史　著　柴　栋　译

本书作者徐冲先生生于1980年，2003年在北京大学历史学系本科毕业后，曾于2005—2007年到日本大阪教育大学留学，后于2008年获得北京大学历史学博士学位，现为复旦大学历史学系副教授。众所周知，他不仅是中国，而且是世界中国中古史（通常所说的魏晋南北朝时期）研究中起主导作用的研究者。此外，因有在日本留学的经历，故其对日本的中国史研究也有很深的造诣，现在他还担任着“日本学者古代中国研究丛刊”（复旦大学出版社）系列的主编，这是一个翻译日本中国史研究著作的系列。

本书是作者继《中古时代的历史书写与皇帝权力起源》（上海古籍出版社，2012年）之后的第二部专著，延续前书仍以历史书写为主题。[①]作者定义的所谓历史书写，狭义的用法是指“成形的、可见的史学作品”，广义的用法则指“即时性的人类行为，即人们在行动之际无时无刻不在脑中对与己相关的过去进行理解和形塑，以此获得现实行动的正当性与安全感”，并主张对

① 此外，译著有［日］渡边信一郎著，徐冲译：《中国古代的王权与天下秩序：从日中比较史视角出发》，中华书局，2008年。

古人的历史书写进行研究，是从狭义的历史书写作品（可见的、成形的、静态的）中剥离、分析和复原出广义的历史书写行为（不可见的、复数的、动态的）。[①]作者的问题意识始终是从历史书写这种方法、视角来考察中古史，前部著作以“皇帝权力”[②]的起源为分析对象，本书则以历史书写的核心人物“精英”所构筑的政治文化为分析对象。

本书中所设定的另一个主题“魏晋精英”，“并非机械对应于曹魏西晋王朝乃至三国两晋的精英阶层，而是试图在提出一种超越王朝框架的长时段分期的前提下，以之指称一个具备稳定内涵的历史主体”，就谱系而言可追溯至东汉后期的清流士人，并延续到魏晋以降的5世纪中叶。[③]将作者说的“魏晋精英”，想象成是与日本魏晋南北朝史研究中所谓的“贵族”相重合的存在，应该也不会太离谱。[④]

首先，将本书的构成罗列如下。

“献帝三书”篇

第一章　哀歌与史诗：《献帝起居注》与献帝朝廷的历史意义

第二章　名、实之间：《献帝纪》与《献帝传》

第三章　范晔《后汉书》冯良事迹成立小论

---

① 徐冲：《观书辨音：历史书写与魏晋精英的政治文化》前言，北京大学出版社，2020年，第7～8页；徐冲：《历史书写与中古王权》，《中国史研究动态》2016年第4期，第45页。

② 作者所说的“皇帝权力”，并非指皇帝个人的权力，而是中国古代政治社会中所实现的最高支配权及其相关的权力秩序。参见徐冲：《中古时代的历史书写与皇帝权力起源》前言，上海古籍出版社，2012年，第3页。

③ 徐冲：《观书辨音：历史书写与魏晋精英的政治文化》前言，第2页。

④ 在日本或多或少有着将“贵族”定位成是这个时代象征性存在的倾向，有关日本贵族制研究的优秀学说整理有［日］川合安：《六朝隋唐の「貴族政治」》（原刊于1999年）、《日本の六朝貴族制研究》（原刊于2007年），均收入［日］川合安：《南朝貴族制研究》，东京：汲古书院，2015年。

除了附录的3篇，本书由"献帝三书"篇、《续汉书·百官志》篇和《劝伐河北书》篇等3篇构成，据作者所言，这3个篇章分别对应着史学史、制度史与民族史这些研究领域。以下，将对构成本书核心的八章内容进行介绍。

《献帝纪》《献帝传》《献帝起居注》这3部著作（即"献帝三书"），是东汉末年至曹魏时期所编纂的有关献帝的历史书，现只存佚文。第一章《哀歌与史诗：〈献帝起居注〉与献帝朝廷的历史意义》，在综合收集献帝三书中的《献帝起居注》后，对其内容、体例、旨趣等基本问题进行探讨，从而提出以下结论：《献帝起居注》的书写范围，从袁绍将宦官悉数杀死的中平六年（189）八月的洛阳政变开始，到献帝颁布诏书而丧失权力的建安二十一年（216）二月为止。其内容基本上是以汉献帝权力的确立、展开与终结为中心，具有近似本纪形式的简单编年体体例。其书写特征是，既重视汉献帝作为皇帝／天子调和宇宙秩序所发挥的神圣作用，也重视记录一般历史事件以及献帝朝廷在制度建设方面的成绩。撰述背景中的政治立场与曹魏的王权完全不相容，撰述目的也不是塑造曹魏的皇帝权力起源之正统性。作者进而在推测其撰者为荀彧的基础上，认为其编纂意图要从这点中来探求，即“汉魏革命”并非单纯的王权更替，而是在儒学思想支配下皇帝权力结构的更新、再造，其中倾注了清流士大夫所构成的新兴精英集团关于皇帝权力结构的理念与期待。

本章与第二章都采用了这种手法，即将只有佚文残存的文献整体像复原，再挖掘其资料特征，并运用到对这个时代历史的分析中。这项研究表明，即使在文献史料相对匮乏的中古史领域，通过悉心对佚文的收集、整理与运用，以及考虑适当的方法等手段，也能取得新成果，同时也可以说是利用断片性佚文来构想历史整体像的一个典型案例。不过，关于佚文是因何种原因流传至今，或者是否因偶然而留下这点，即“残存记载的历史性”，似乎也会成为利用佚文进行研究时的问题。

在第一章对《献帝起居注》考察之后，第二章《名、实之间：〈献帝纪〉与〈献帝传〉》又对有关献帝的佚书《献帝纪》与《献帝传》进行探讨。因《献帝纪》为刘艾的著作，所以是基于刘艾的个人经历与闻见所撰述的，其书写范围从董卓挟献帝迁都长安的初平二年（191）到献帝返回洛阳的建安元年（196）为止。与此相对，《献帝传》的书写范围则从献帝即位历经汉魏禅让至于作为山阳公而去世，并未局限于献帝的个人经历，还广泛涉及这段时期的历史事件。而且，该书还是基本上采用编年体体例，同时插叙人物小传的复合式结构。换言之，以“纪”命名的《献帝纪》实际上是“杂史”，而以“传”命名的《献帝传》反为实质性的“正史”。但是，《献帝传》所表现的用以证明曹魏皇帝权力正统性的历史书写，在从西晋统一中国到范晔《后汉书》为止的历史进程中发生逆转，最终曹魏被定格成“汉贼”。

继第一章后，本章通过对零散佚文资料的收集与分析，来阐明《献帝纪》

和《献帝传》的资料特征，从而迫使我们要重新考虑以往只根据书名而模糊地对两书内容的理解，同时也从这些历史书撰述的内容、背景及立场的不同等方面，对曹魏皇帝权力正统性之书写的展开、变质过程进行解读。我饶有兴致地拜读了这些大胆而细腻的论述。

第三章《范晔〈后汉书〉冯良事迹成立小论》注意到范晔《后汉书》所见冯良事迹，与同书《儒林传》中赵晔的记事内容基本相同，并以两者的文本传承为中心，来考察它们之间的相互书写关系。然后，推测谢承《后汉书》所见赵晔事迹与冯良事迹重合的原因是，为强调东汉时代江东精英阶层的社会地位与历史形象，和赵晔同为会稽山阴出身的谢承参考了《东观汉记》中的冯良事迹，利用赵晔与冯良均为杜抚的弟子这一共同点，将冯良事迹移至赵晔身上。其背景是汉代暧昧的士与吏的身份区别，在魏晋时期以降日趋显著。基于以上分析，作者通过因袭、歧变与反哺这3个关键词，来说明中国古代史的文本传承。认为“因袭”指文本大体保持原貌而传承；“歧变”是在“因袭”过程中对产生的新信息的增补等；“反哺”则指在“歧变”过程中形成的信息，以另外的形式成为“因袭”的对象，进而指出对于古代史料中的特定文本，通过意识到其所蕴含的因袭、歧变与反哺的层累过程，可以更为准确地把握其历史信息。继第一章、第二章之后，本章是通过对佚文的积极运用来试图把握新历史像的考察，根据各个史料的编纂时代来说明人物历史像的变迁这种手法极为新颖，虽然宣称是“小论”，但其内容则极为厚重。作者所设定的历史文献的因袭、歧变与反哺这种概念及其在研究上的应用，无论是否可以适用于所有的文本分析，都可以看作是一种有效的方法。

接下来的《续汉书·百官志》篇的3篇论文，以《续汉书·百官志》与王隆《汉官篇》为分析对象，从历史书写的观点对汉唐间官制撰述的展开进行考察。第四章《〈续汉书·百官志〉与汉晋间的官制撰述》首先指出，对于以往仅从“史料”的侧面来把握《续汉书·百官志》而言，我们需要注意从其自身的“史学性侧面”来考察。而且，还关注《续汉书·百官志》史料性侧面的基本构造与撰述性质，并以文本上存在问题的“郡太守”条为分析线索，试图在汉晋间官制撰述的谱系之中对其进行定位。作者认为《续汉书·百官志》的最大特征是“正文”部分与“本注曰”部分之间存在着复合结构，其“正文”源自东汉的官簿，“本注曰”为司马彪的注。“正文”记录着官职及其名称、员额与秩级，“本注曰”则记录官职的职掌和沿革，而且由于上述“正文”与“注文”这两大部分在撰述形式及内容上的差异，促使我们要注意不能将《续汉书·百官志》作为单一的历史资料来使用。还说明了“正文”的原始资料官簿是在汉代传统文书行政过程中所制作的，它由记录官职的名称、员额与秩级等官职特征，和记录官僚个人迁转等信息的这两种不同的“文书群”组成，其构成上的特征与由官职设置说明和个人迁转履历所组成的《汉书·百官公卿表》的结构相对应。另外，如果注意到体例方面的话，可以看到司马彪《续汉书·百官志》通过导入“百官志”这种体例而非“百官表”，选择了“反传统”的方式，这种体例上的变化表明魏晋时期试图突破东汉时期官制撰述的传统，同时也反映了以《周礼》为官制撰述的起源和典范是这个时期的历史趋势。换言之，旨在以模拟古典的形式来进行官制撰述的《续汉书·百官志》的出现，是在东汉后期以降儒学思想的作用下，精英阶层试图再造皇帝权力结构的历史进程中的一环，是象征魏晋时期官制改革意图的重要部分。

这种通过缜密的资料收集与史料批判来复原和分析文献，对《续汉书·百官志》的历史意义进行考察，并从结构特征中来追求其历史背景的手腕与慧眼，令人称赞。评者认为制度史研究不应该停留在制度本身的复原上，最终必须提出其在那个时代中的历史意义，本章的考察是与评者那种想法一致的研究。

第五章《东汉太尉渊源考——从〈续汉书·百官志〉“太尉”条的脱文谈起》与前章一样，以《续汉书·百官志》的“太尉”条脱文问题为线索，认为太尉、司徒、司空所组成的东汉三公制，是从西汉哀帝时期复古改制运动热潮中初设的大司马、大司徒、大司空组成的三公，发展成为东汉时期以太尉、司徒、司空为三公的定制，并具体考察大司马最终被太尉所取代的原因及其背景。作者首先推测现行《续汉书·百官志》“太尉”条的开头存在约24个字的脱文，从而提出原本“太尉”条的复原方案，由此明确东汉的三公呈现出太尉掌兵事，司徒掌民事，司空掌水土事的这种分担结构。这种三公的分职，源自西汉后期今文家说的三公（司马、司徒、司空）对应宇宙秩序及其相关灾异而负责的说法，虽受三公建设运动的影响而在名目上采用大司马、大司徒、大司空的名称，但对于三公分别承担灾异责任而言，古文说的影响也不彻底，三公整体与宇宙秩序间的对应关系更受重视。

那么，“太尉掌兵事”的由来在哪里呢？作者对这个问题有如下说明。在东汉末期王莽辅政的时代，改革成帝、哀帝以来的三公制而导入“四辅三公制”，这次改革使得以前兼任内朝与外朝的“三公”（大司马、大司徒、大司空）被推至外朝，内朝之任则由“四辅”（太师、太傅、太保、少傅）来分担。换言之，在王莽时代，自武帝时期一直居中辅政且与外戚关系密切的大司马职位，从内朝官蜕变成外朝官，进而在新莽的地皇年间以“兵事”为职掌。历经更始政权后，东汉的建武政权当初将大司马定位成最高武官，这虽与西汉末期的太尉名称相异，但其实际情况则相同。伴随着全国形势的稳定，建武二十七年（51）将大司马改称太尉，与司徒、司空组成三公，承担着东汉的外朝领袖之任。这样，便描绘出东汉时期“太尉掌兵事”的历史源流。

如上所述，对于东汉时期由大司马向太尉的“改称”，作者结合儒学思想的展开，巧妙地说明了三公制度的变迁。当然，在中国古代，官制也是礼制（以儒学为中心）的一环，因而作者从作为官制展开一个侧面的思想史背景中进行考察的这种方向性，是极其合理的。不过，关于必须是太尉之名而非大司马的理由，虽然作者也根据《汉官仪》的主张，有介绍加“大”是为避免与将军属官“司马”重复这种说法，但从本章来看还是难以理解。关于这点，包括其与西汉太尉的关系，还需要再说明一下。

第六章《王隆〈汉官篇〉小考》是对东汉初期由王隆所著《汉官篇》的考察。王隆生于关中，活跃在新莽时代至建武年间，《汉官篇》很可能是他在参与河西的窦融政权时，利用同在窦融阵营的班彪所拥有的西汉朝廷所藏资料而撰写的。而且，其官制撰述的形式接近杨雄的官箴类作品，在以“官称+职掌”的形式构成基本内容与特质这点上两者具有共通之处。因《汉官篇》并不包含制度沿革，所以可以推测出它是根据特定时代的官制而撰写的，其断限在西汉元寿二年（前1）九月到十二月。这个时期相当于王莽以恢复成帝、哀帝的“复古改制”路线为目标的时期，是王莽独自实施过激改革路线前的阶段。若王隆是以这个时代的汉制为蓝本来编纂《汉官篇》的话，那么可以推测出这是将成帝、哀帝时代的汉制正当化，而将王莽的元始辅政时代与新莽时代全部否定，是窦融阵营主流舆论的反映。

作者在通过仅有的《汉官篇》佚文记述，来推测其内容与记述特色，以及成立背景的基础上，对王隆的历史书写的特质和历史意义进行大胆的推测。本章与那些始终只是提出微不足道考证的诸多论文截然不同，相较于“小考”这一题目，更应该称之为“大作”。

对应“民族史”的最后的《劝伐河北书》篇中所收录的两篇论文，均以五胡十六国时期的历史认识为分析对象。第七章《“西虏”与“东虏”：谢灵运〈劝伐河北书〉所见华北局势与历史认识》以《宋书·谢灵运传》所收《劝伐河北书》为线索，试图究明这个时代建康精英阶层的历史认识。《劝伐河北书》是元嘉五年（428）谢灵运上奏当时的皇帝刘宋文帝，主张应该乘华北的赫连夏与北魏对抗之际而北伐的文书，既包括5世纪初叶建康精英的历史认识与思想，也是建康政权以“他者”视角对晋宋之际到刘宋元嘉时代初期的华北历史的书写，从这点来看它是很值得关注的史料。首先作者注意到这篇文书中所用的“西虏”“东虏”之语，从而考察了当时的华北局势，以及建康政权和江南精英阶层对此的认识。在指出“西虏”为赫连夏，“东虏”为北魏之后，认为其上书的时间是元嘉五年三月赫连定破北魏奚斤夺取长安，将北魏势力从关中驱逐出去以前的阶段，是在该信息传到刘宋之前，从该上书极为准确精炼地说明了元嘉三年（426）至五年发生在华北的魏夏战争进程这点，推测出建康政权对华北局势变化的情报收集是极为可靠的。

另外，从文中所言及的“五胡”国家的享国时长大致为一世（约30年），和比“五胡”低一级的北魏与赫连夏的“虏”政权也不会长期存在的这种预测来看，这篇上书预言了“五胡”的时代即将结束，在华北将迎来新秩序，即建康政权收复华北，恢复汉晋的天下。这种谢灵运的认识是晋宋时代建康精英阶层乐观主义的反映，即使“恢复”未能实现，“五胡”观念也作为一种“政治正确”在南朝得到应用和发展。后来赫连夏与“五胡”一起成为“十六国”之一，北魏则直接继承西晋“金行”取代华夏正统。还指出通过关注《劝伐河北书》这种来自建康方面“他者”的观察、书写，在更为深刻地理解4—5世纪华北和欧亚大陆东部历史秩序的变迁上，具有特别的意义。现在的五胡十六国观念中，存在着继承其后历史的北魏所造成的偏见，当时南朝人的历史认识未必和现在我们的五胡观念相同，本章是让我们重新认识这点的好论文。[1]

现在，“五胡”通常多用于指北魏统一前在华北争霸的匈奴、羯、鲜卑、氐、羌五个民族。第八章《“五胡”新诠：晋宋之际建康精英的历史书写》选取“五胡”一词加以分析，并试图对其意义进行重新探讨。关于“五胡”的含义，作者特地以为人熟知的基本史料《晋书》卷一一四《苻坚载记》中，

---

① 本章指出赫连夏与北魏在塞外完成政治发展，与汉晋时代由塞外移至塞内而发展的“五胡”王朝诸国不同。作者的这种观点，和以两国的历史展开为主对五胡十六国至北朝进程的说明，均在徐冲《「赫連勃勃——「五胡十六国」史への省察を起点として》（收入［日］窪添庆文编：《魏晋南北朝史のいま》，东京：勉诚出版，2017年，第27 ~ 37页）中有详细论述。

前秦苻坚对后秦姚苌所说的“五胡次序，无汝羌名”之语为第一个线索，认为这段内容是根据崔鸿《十六国春秋》而来，它源自刘宋时代车频与裴景仁所撰写的两部“前秦史”，是用以书写东晋正统性的故事。还指出隋唐以前有关“五胡”称呼的用例均为东晋南朝的，并选取“五胡”的最早用例——东晋褚皇后还政诏书（穆帝升平元年（357）正月，《晋书》卷三二《褚皇后传》)，认为这篇诏文中的“五胡”并没有对应传统理解的“五族”，在时间与修辞上都较为特殊，因而不能作为对传统“五胡”理解的依据。又分析《晋书》卷八七《凉武昭王李玄盛传》所见的义熙元年（405）西凉君主遣使东晋所携带的文书字面上的“五胡”用例及其由来，推测“五胡”并非单指异族，而是指在华北建立王朝者，并且它必将迎来终结，建康政权可以重返华北而恢复汉晋天下，这是一种乐观且具有预言意味的用法，认为晋宋时期的“五胡”成为那种具有特定政治意味的称谓。基于以上考察，作者提出了这样的假说，即东晋南朝建康精英阶层所说的“五胡”，并非指匈奴、羯、鲜卑、氐、羌等特定民族，而是指石氏的后赵、慕容氏的前燕、苻氏的前秦、慕容氏的后燕与南燕、姚氏的后秦这5个华北政权。不过，源自南朝的“五胡”概念，并没有被在德运谱系上继承西晋并将十六国置于“僭伪”的北魏以及后来的北朝所采用，他们虽然借用源自南朝的“五胡”概念，但将十六国时代活跃在华北的所有少数民族政权称作“五胡”，令其基于自身的历史认识而具备新的含义。由于这种用法在后来的隋唐统一后普遍化，所以“五胡”原本的含义便消逝在历史中了。

作者认为最初的“五胡”是源自南朝的称谓，而且与现在意义上的“五胡”不同这种看法，虽然已经在认为“五胡”用例来自南朝的以往研究中有所论及，[1]但本章提出的“五胡”是源自南朝人的乐观预测这种主张则很新颖，

---

① ［日］三崎良章：《五胡十六国：中国史上の民族大移動》（新订版），东京：东方书店，2012 年，第 34 ～ 37 页。

极为有趣。不过，虽然知道在资料上难以证明，但还是觉得对最后和北朝“五胡”观之间关系的说明不够充分。作者认为崔鸿《十六国春秋》中未见南朝“五胡”概念的影响痕迹，但不能否定《十六国春秋》是接收标榜南朝正统性的东晋南朝系统的资料所撰，这似乎也为唐修《晋书》所继承。如果是这样的话，即便“五胡”已经变质成自身希望的含义，但北朝为何会接受原本具有歧视意味的“五胡”称谓呢？这点似乎可以作为阐明北朝隋唐接受“五胡”的线索。

以上，夹杂着我的若干感想，按章节介绍了本书的内容。本书的最大特色首先是，通过历史书写这种手法与观点，彻底对以往的资料进行详查和重新探讨，从而积极地推测、提出新的历史认识与历史像。正如作者自己所说的那样，本书中的考察对象与主题本身也并不是那么新颖或稀见，所用史料也是以包括佚文在内的正史等过去中国中古史研究中使用的众所周知的资料为主，完全没有近年以秦汉史以前为对象的研究中使用的那种最新的出土资料。当然，事实上除敦煌吐鲁番文书、长沙吴简以及北朝时期的墓志等一部分例外，在研究魏晋南北朝史时，相对缺乏像前代那样的新出资料。尽管如此，可是作者通过对现有资料的探讨，从而提出与以往截然不同的历史像，这不禁令人感到惊叹。

例如，第二章论证《献帝传》用以构建曹魏皇帝权力正统性的历史书写，让位于西晋以降不承认曹魏正统性立场的史书这种历史书写主流立场的过程，以及第八章论证“五胡”历史用语源自东晋南朝，最初是作为包含建康精英自身正统观和汉人王朝恢复华北这种预言意味的词语来使用，但后来被北朝的历史书写所覆盖。这些都是深挖仅有资料的书写情况，通过反复探讨提出新的见解，确实可以说是作者的不同寻常之处。

然而，大胆的推测在另一方面也是一柄双刃剑。因此，正文中已经提到了几处本书中那些深入的推测与假说，在论证方面有不少不足之处。例如，第一章推断荀彧为《献帝起居注》的作者，虽因资料不足而不得已，但这是通过反复的旁证来推测得出的，还需要论证。另外，第八章推测屠各刘氏所建汉赵政权被排除在“五胡”外的原因在于，刘氏无法稳定统治华北中心地域的虚弱以及弑杀西晋怀帝、愍帝的“原罪”。但那种“原罪”究竟有没有呢？即使认为有的话，这与东晋南朝方面是否断定汉赵政权为“五胡”之间的关系也不明确，这点还需要进一步说明。不过，上述指摘对本书而言应该只是微不足道的瑕疵，可能也不应特意提出。这是因为，大胆而丰富的想象力与可能性的呈现，才是本书的最大魅力。

读后还有一点感触是，中心主题“历史书写”得到积极的论述，而对于本书所揭示的另一主题“魏晋精英”而言，虽然可以理解他们肩负“历史书写”对构筑“政治文化”有所贡献，但有关他们之于皇帝权力的独特性这方面的论述，不管从哪方面来说都稍感欠缺。当然，正如作者所说的那样，田余庆先生揭示的东晋“门阀政治”之“变态”，最终推进了学界对中国古代皇权政治之“常态”的认识。[①]而且众所周知，田氏对于极力主张这个时期为“贵族制”，过度忽视皇权政治要素的态度是有所批判的，评者也赞同田氏的看法。[②]然而，这个时期由皇帝未干预的精英价值观所支配的世界，具体而言也确实存在着士庶之别这种社会身份的差异，[③]这应是在长期的前近代中国皇帝专制时

① 本书前言，第 3 页。

② 田氏认为：“把皇权这个因素过度淡化，看重几家门阀、几个人物在舞台上的活动，而抹煞其与皇权的互动，抹煞其假皇权以行事的实际，这样就出现了中西无别的所谓贵族政治。……中国古史中始终是皇权至上，皇权专制制度是运转历史的枢纽。尽管朝代变了，制度的外观有异，甚至后来皇帝居位制度也被推倒了，但皇权统治思想和某些机制实际上是保存在社会躯体的骨髓里面，可以说形成历史的遗传基因。”参见钟鑫整理：《田余庆谈门阀政治与皇权》，《东方早报·上海书评》2013 年 1 月 6 日。此处所引为田余庆著，［日］田中一辉、王铿译：《北魏道武帝の憂鬱——皇后·外戚·部族》（京都：京都大学学术出版会，2018 年）的《著者田余慶氏紹介》（阎步克著）第 vii ~ viii 页。

③ 例如，《南史》卷三六《江夷传附曾孙斅传》谓：“先是中书舍人纪僧真幸于武帝，稍历军校，容表有士风。谓帝曰：‘臣小人，出自本县武吏，邀逢圣时，阶荣至此。

代中，显示魏晋南北朝时代独特性的现象。如果是那样的话，这种与皇帝制度相异的精英的社会独特性，与历史书写之间有怎样的关系呢？

这些评者的疑问，似乎是和本书中屡次提到的，通过历史书写来解读王朝正统性相关的问题，同时还与读完本书后的以下印象有关。也就是说，我觉得当时（魏晋时期）的历史书写是以国家（皇帝权力）的正统性为背景，或者说历史书写本身是以正统性为主要目的来进行的。然而，既然历史书写也是一种历史行为，那其背景中当然会有各种各样的历史制约，尤其是在当时，存在皇权“压力”也是理所当然的。例如第二章所提及的，否定曹魏政权而撰写的《曹瞒传》与谢承《后汉书》，未必只是基于孙吴王朝立场的书写，其中也应包括江南精英社会的见解。当然，作者未必是以上述那样的历史书写=正统性这种过于单纯的模式来思考的，[①]我也深知作者将皇帝权力理解成“并非指皇帝个人的权力，而是中国古代政治社会中所实现的最高支配权及其相关的权力秩序”。而且，正如本书开篇所介绍的那样，从作者自己将“魏晋精英”定义为“试图在提出一种超越王朝框架的长时段历史分期的前提下，以之指称一个具备稳定内涵的历史主体”这点，也能看出作者是将时代区分置于心头来认识一定的普遍历史存在。不过，那种精英作为社会存在是如何参与到当时的历史书写的呢？更为具体地来说，这是否也构筑了与皇帝权力“共同”之外的政治文化呢？若将这方面也作为考察对象的话，这个时代的皇权与精英之间的关系在很多方面会更为明确。

为儿昏，得荀昭光女，即时无复所须，唯就陛下乞作士大夫。’帝曰：‘由江斅、谢瀹，我不得措此意，可自诣之。’僧真承旨诣斅，登榻坐定，斅便命左右曰：‘移吾床让客。’僧真丧气而退，告武帝曰：‘士大夫故非天子所命。’时人重斅风格，不为权幸降意。”正如上述史料所说的那样，在南朝能否成为“士大夫”的决定权在于“精英”社会，即便是皇帝也不具备那种权力。

① 这点从如下的“共谋”表述中可以看出。关于记载东汉献帝伏皇后之死的谢承《后汉书》的书写，作者认为其“书写与曹魏王权立场相左的‘伏后之死’，本质上都是孙吴精英与王权共谋互动的历史书写表现”。参见本书第二章，第 78 ~ 79 页。

然而，以上是通过国家与社会的二元论这种以往模式来把握历史的评者的些许担忧，并不是强迫作者建立那样的历史理解框架，说到底不过是出于评者的个人兴趣而产生的感想。另外，虽然毋庸赘言，但我想再次强调上述指摘绝不会损害本书的价值。本书为中国中古史研究从历史书写的角度进行研究，提供了新的可能性，就这点而言，本书是今日最能令人兴奋的必读研究著作。最后，希望作者今后能继续开辟崭新的中古史研究。

榎本あゆち《中国南北朝寒门寒人研究》评介

陆　帅

平民社会的消解与门阀制度的确立，[①]无疑是汉末魏晋以来历史变动最为显著的一条线索。如南朝人沈约在《宋书·恩倖传》开篇史论中所言："周、汉之道，以智役愚，台隶参差，用成等级；魏晋以来，以贵役贱，士庶之科，较然有辨。"[②]这一趋势发展至南北朝时期，身份制社会结构已宛如图钉：位于顶端的，是王谢袁萧、崔卢郑王等极少数"门第二品"或跻身"四姓"的世家大族；底层，则是由数量庞大的自耕农、部曲、军户构成的庶民。而寒门与寒人，就位于"士庶"之间的狭窄通道内。凭借异于常人的才华与机缘，他们从原生阶层跃迁而出，在得以侧身政治、军事舞台中央的同时，却也无比清晰地触及门阀制度的天花板。实际上，对"士庶之科"感慨万千的沈约，正是寒门士人的一员。

作为南北朝时期最具活力的人群，海内外学界对于寒门、寒人的关注由来已久。20世纪30年代，周一良在分析南朝人群结构时就已注意到寒门在政

---

① 日本学界一般将门阀制度称为"贵族制"，两种概念略有差异。

② 〔梁〕沈约撰：《宋书》卷九四《恩倖传》，中华书局，1974年，第2302页。

治层面的崛起。[①]至50年代，宫川尚志首次对寒门、寒人的概念展开系统辨析，并详细梳理了这两类人群在三国、两晋、南朝各时段的基本状态与主要特征。[②]此后，中国方面唐长孺、毛汉光、万绳楠、何德章，日本方面川胜义雄、越智重明、安田二郎、都筑晶子等学者又先后发表了不少经典成果。[③]直到近年，相关研究仍时有涌现。[④]但总体来看，多数学者对这一课题的讨论不具有系统性，专著形式的结集成果长期欠缺。在这一背景下，榎本あゆち先

① 周一良：《南朝境内之各种人及政府对待之政策》，《"中央研究院"历史语言所集刊》第7本第4分，1938年，后收入氏著：《魏晋南北朝史论集》，中华书局，1963年，第30～94页。

② ［日］宫川尚志：《六朝史研究·政治社会篇》，东京：日本学术振兴会，1956年，第339～398页。

③ 参见唐长孺：《南朝寒人的兴起》，收入氏著：《魏晋南北朝史论丛续编》，生活·读书·新知三联书店，1959年，第93～123页，《读史释词·素族》《读史释词·寒士》，收入氏著：《魏晋南北朝史论拾遗》，中华书局，1983年，第249～256页；毛汉光：《两晋南北朝士族政治之研究》，台湾商务印书馆，1966年，第159～229页；万绳楠：《魏晋南北朝史论稿》，安徽教育出版社，1983年，第227～236页；何德章：《宋孝武帝上台与南朝寒人之得势》，《西南师范大学学报》（人文社会科学版）1990年第3期，第13～78页；［日］川胜义雄：《侯景の乱と南朝の貨幣經済》，《東方学報》32，1962年，《南朝貴族制の没落に関する一考察》，《東洋史研究》20-4，1962年，《劉宋政権の成立と寒門武人——貴族制との関連において》，《東方学報》36，1964年，以上三文后收入《六朝貴族制社会の研究》，东京：岩波书店，1982年。中译本为［日］川胜义雄著，徐谷芃、李济沧译：《六朝贵族制社会研究》，上海古籍出版社，2007年，第223～237页、第253～310页；［日］越智重明：《魏晋南朝の最下級官僚層について》，《史学雑誌》74-7，1965年，《東晋南朝の族門制について》，《古代学》18-1，1972年；［日］安田二郎：《"晋安王子勛の叛乱"について——南朝門閥貴族体制と豪族土豪》，《東洋史研究》25-4，1967年，《六朝政治史の研究》，京都：京都大学学术出版会，2003年，第335～416页；［日］都筑晶子：《南人寒門·寒人の宗教的想像力について——〈真誥〉をめぐって》，《東洋史研究》47-2，1988年，《南人寒門·寒人の倫理意識について——東晋後半の上清派経典を中心に》，《東方宗教》78，1991年。

④ 黄桢：《中书省与"佞幸传"——南朝正史佞幸书写的制度背景》，《中国史研究》2018年第4期。

生于2020年出版的《中国南北朝寒门寒人研究》(汲古书院)一书，无疑十分引人注目。

一

榎本先生于1951年出生于东京，1969年考入名古屋大学文学部，次年选择东洋史学作为专业方向，并于1978年完成博士课程。自1976年起，作者围绕南北朝时期的寒门、寒人问题，陆续发表论文十数篇。按照日本高校的旧体制，博士研究生在课程修满后随即退学，经过多年研究，将代表性研究集结为专著出版后，再以之申请博士学位。就此意义而言，本书不仅是作者40余年系列成果的集中展现，也是其学术生涯的阶段性总结。

《中国南北朝寒门寒人研究》一书由14篇论文组成，按照研究主题，分为四编。考虑到此书尚未译介至国内，首先列出各章详目，以备参考(括号内为初刊文献及时间，以见作者研究思路的发展过程)：

序文

第一編　南朝寒門寒人研究

第一章　梁末陳初の諸集団について——陳覇先軍団を中心として(《名古屋大学東洋史研究報告》8，1982年)

第二章　東晉・南朝の民衆運動と水上交通——南康の営民と鵃舟了船の越人([日]吉尾宽编：《民衆反乱と中華世界——新しい中国史像の構築に向けて》，东京：汲古书院，2012年)

第三章　劉孝標をめぐる人々——南朝政治史上の平原劉氏(《六

朝學術學會報》15，2014年）

第四章　南朝貴族と軍事——南斉の雍州刺史王奐を中心として（《名古屋大学東洋史研究報告》40，2016年）

第二編　南北朝中書舎人研究

第五章　梁の中書舎人と南朝賢才主義（《名古屋大学東洋史研究報告》10，1985年）

第六章　北魏後期・東魏の中書舎人について（中国中世史研究会编:《中国中世史研究 続編》，京都：京都大学学术出版会，1995年）

第七章　北斉の中書舎人について——顔之推、そのタクチクスの周辺（《東洋史研究》53-2，1994年）

第八章　西魏末・北周の御正について（《名古屋大学東洋史研究報告》25，2001年）

第三編　南朝帰降北人研究

第九章　帰降北人と南朝社会——梁の将軍蘭欽の出自を手がかりに（《名古屋大学東洋史研究報告》16，1992年）

第十章　南斉の柔然遣使 王洪範について——南朝政治史における三斉豪族と帰降北人（《名古屋大学東洋史研究報告》35，2011年）

第十一章　侯景の乱前史——寿春・帰降北人・蛮・在地豪族をめぐって（新稿）

第四編　南朝関連史料研究

第十二章　姚察・姚思廉の《梁書》編纂について——臨川王宏伝を中心として（《名古屋大学東洋史研究報告》12，

1987年）
第十三章 《南史》の説話的要素について——梁諸王伝を手がかりとして（《東洋学報》70-3 · 4，1989年）
第十四章 再び《南史》の説話的要素について——蕭順之の死に関する記事を手がかりとして（《六朝學術學會報》8，2007年）

あとがき“越境者の肖像”によせて

据上列目录，全书四编中有三编与南朝直接相关，第二编中的第五章、第七章也与南朝直接或间接关联。因此，尽管本书以南北朝为时间限定，但主要内容更侧重南朝尤其是齐梁以后的历史。众所周知，门阀制度的盛极而衰与中下层士族、庶民精英的崛起，是南朝历史发展的一体两面。而本书的基本思路，就是希望通过关注中下层士族、庶民——即作者所谓的“寒门”“寒人”[①]的具体活动，展现南北后期政治、军事、官制、史学等诸多面相，以此探明南北方由分裂走向统一的社会基础。正如作者在序文所言，其研究取向是“关注各种新兴势力对抗、挑战门阀贵族的历史，以此思考南朝社会对隋唐历史发展的影响”（第Ⅺ页）。

这一研究取向的选择与作者的学术背景密不可分。战后的名古屋大学东

① 在本书序文中，作者将“寒门”“寒人”的定义为：“寒门是拥有一定的门第或地域基础，具有任官的资格，但非出身一流门第的人群；寒人则是本不具有任官资格的庶民。”（第Ⅺ页）不过，正如宫川尚志、唐长孺先后指出的那样，何为“寒”，实际并没有固定标准，而是取决于具体语境。因此，与传统的认识相比，这里的“寒门”“寒人”是一个相对固定又比较宽泛的概念。除去南北朝时期少数门阀贵族，其余人群似乎都可纳入此范畴。如果换一种方式表达，作者所谓的“寒门”“寒人”，就是指那些活跃于南北朝的历史前台，而又不属于门阀贵族的人群。宫川尚志与唐长孺的相关研究，参见前引文献。

洋史学科，由京都学派第二代学者宇都宫清吉奠基。在接纳内藤湖南“文化史观”“中世（六朝隋唐）贵族制论”等历史框架的同时，也形成了“眼光向下”、关注边缘人群的研究特色。作者求学期间的导师谷川道雄、森正夫对豪强地主、贫农佃户、叛乱民众等地方性人群长期保持兴趣。[①]前文提及的安田二郎、都筑晶子作为同研究室的前辈，也较早对南朝寒门、寒人展开过具体研究。[②]作者在书中也特别提及，自己的研究思路受到了恩师谷川道雄与前辈安田二郎的极大启发。[③]从书中具体内容来看，作者围绕南北朝中书舍人的系列研究，进一步论证了谷川道雄提出的南北朝后期“贤才主义”的政治潮流及其与隋唐帝国的关系；[④]而针对南朝“晚渡北人”、青齐豪族的讨论，则很大程度上继承了安田二郎的研究视角。[⑤]可以说，本书的学术趣旨与研究框架，正位于名古屋大学东洋史学科传统的延长线上。以下，就对正文四编的主要内容试加介绍。

二

第一编“南朝寒门寒人”，分4章讨论了南朝齐梁以后政治领域的各种新兴势力。第一章《关于梁末陈初诸集团——以陈霸先集团为中心》，源于作者的硕士学位论文，也是作者进入南北朝史研究的起点。通过具体史实的考证，本章首先了梳理寒人出身的陈霸先与广州刺史萧映合作，继而凭借个人能力

① 比较典型的成果，如［日］谷川道雄、森正夫编集：《中国民衆叛乱史 1—4》，东京：东洋文库，1978 ~ 1983 年。

② 参见前引文献。

③ 相关文字，见本书第Ⅺ ~ Ⅻ页、第 467 ~ 468 页。

④ 谷川道雄的相关研究，参见《隋唐帝国形成史論》，东京：筑摩书房，1971 年。中译本为［日］谷川道雄著，李济沧译：《隋唐帝国形成史论》，上海古籍出版社，2004 年。

⑤ 安田二郎的相关研究，参见前引文献。

集结各类寒门、寒人，建立陈朝开国集团的过程。随后，作者将陈霸先集团与刘宋、南齐、萧梁三朝开国集团进行了对比，指出前者的主要特征是超越蛮汉之别，以任侠的精神作为纽带；而后者则以北人作为核心，脱胎于军镇体制。故而两者在性质上存在根本性差异。作者认为，陈霸先集团的出现，意味着南方内地寒人政治、军事力量的崛起以及“乡里社会”的成熟。对于这些历史现象背后的原动力，作者认为还有必要做更为深入的探究。

这一问题意识也成为第二章《东晋·南朝的民众运动与水上交通——南康郡的营民与鵃䑠船上的越人》的出发点。作者在此前对陈霸先展开考察时注意到，支撑陈霸先等南方本土集团政治、军事活动的基础性力量中，有一批从事水上交通——即内河船只的建造、驾驶与航运的南方土著群体。随后，作者以位于南方内地的南康郡为中心，对东晋末至南朝后期这类水上人群的活动实态展开考察，认为南朝寒人崛起的基础，正源自这一类在史书上籍籍无名的水民。

接下来的第三章与第四章，作者试图对日本学界既有的南朝政治史框架展开回应。第三章《刘孝标及其周边人群——南朝政治史上的平原刘氏》，是对安田二郎相关研究的继承与扩展。安田氏曾以清河崔氏、平原刘氏、明氏等青齐豪族为例，讨论寒门特别是“晚渡北人”群体在南朝政治舞台上的重要作用，但关注时段集中在刘宋中后期。[①]本章则以出身平原刘氏的刘孝标为中心，论述青齐豪族在南朝齐、梁时代的政治地位变迁。作者指出，通过文学、学问与政治、军事强人建立起私人的关系纽带，是这一时期寒门寻求政治地位的主要路径。

第四章《南朝贵族与军事——以南齐雍州刺史王奂为中心》，则试图对川

---

① ［日］安田二郎：《蕭道成の革命軍団——淮陰時代を中心に》，《愛知県立大学文学部論集 一般教育編》，21，1970，后收入氏著：《六朝政治史の研究》，第307 ~ 334 页。

胜义雄的相关论点有所修订。川胜氏曾指出，刘宋政权的建立，不仅使得门阀贵族丧失军权，逐步“白面书生”化，也标志着寒门武人阶层在政治、军事领域的崛起。[①]作者则指出，刘宋时期仍有贵族担任地方军镇长官的情况。此外，军权也不应单单理解为州镇军权，禁军（中央军）军权也应当纳入视野。作者注意到，王奂是南朝最后一位在中央、地方先后担任军事要职的门阀贵族。换言之，南朝贵族丧失军权的下限，要晚至南齐永明年间。

较之第一编，第二编“南北朝中书舍人研究”的议题更为集中，作者将研究视野聚焦至中书舍人这一群体。第五章《梁代中书舍人与南朝贤才主义》重点考察了梁代中书舍人的人选及其活动实态。作者认为，这一群体象征着梁武帝不分贵族、寒门，以才授官的政治理念——即所谓的“贤才主义”。不过，由于门阀制度的僵化，为了弥合贵族、寒门的身份制鸿沟，中书舍人只能够以兼官的形式任命。然而，这种任职形式导致中书舍人日渐依附于皇权，走向私权化。同时，货币经济的急速发展，又使得梁朝后期中书舍人出现了恩倖化趋势。这些因素，是梁朝中书舍人制度的局限所在。

作为对比，接下来的第六章《北魏末、东魏时期的中书舍人》、第七章《北齐时期的中书舍人——颜之推的社交圈》以中书舍人的兼官制为线索，重点讨论了北朝后期中书舍人制度的发展及其对固有局限的突破。通过史料的梳理，文中指出北魏末至东魏时期的中书舍人制度明显受到了南朝的影响。不过，由于政治环境的巨大差异，东魏、北齐之际，中书舍人的性质逐渐发生复杂变化。这种变化，一方面表现为功能上从军务官向文学顾问的转化，另一方面表现为任职者身份从贵族到寒门的广泛性。任官形式，也从原本的兼官就职逐渐转变为本官就职。作者进一步认为，北朝后期中书舍人制度的

---

① ［日］川胜义雄：《劉宋政権の成立と寒門武人——貴族制との関連において》，《東方学報》36，1964 年。中译本请参见［日］川胜义雄著，徐谷芃、李济沧译：《六朝贵族制社会研究》，第 223 ～ 237 页。

演进，体现了北朝贤才主义政治潮流的长期存在及其与门阀制度的直接对抗。

与东魏、北齐同时代的西魏、北周政权，由于官制以《周礼》为蓝本，因此并无中书舍人的名号。胡三省在注释《资治通鉴》时认为，西魏、北周的御正等同于中书舍人。[①]作为北朝中书舍人制度研究的补充，第八章《西魏末·北周时期的御正》即围绕这一传统论断展开考辨。作者指出，西魏、北周比照的对象并非中书舍人，而应当是散骑常侍等侍从官。不过，随着官僚制的发展，北周时期的御正逐渐具备中书舍人的机能。从就任者的具体情况来看，北周武帝以后的御正也带有非常明显的贤才主义特征，并对此后隋唐时代内史、中书系职官制度的产生具有深远影响。

如果说第二编的学术视线是自南而北，那么第三编"南朝归降北人研究"则与之相反，作者以兰钦、王洪范、侯景三位政治、军事人物为个案，揭示归降北人在南朝的活动实态。

第九章《归降北人与南朝社会——以萧梁将军兰钦的出身为线索》，通过对兰子云、兰钦父子相关史料的考证，作者认为由北魏归降萧梁政权的兰钦并非汉人，而是出自北土的鲜卑人。在北魏的徙民政策下，他们成为南部边境的城民，在长官压迫、身份卑下等多重因素的影响下，最终叛逃至南方。兰钦的经历，正是北魏边境"南叛"城民的缩影。此外，作者还从经济的角度出发，分析认为在南朝货币经济的影响下，南北边境地带商业活动频繁，北魏南境州镇长官多有经商、聚敛的行为。借助于边境贸易，各类货币、物品、人群以及情报的不断流动，在影响南北军事情势的同时，为城民的"南

---

① 〔宋〕司马光编著，〔元〕胡三省音注：《资治通鉴》卷一六八，陈文帝天嘉二年（561）夏六月条："乙酉，周使御正殷不害来聘"，胡三省注云："《周书·申徽传》曰：'御正，任专丝纶'，盖中书舍人之职也。《北史·卢辩传》：'武成元年，增置御正四人，位上大夫。'考之《唐六典》，则曰：'后周依《周官》，春官府置内史中大夫，掌王言，盖比中书监、令之任，后又增为上大夫。小史下大夫，比中书侍郎之任；小史上士，比中书舍人之任。'然则为御正者，亦代言之职，在帝左右，又亲密於中书。杜佑《通典》：'御正属天官府。'"中华书局，1956年，第5214页。

叛”提供了诸多契机。

第十章《南朝柔然遣使王洪范——南朝政治史中的三齐豪族与归降北人》，通过对王洪范军事、外交活动的考察，作者揭示了归降北人在南朝军事、情报领域所具有的独特作用。另值得注意的是，王洪范与第三章论及的刘孝标同属青齐豪族。王洪范的主要身份是将领与使节，刘孝标则以文学著称于南朝政界。两者一武一文，从不同角度拼接出青齐豪族在南朝政治、社会中的多元图景。

第十一章《侯景叛乱前史——寿春、归降北人、蛮与本地豪族》作为本编的总结之作，以活动在南北边境的归降北人、蛮、本地豪族的动态为中心，详细论述了梁初至侯景之乱前南北政权围绕寿春展开的军事攻防，并指出萧梁时期的归降北人及其带来的情报，在很大程度上影响了梁武帝的政治、军事决策。作者进一步指出，自南朝刘宋以来，军事领域对归降北人的依赖日渐增强。而这种特殊的军事体制下，正是梁武帝接纳南朝史上最重要的归降北人——侯景的具体背景所在。

本书最后一编为“南朝关联史料研究”，作者的主要思路是对比《梁书》与《南史》的记载差异，由此发掘寒门、寒人在史料编纂中的立场与态度。第十二章《姚察、姚思廉的〈梁书〉编纂——以〈临川王萧宏传〉为中心》通过分析《梁书·临川王萧宏传》，作者认为，姚察、姚思廉父子在《梁书》编纂过程中对萧梁皇室多有回护，为尊者讳。其主要原因，一是姚察、姚思廉父子的寒人身份，一是梁武帝、临川王萧宏与武康姚氏家族的密切联系。

第十三章《〈南史〉的小说性记叙——以萧梁诸王传为线索》与十四章《再论〈南史〉的小说性记叙——以萧顺之之死的记载为线索》均是在继承上一章思路的基础上围绕《南史》展开的研究。作者指出，北朝士人，尤其是以颜之推为代表的原北齐系寒门士人通过闲谈所编纂出的志怪志人小说——如《冤魂志》等等，对于《南史》中的萧梁历史记载、梁武帝萧衍的评价问题产生了极大影响。与姚察、姚思廉父子在《梁书》对萧梁皇室的回护不同，北齐系士人在回顾萧梁历史的过程中强烈批判了梁武帝家族违背道德、兄弟反目的行为，并将之归结为梁朝灭亡的主要原因。这也导致了《梁书》与《南史》在历史观以及具体叙述上的极大差异。作者还注意到，北齐系士人之所以将皇族内部关系与王朝兴衰紧密联系在一起，源自他们亲历了北齐政权因高欢诸子的政治斗争而衰亡的过程。

从以上概述可以看出，本书的具体研究对象，实际包括了次等贵族（琅琊颜氏）、地方豪族（平原刘氏、武康姚氏）、归降北人、中书舍人任职者、水上交通人群等林林总总的社会群体。那么，怎样对这些寒门、寒人的历史特征进行把握？或者说，研究寒门、寒人的意义何在？在正文4编之后的余论中，作者写道：

> 这些南北朝时期的寒门、寒人，样态各异，虽无法一概而论，但“越界者”的身份，可视为他们的共通点。其中，一些人跨越了门阀贵族制下原有的政治社会身份，一些人跨越了南北政权的边境，他们都试图寻求自己的生存之道。笔者的上述研究，就是希望描绘这些“越界者”的活动实态——亦即他们的“肖像”。可以说，这些“越界者”的活跃，大大推动了南北朝时期政治、军事的演进，隋唐社会继之而来。同时，由于这些“越界者”的存在，南北政权之间的情报、文化得以密切交流，隋唐统一帝国的基础也由此而形成。（第467页）

如上所见，通过这些“越界者的肖像”，探索南北朝向隋唐统一帝国演化的内在基础，正是本书的研究主旨所在。

三

注重从身份制的视角把握中国古代的社会历史特征与演进过程，是日本魏晋南北朝史研究最富特色的学术传统之一。该传统的形成，最早可以追溯到京都学派的创始人之一内藤湖南于20世纪初提出的“中世（六朝隋唐）贵族制论”。此后，在高强度的学术论争环境下，冈崎文夫、宫崎市定、宇都宫清吉、宫川尚志等人不断充实其内涵，至二十世纪六七十年代，随着川胜义雄“六朝贵族制社会”与谷川道雄“豪族共同体”学说的问世，经过前后三代研究者的学术接力，这套以“贵族”“豪族”“寒门”“寒人”等身份标签为核心，对魏晋南北朝时期政治演进与社会结构进行阐释的学术架构日趋成熟。[①]日本战后魏晋南北朝史研究的深度与活力，也于此时期到达了一个高峰。

对于在谷川道雄先生的亲炙下踏入研究领域的作者而言，继承“贵族制”理论并将之作为出发点，是很自然的选择。前文提及，本书虽然以南北朝寒门、寒人为主题，但作者的研究重心明显地倾向于南朝——更具体地说，倾向于南朝中后期的寒门、寒人。而这一领域，恰恰是谷川道雄及川胜义雄研究中的明显缺环。[②]就此背景而言，本书的学术指向，实际可以理解为南朝中后期视角下的“六朝贵族制社会论”或“隋唐帝国形成史论”。其实，不仅仅是本书作者，从日本20世纪80年代以后的史学发展来看，从前人较少触及的领域——如西晋政治与社会，南朝边境豪族，自然也包括寒门与寒人——继承与补强“贵族制”理论体系的研究倾向，在身处“京都学派”共同体内的谷川后一代日本学人身上显得十分强烈。

不过，或是由于连续三代名家大师们构建的学术巨塔已高耸入云，想要

① 相关学术史的梳理，参见林晓光：《比较视域下的回顾与批判——日本六朝贵族制研究平议》，《文史哲》2017年第5期，第20～42页。

② 川胜义雄的研究更侧重于阐释贵族制自东汉后期至南朝发展、成熟的过程，研究时段集中在汉魏之际与东晋刘宋。尽管他也触及到寒门、寒人问题，但主要是以门阀贵族为中心的视角进行讨论的。另一方面，谷川道雄《隋唐帝国形成史论》的基本线索是讨论五胡十六国—北朝—隋唐的发展历程，对于南朝至隋唐这条历史线索，并未涉及。川胜、谷川二氏的成果，参见前引文献。

在“贵族制”理论的既有体系下再有所推进，往往显得困难重重。而一旦放弃结构层面的思考，研究上的停滞感也随之而来。比如说，对基础概念、框架的反思不足。再比如说，缺乏观点鲜明的研究结论。本书阅读的过程中，有两处细节令笔者印象深刻。其一，是对于寒门、寒人的定义，本书序文仅仅沿用了作者刚刚踏入学界时（1976年）的观点，[①]而并没有依托此后的研究有所更新。其二，作者在余论提及，追寻南北朝走向隋唐统一帝国的历史进程，是本书的研究目的之一。但这条进程究竟是什么，它与寒门、寒人具有怎样的关系？却没有给出明确答案。我想，这两点正从不同侧面展现了作者的困境。

那么，问题究竟出在哪里？根本原因应当是中国历史的复杂性。如果以数百年的长时段为单位，“贵族制”理论的确精准把握住了魏晋南北朝最为显著的社会历史特征。然而，在华夏文明广阔的地理范围下，人群、区域间的具体生态与结构秩序从来都不尽相同。一旦下沉到更为微观的时空内，面对多样化的社会历史情境，基于某些典型案例归纳而成“贵族制”理论究竟是否具有普遍意义？对此，笔者时常表示怀疑。其实，不单单是中国历史，从世界范围来看，自18世纪以来，人类构建具有普遍意义的历史规律或历史框架的尝试，多数以失败而告终。而21世纪以来的史学演进，正是研究者摆脱过度的体系化思维，注重从文本语境与微观场景中认知历史的过程。因此，作为工业革命以来人类追求规律性历史框架思潮中的浪花一朵，“贵族制”理论只是研究者观察魏晋南北朝历史的一扇窗户，一条重要却非唯一的路径。它在宏观层面的指导意义，无法也不应该替代研究者对具体历史图景个性化的感悟与思考。这种微妙关系，常常令人想起那句形容现代医学局限性的名

① 具体文章为［日］榎本あゆち：《南朝の寒門・寒人問題について——その研究史の考察》，《名古屋大学東洋史研究報告》4，1976年。另需指出的是，本书也并未在该文的基础上对南北朝寒门、寒人问题进行更完备的学术史回顾，令人颇为遗憾。不过，考虑到本书的结集出版性质，这一点是可以理解的。

言——“有时治愈，常常帮助，总是安慰”。[①]

当然，每一代学人都有其特定的成长环境，是发扬旧说还是开辟新路，作为一种个人选择，并无高下之分。关键在于，能否以诚恳态度面对研究，能否提供一些切实的新知。而这些方面，无论是从本书各章的选题，还是史料的搜集，抑或具体行文中，均不难感受到。值得一提的是，根据书末提供的信息，修完博士课程后的40余年间，作者长期以非常勤讲师的身份，在代课之余坚持研究，最终将成果结集为本书出版。这份纯粹而坚韧的学术心境，令人动容。时至今日，“贵族制”理论虽已不再位于魏晋南北朝史研究的最前沿，但其核心理念已为海内外学界所普遍接受，内化为基本的学术共识。我想，这与作者这一代学人对“贵族制”理论的充分实践是分不开的。而近来更为年轻一代的研究者对士族经典学说的反思意识以及研究路径上的“去中心化”,[②]某种程度而言也正得益于以作者这一代学人在继承与发展旧有学术体系过程中的艰难探索。

最后想指出的是，出于种种原因，20世纪50年代以来的大陆学界长期在阶级斗争史、古代社会性质及分期等问题上投入了大量精力。相较之下，魏晋南北朝政治、社会领域的很多基础性课题，日本学界反而比较早地展开了研究。具体到本书，作者对南朝地方性人群——如梁陈之际的土著豪强、南方水上人群、齐梁时期晚渡北人等等的关注与分析，以《梁书》《南史》为中心展开的史料批判，在学术史上都具有极为重要的先驱意义。仅就此数点，本书所具有的学术价值也就无需赘言了。

---

① 这句话为爱德华·特鲁多医生的墓志铭，英文原文为“To cure sometimes, to relieve often, to comfort always”，具体信息参见 Frank M. Snowden, *Epidemics and Society: From the Black Death to the Present,* New Haven：Yale University Press, 2019, P.307。

② 除前引林晓光文章外，另可参见范兆飞：《北美士族研究传统的演变——以姜士彬和伊沛霞研究的异同为线索》，《文史哲》2017 年第 3 期，第 19 ~ 40 页；仇鹿鸣：《失焦：历史分期论争与中文世界的士族研究》，《文史哲》2018 年第 6 期，第 110 ~ 120 页。

近年来，随着稀见典籍、出土文献、考古资料的不断开掘，门阀贵族以外人群的存在状态，越来越受到中古史学界关注。[①]我们有理由相信，伴随着本书的出版以及作者的后续研究，南北朝后期的社会历史图景必将更为生动而鲜明。

① 近年来较为重要的研究，如胡宝国：《晚渡北人与东晋中期的历史变化》，《北大史学》2009 年第 14 辑，第 94 ~ 111 页；鲁西奇：《中古时代滨海地域的“水上人群”》，《历史研究》2015 年第 3 期，第 63 ~ 78 页；魏斌：《南朝佛教与乌伤地方——从四通梁陈碑刻谈起》，《文史》2015 年第 3 辑，第 79 ~ 116 页；吕春盛：《南朝时期“晚渡北人”的兴衰及其原因》，《汉学研究》2015 年第 33 卷第 4 期，第 141 ~ 176 页；周鼎：《家族、地域与信仰 :〈唐润州仁静观魏法师碑〉所见唐初江南社会》，《史林》2019 年第 1 期，第 38 ~ 46 页；［日］田熊敬之：《北斉“恩倖”再考：君主家政官としての嘗食典御・主衣都統を中心に》，《史學雜誌》129–7，2020 年。

鲁西奇《中国古代乡里制度研究》读后

徐　畅

一、跨断代的乡里制研究

中国幅员辽阔，广土众民。在漫长的古代中国，尤其是王朝国家时段，统治者一直致力于采取各种举措，实现对基层社会的地域控制、对编户齐民个体的人身支配；其中的核心性举措，往往落实为全国性的法令、制度，如土地制度、户籍制度、乡里制度等等。乡里制是以对全体乡村居民进行什伍编制为起点的、王朝国家行政结构中最基层的管理单元；与郡县制相配合，通过按比户口、课植农桑、催督赋役、维持治安、兼理司法、宣布教令等工作，实现国家与基层聚落民众的对接，因而被称为"治民之基"。

20世纪后半期至21世纪初，随着史学界书写基层历史的热潮，有一大批探索乡里/乡村的历史学学术著作涌现，但大部分是就某一断代（如秦汉、北朝、隋唐、宋元），围绕律令、典志等传世文献，展开切片式的基层制度考据。[1]相比较来说，社会学、政治学视角的乡里制考察，常能打破“断代”的束缚，从一个长时段来贯通审视帝制中国的基层政治，提出了“从乡官到职役”“郡县空虚”“双轨政治”“皇权不下县”“皇帝无为而治天下”等有影响力、有阐释力的理论，[2]基本上勾勒出了近世中国行政金字塔末梢的运转规律。贯通论者较熟悉近世风貌，对中国上古、中古时代的乡里社会运转情况，则难免隔膜，如将《周礼》诞生之后，隋唐废乡官之前的整个周秦汉唐时代，笼统视为由“乡官”做主的乡里制“黄金时代”，盛赞县以下制度设计的稳定详备、有条不紊，完全站在清人“乡官论”的延长线上；[3]忽略了长时段内由于国家的一统或分裂、集权的加强与削弱，与乡里相关的制度及人，也随时处于变动之中，甚至是乡官也时有置废。

说来也巧，笔者近年来一直希望深入中国中古（汉唐间），借助简牍及纸本出土文献，勾勒这一长时段国家政权与基层乡里社会互动的情况，梳理汉唐乡里制度演变的脉络。虽然迄今为止仅围绕唐代长安周边、东汉三国长沙

① 仅列举若干，如［日］气贺泽保规：《隋代郷里制に関する一考察》，《史林》58–4，1975 年，第 567 ~ 605 页；齐涛：《魏晋隋唐乡村社会研究》，山东人民出版社，1995 年；侯旭东：《北朝村民的生活世界——朝廷、州县与村里》，商务印书馆，2005 年；谷更有：《唐宋国家与乡村社会》，中国社会科学出版社，2006 年；［日］岸本美绪：《明清交替と江南社会：17 世紀中国の秩序問題》，东京：东京大学出版会，1999 年；Hsiao Kung-ch'uan, *Rural China: Imperial Control in the Nineteenth Century,* University of Washington Press,1960. 详情亦可参《中国古代乡里制度研究》一书之“主要征引文献”，北京大学出版社，2021 年，第 784 ~ 790 页。

② 参读费孝通：《再论双轨政治》《基层行政的僵化》，收入氏著：《乡土重建》，《费孝通文集》第四卷，群言出版社，1999 年，第 337 ~ 364 页；温铁军：《半个世纪的农村制度变迁》，《战略与管理》1999 年第 6 期，第 76 ~ 82 页；秦晖：《传统中华帝国的乡村基层控制：汉唐间的乡村组织》，收入氏著：《传统十论》，复旦大学出版社，2004 年，第 1 ~ 44 页；罗志田：《地方的近世史：“郡县空虚”时代的礼下庶人与乡里社会》，《近代史研究》2015 年第 5 期，第 6 ~ 27 页；等等。

③ 清人将乡制理想化，有试图在县以下重建乡官体系的现实需求，参胡恒：《清代的乡官论与制度选择》，《历史研究》2020 年第 5 期，第 83 ~ 107 页。

地方做过一些细碎的个案研究，但也获得了一些有趣的发现。

如所周知，秦汉时代，乡作为县下完整的一级行政组织，由以啬夫为首的乡吏与诸官配合，统揽基层事务。[①]而走马楼吴简所见孙吴嘉禾年间（232—238）长沙地方的乡，虽还有书史等个别属吏，却不再有啬夫类的乡官，县级行政权力向基层延伸，县派出廷掾分巡各乡，廷掾与更基层的里魁、岁伍、月伍相配合，共同承担了乡一级的各种定期、不定期事务；[②]这种状况恰与5个世纪后唐乡的情况相似，唐代乡一级行政单位的主官乡长（或称乡正）在国初已被裁撤，乡级事务如造籍、派役、差科，皆由里正承县级命令而在基层办理，且里正需定期到县衙上直。[③]

乡官退场，县走上基层政务的前台，这肯定不是孙吴场景的简单重现，而是近5个世纪乡里管理模式循环演进所致。欲洞悉其中要义，需对两汉—三国—西晋—十六国北朝/东晋南朝这一长时段内一统或割据政权的基层治理理念，以及其落实在治国理政层面的“制度”做贯通式考察。

通过以上所谈学界研究现状及个人研究体验，读者一定能体会出在乡里制度领域进行跨断代探索的迫切性与必要性。时至今日，反映中国史各个时段的基层文书档案，如县乡官府文书，乡里赋税帐册、土地户籍登记、差科簿，民户家庭掌握的手实、结社文书，等等，以简牍、石刻或纸文书的形式呈现，在全国各地，被考古工作者及文献征集者发现；这些新资料为从历史

---

① 可参孙闻博：《从乡啬夫到劝农掾：秦汉乡制的历史变迁》，《历史研究》2021年第2期，第68 ~ 88页；徐畅：《出土简牍与汉代乡吏性质再思——兼谈汉代乡级治理的两种模式》，《中国史研究动态》2021年第2期，第28 ~ 33页。

② 参徐畅：《走马楼简所见孙吴“乡劝农掾”的再研究——对汉晋之际乡级政权的再思考》，《文史》2016年第1辑，第23 ~ 50页。

③ 参［日］中村治兵卫：《唐代の郷——元和郡縣図志よりみた》，《鈴木俊教授还暦纪念東洋史论叢》，东京：山川出版社，1964年；孔祥星：《唐代里正——吐鲁番、敦煌出土文书研究》，《中国历史博物馆馆刊》1979年第1期，第48 ~ 61页；赵吕甫：《从敦煌、吐鲁番文书看唐代“乡”的职权地位》，《中国史研究》1989年第2期，第9 ~ 19页；等等。

学的路径切入，跨断代地探讨整个王朝国家在县以下的制度设计及其施行情况，提供了前所未有的契机。

鲁西奇先生的《中国古代乡里制度研究》一书[①]，就是在尽可能全面占有不同时段旧有、新见材料的基础上，立足实证研究，考察自周代至明清近3000年间王朝国家的乡村控制及相关制度规定，还原制度实行情况，并梳理不同时期制度演变线索的一部"跨断代"巨著。作者凭一己之力，搜集先秦秦汉经书、唐宋典志、元明清方志等传世文献，金文、陶文，楚、秦、汉、吴、晋简牍，碑刻墓志、买地券等出土文献，宗谱、鱼鳞图册、实征册、黄册等明清公私档案，整合多年来在江汉平原、长江中游及南北方的实地考察经验，集成清代经济史、辽宋金元史与六朝史地的研习背景，以80万字，近800页的篇幅，呈现出一部历史村落地理、乡村制度史、乡村社会史三位一体的中国古代乡村"通史"。

二、百里不同制：制度的统一性与区域差异

今人理解的制度，依《现代汉语词典》的解释，是在一定历史条件下形成的，要求大家共同遵守的办事规程或行政准则；这种准则是超越人物/时间/空间/事件之外的，具有强烈规范意义和本体色彩的"体系"。换言之，制度是刚性的（institutional robustness）。从这个意义上理解中国古代的乡里制度，就是中央王朝对基层社会进行户口编排（若干户相聚为邻，若干邻/比组成一里，若干里组合为乡），并通过强制性行政力，将全国范围的民众网罗入这种一元化的机制；如唐王朝建国伊始，就以《令》规范基层行政建置与聚落形态："武德七年（624），始定律令：……百户为里，五里为乡。四家为邻，五

① 下文引用该书内容，页码皆随文括注，不再一一出脚注说明。

家为保。”[1]律令是在全国范围内推行的，理论上讲没有哪个州县可以讲特殊性。

相比于“制度”，王朝国家对基层社会的治理，还依赖齐整风俗、推行文化教育等手段，但风俗、文教属于软性因素（soft power），其施行常以某一特定区域的社会文化情况为基础，而呈现出很大的地域变异（variations）。早期华夏大地即呈现出“百里不同风，千里不同俗”的面貌，[2]依照时制，县域方圆百里；[3]所谓百里不同风俗，实际上是强调在同一县域范围内的习俗多元化。

本书是一本立足“制度史”的专著，最终却并未呈现出一种举国一统的乡里体制。作者清醒地认识到，王朝国家厉行乡里制度的终极目标是为控制户口、征发赋役和保障治安，而王朝疆域内各地区的乡村在社会基础、经济状况、居民结构、历史文化等层面存在着巨大的差异；要达成目标，在制度设计过程中，以及后续的推行过程中，就要尽可能充分考虑到诸种地方特性和人群特性，做相应调整，达到所谓“因地制宜”。

这种因地制宜，在由分裂走向一统，新的中央集权王朝制度整合阶段，表现得最为明显，也最可以被理解。如在本书第二章第二节，作者通过史实梳理揭示，秦自商鞅变法以来形成的基层乡里制度，随着秦对六国的吞并而被逐一推行于楚及五国故地，虽然秦号虎狼，占领者的法令推行具有强制性，但依然存在地域差异。在岭南等新拓疆域，乡里制未及推行；而于楚人而言，在先入秦的南郡和秦灭楚后获得的“东国”，居民对新制的接受也存在着相当的心理差异。（第162 ~ 177页）相比强秦，隋文帝在实现大一统过程中，在基层乡里制度制定过程中，则相当主动地照顾到归于新帝国版图的各区之间的差异，在第四章第一节，作者讨论了隋的案例：

① 〔后晋〕刘昫等：《旧唐书》卷四八《食货上》，中华书局，1975年，第2089页。

② 〔东汉〕应劭撰，王利器校注：《风俗通义校注》，《序》引《传》曰，中华书局，1981年，第8页。

③ 〔东汉〕班固撰，〔唐〕颜师古注：《汉书》卷一九上《百官公卿表上》，记时制：“大率十里一亭，……十亭一乡，……县大率方百里。”中华书局，1962年，第742页。

（国家）根据关陇巴蜀西魏北周故地、山东北齐故地、江南陈国故地三大地域不同的社会经济背景与制度传统，先后分别实行二长制、三长制与汉晋以来的乡里制三种不同的乡里制度，直到大业三年官制改革之后，以乡长、里长为核心的乡里系统方逐步演变为集民政、司法为一体的控制体系，北、南方的乡里制度在实行层面上才渐趋一致。（第765页小结）

从区域整合的角度，对隋唐乡里制度的“形成史”，做了具有典范意义的追溯。

在中国历史上专制主义中央集权实现大一统的时代，统治者倾向于按照统一的标准整理基层社会，甚至是以法令的形式（如前引唐《令》）规范基层的行政建制与聚落形态，彼时乡里制推行的地区差异是否还存在？笔者曾经根据西安出土唐人墓志卒、葬地书写中展示的城内为坊，城外为乡、里、村的情况推测，在城墙、坊墙等城郭设施被普遍设立的北方大城（如长安、洛阳、太原），乡里制未得推行，坊/里成为基层管理单位，结论推翻了唐代地域管理中“二重构造”（乡里制与村坊制并行）的普适性；[①]读本书，对唐乡里制实施的“因地制宜”，将有更加丰富的认知。作者从《通典·食货典》“乡党”条所引唐《令》“诸户以百户为里，五里为乡，四家为邻，（三）[五]家为保。每里置正一人，若山谷阻险，地远人稀之处，听随便量置”[②]切入，指出唐朝在制度制定的当时，对山谷阻险、地远人稀之乡的特殊情况，就有所考量；而通过跨区域的梳理，进一步勾勒出唐代乡里控制的圈层图：

第一圈是以汉户为主的正州县，严格实行乡里制；第二圈是以蕃

① 徐畅：《长安未远：唐代京畿的乡村社会》，生活·读书·新知三联书店，2021年，第74～86页。

② 〔唐〕杜佑撰，王文锦等点校：《通典》卷三《食货三》，中华书局，1988年，第63～64页。

> 胡蛮夷为主设立的正州县，努力推行乡里制度，但未全部落实；第三圈是有版羁縻州，仍行部落领民治，部分州县编排了乡里；第四圈是无版羁縻府州，行部落领民治，逸出乡里体制之外，但有唐廷驻军。（第455页）

从第一到第四圈层，社会控制程度依次衰减。这幅圈层图，相对于“百户为里，五里为乡，在邑居者为坊，在田野者为村”的单一式唐朝基层制度图景，无疑是更贴近历史情境的。

如果说在王朝国家一统时期，乡里制的推行仍呈现地域差异，那么这种差异较区域政权对峙时期，是否有所弱化？从本书揭示的北宋王朝的情况看，显非如此。由于纳税方式的变革（由租庸调到两税法），唐以来作为户口赋役、籍帐编制单元的乡里逐渐被以地域为原则的管–耆、都–保体制所取代。但在王朝境域内的不同地区，乡里经管–耆向都–保制的演变过程颇不一致，尤其在南方；在一些区域管–耆制未能实行，而另外一些区域都–保制未全面取代乡里制，里未退出实际的乡村管理。宋史研究者曾对两宋各地的乡里管理体制进行类型学研究，归纳出多种排序法，王曾瑜先生总结：“宋朝的乡、里以及管或耆的关系相当复杂，各地的情况五花八门，难以一概而论。”[①]本书则以开庆《临汀志》揭示的汀州武平县为例，指出该县管七乡，其中顺义等五乡实行乡里编排，而永宁、安丰二乡实行都保制，并进一步总结：宋代乡里制度在具体实施过程中所表现出来的地方差异达到惊人的地步，甚至在一个县内的不同乡，都可能采取不同的管理体制。（第525页）

从这个意义上讲，在古代中国，不仅“百里不同风，千里不同俗”，连出于国家层面的制度安排，在具体实施过程中，也可以呈现出百里内而各异的局面，制度并非铁板一块的“严肃面孔”，甚至是机动而活泼的。这不正是中

① 王曾瑜：《宋代社会结构》，载周积明、宋德金主编：《中国社会史论》，湖北教育出版社，2000年，第266页。

央一统政令与基层社会之间张力的最好说明吗？

三、户口、属地标准与制度的周期循环

众所周知，乡里制首先是一种国家对民众进行户口编组的制度性安排，但本书作者在接受原澎湃新闻记者饶佳荣访谈时，将自己围绕古代中国不同时期乡里制度的研究浓缩为关注“土地、村庄和天空”，着眼于地域，并未特别强调户口因素，[①]这与作者在本书中对乡里制空间性（属地标准）的强调，是一脉相承的。本书指出，乡里制在起源上，就是人、地一体的：一定数量的民众必定是比邻而居，占据一定的地域空间，从而形成固定的聚落；当这些民众被按照户口标准编为乡里时，乡里行政单元无疑也就对应着辖内民户居住的一个或若干个聚落，从而展现出属地性。《汉书·百官公卿表》记秦汉“大率十里一亭，……十亭一乡，……县大率方百里”[②]，就是乡里为地域性管理单元的明证。

为了直观展示乡里制度的属地特性，本书尝试将制度史层面界定为基础行政管理与赋役征发单元的里，放在一幅中国中古的聚落地图上，发现里可以呈现出至少三种不同的形态：一是规模较大的集村（百户或更多），村内设置一个或多个里；二是户数在数十户，不足百户的村落，设置一个村正，或许就对应一个里；三是由若干分散居住的小村合起来组成一个里。（第392页）

立足于乡里制度的户口、属地二重标准，作者首先尝试对中国古代乡里制度演变过程中的一些关键性问题，如西周以来基层聚落的组织原则，东汉至三国乡、里与亭、丘的关系，唐中后期村的崛起，宋代乡的地著化等进行了重新解释；继而通过观察这二重标准的历时性消长，揭示出中国古代王朝

---

① 鲁西奇：“我为什么更加关注土地、村庄和天空”，饶佳荣采访，《澎湃新闻·私家历史》2021年7月5日首发。

② 〔东汉〕班固撰，〔唐〕颜师古注：《汉书》卷一九上《百官公卿表上》，第742页。

国家乡里制度演变的密码：

> 一个新的王朝建立伊始，通过对社会资源的整合，能够控制最大规模的户口与田地，自然会选择按照户口标准组织基础秩序，将所有著籍户口编排进乡里体系，以征发赋役、维护治安。到王朝中后期，由于土地兼并、社会动乱、人口迁移等必然或偶然因素，越来越多的民户或脱离其原先的户籍地而流亡，或被豪强荫蔽；但乡里既经确立，很难因户口之增减而随意调整，官府如仍依据固有的乡里控制系统征发赋役，必导致入不敷出；因不得不放弃编户控制，推进乡里体制向居地或田亩标准转变，并且主要以居住地（村落）或耕种田亩作为赋役征发的根据。随后，王朝进入末期，国家控制力全面衰退，赋役系统崩坏。经过革命、战争或和平禅代，一个新的王朝走上历史舞台，除旧布新，又重新确立乡里秩序中的户口原则；随着统治时间推移，复渐次过渡到村落或田亩原则，……如此循环往复。（据第758～764页论述总结）

在揭开这一变化规律基础上，本书以宏大的历史视野，纵观秦至清两千年基层制度变迁，将中国古代乡里制度的变化推演为3个循环周期：从秦汉的乡、里到魏晋南北朝的村、丘、屯、坞，从隋唐的乡、里到宋元的都、图与村社，从明代里甲制到清代“顺庄法”。可以说发前人所未发，完成了跨断代的理论构建，勾勒出了乡村通史的“筋骨”与“逻辑”。

四、一些问题

或许是有意与所谓政治学、社会学立场出发的乡里社会研究做一区隔，本书开篇即把中国古代的乡里制界定为由王朝国家主导的，自上而下地对基层社会进行控制的“制度”；强调其为国家制度，而非民间社会的制度，将其放在“社会组织”“乡村组织”的对立面，明确指出乡里与基于血缘、地缘、业缘以及信仰的诸种社会组织的差别。（第6 ~ 9页）

实际上乡里本身也是建立在比邻而居的五家民户基础上的地缘性组织单元。如果说中国上古、中古时代乡的行政性较为凸显；而里，源于都邑内、外的自然聚落，聚落内的居民因耕作、丧葬、生产活动、徭役等各式各样的目的，自发组成社、僤等社会团体，订立规章，推举里父老、里魁等领袖；自宁可、俞伟超以来的学者皆将其定性为一种基层社会组织，强调其相对独立于官方的自治性质。（参第192页脚注①）

本书承认里以村落或居住地为基础，却依据包山楚简中里吏的记载、古玺中楚国的里玺来界定里的行政性，将其区别于社会组织单元；利用近年来新刊布的里耶秦简“除邮人”简及岳麓秦简《尉卒律》的相关记载，指出里典、里父老的设置、选任非由民间，皆遵中央及地方律令行事，而官选之里吏对里中居民有全面的掌控权。（第95、105、131 ~ 135页）值得辨析的是，楚、秦简牍所见里制，是早期中国里的一般情况，还是在战国秦及汉初名田宅制推行、中央集权强化背景下的特殊情况，还有待借助更多基层材料，再做观察。

作者在本书前言和结语部分，皆注意到制度与人、社会群体的关系，指出关注乡里制度，除了关心其编排、区划与组织原则，还应思考：第一，王朝国家主要依靠或使用什么人，以何种方式使用这些人，来实现对乡村民众和地域的控制；第二，乡里制度是由哪些人或群体设定的，其思想与立场，对制度的制定及推行有哪些影响；制度的实行，对于不同人群具有怎样的意义；第三，乡里制度怎样在与人群的互动中形塑乡村社会的阶级结构。（第17 ~ 19、767 ~ 770页）上述维度皆可纳入“活的乡里制度史”（见前揭澎湃新闻访谈）。

但在实际研究中，作者主要对王朝国家乡里制实施的原则和方式进行了系统探讨，而基本没有对漫长历史时段内乡里制下执事人员的身份、性质、职掌开展辨析与对比；在结语部分，为了论证乡里制度是皇权在县以下的延伸，将历代相关乡职，如秦汉的乡啬夫、亭长、里正、游徼，隋唐的乡正、里正，宋元的户长、耆长、都保正长，明清的里正、甲首、保甲长等名目匆匆扫过，认为他们无论是官或役，皆为国家权力体系的组成部分。（第767 ~ 770页）此固无异议，但乡里执事者阶层的社会身份、署任渠道、工作方式，权利与义务的转换，无不折射出乡里制度的细微调整，背后更蕴含着王朝国家统治理念的变化（官或吏、吏或民，国家直接任命与间接委托等概念完全有可能也有必要加以区分）；离开这一阶层，或者将这一阶层泛化来谈论国家权力向基层社会的延伸，谈论所谓的“皇权不下县”，恐难以得出全面的结论。也正是由于并未着力于捕捉制度史图景中“人”的角色，对于中国古代乡里制研究中的一些热点、难点问题，如隋唐以乡正为代表的乡官被废除的原因，唐宋乡里执役者由官而役的转变等，本书并未给出强有力的阐释与回应。

五、秦汉魏晋南北朝部分阅读札记

本书是一部跨断代的专门史研究著作，作者在访谈中曾提及“我努力与断代史研究对话，希望自己就某一问题在某一断代情况的探讨，与从事同一断代的学者的研究，处于同一水平上。我也希望学界同仁这样要求我，而不是因为我做的时段较长而放宽标准。”（见前揭澎湃新闻访谈）仅就本书第二章对秦汉、第三章对魏晋乡里制的研究来看，采用了出土文献，结合了传统观点，推出了许多新颖而扎实的结论，但也难免有待商榷之处。以下将笔者在阅读第二、三章过程中的一些不同见解，以札记的形式呈现，先列原书页码、内容，再做辨析。

（一）第123 ~ 124页，针对睡虎地秦简、岳麓秦简中出现的“求盗”，作者认为，可能是亭中军吏，也可以当“寻捕盗贼”解。读立论所据“癸琐相移谋构案”文书，开头作：“廿五年六月丙辰朔癸未，州陵守绾、丞越敢潚（谳）之：乃四月辛酉，校长癸、求盗上造柳、士五（伍）轿、沃诣男子治等八人、女子二人，告群盗盗杀人。”[①]州陵长吏谳书中提及的“校长”“求盗”应俱为亭吏，“校长”为首，“求盗”应包含有上造爵之柳，无爵之士五轿、沃。整理者释文不误，“求盗”为专称，一般不作“寻捕盗贼”解。

（二）秦汉部分，作者以多次用“廷”称呼乡级机构的驻地、乡吏的办公场（如第128、178、180、193页），但所引简牍材料，里耶秦简12–1799中的“酉阳廷”指酉阳县廷，恰与启陵乡相对；《二年律令·户律》“恒以八月令乡部啬夫、吏、令史相杂案户，户籍副臧（藏）其廷”[②]是对秦汉基层户籍编造的规定，户籍由乡编造，一式两份，正本留在乡，副本上呈县，[③]所谓“副臧（藏）其廷”，显然不是指乡。

实际上秦汉时代，郡、县、乡三级行政机构的办公场所各有专称，郡有“府”，县有“廷”，乡的治事场所，应称“官”，如《管子·立政》：“五乡之师出朝，遂于乡官，致于乡属。”《校注》引王引之云：“‘乡官’，谓乡师治事处也。”[④]《汉书·黄霸传》：“使邮亭乡官皆畜鸡豚，以赡鳏寡贫穷者。”颜师古注：“乡官者，乡所治处也。”[⑤]已经发表的郴州晋简中，还有将乡级办公场所称为乡

---

① 朱汉民、陈松长主编：《岳麓书院藏秦简》（叁），上海辞书出版社，2013年，第95～96页。

② 张家山二四七号汉墓竹简整理小组：《张家山汉墓竹简〔二四七号墓〕》（释文修订本），文物出版社，2006年，第54页。

③ 对汉代户籍编制、收藏机构的研究参张荣强：《汉唐籍帐制度研究》，商务印书馆，2010年，第16～25页。

④ 〔清〕黎翔凤撰，梁运华整理：《管子校注》卷一《立政第四·首宪》，中华书局，2004年，第66、70页。

⑤ 〔东汉〕班固撰，〔唐〕颜师古注：《汉书》卷八九《循吏传·黄霸》，第3629～3630页。

鲆（廨）的情况（亦参本书第231页）。[1]作者言乡治得称“廷”，不知何据？

（三）第180页，介绍日常驻于乡亭治事之乡吏，言“大约主要是乡啬夫”，似乎遗漏了乡佐。据《续汉书·百官志》司马彪注：“有秩，郡所署，秩百石，掌一乡人；其乡小者，县置啬夫一人，……又有乡佐，属乡，主民收赋税。”[2]乡佐属乡，亦应日常在乡亭工作。

（四）第129、134、135、160页，作者在利用睡虎地秦简、岳麓秦简来考证秦代乡里制度时，将与“田典”并列的“典”理解为“大田典”，并认为大田典等同于田啬夫和乡啬夫，甚至因田啬夫和乡部啬夫职能的部分重合，认为秦制不存在田部与乡部两个并列的系统，这是不符合秦史共识的。秦及汉初，地方官府拥有大量的国有土地资源，为实现对相关资源的掌控，普有田部之设，作为乡部外最主要的稗官之一；[3]田部并入乡部，是西汉武帝以后至东汉的事情。

（五）第164页关于云梦睡虎地1号墓主喜的仕宦迁转经历，遗漏了南郡郡属之任。喜的完整经历是：秦王政元年（前246）[4]，喜17岁，傅籍；秦王政三年，喜19岁，进用为史，稍后为南郡安陆某乡的乡史；秦王政六年，喜22岁，任安陆县令史；七年，调任同郡鄢县令史；秦王政十二年，喜28岁，任鄢县狱史；十三年，喜从军，后归来；秦王政廿一年，喜37岁，升任南郡郡属；秦始皇三十年（前217），喜死，葬安陆。[5]

（六）第183页，作者对尹湾汉牍《东海郡吏员簿》所记东海郡各县吏员

---

① 参读湖南省文物考古研究所、郴州市文物处：《湖南郴州苏仙桥遗址发掘简报》，载湖南省文物考古研究所编：《湖南考古辑刊》第八集，岳麓书社，2009年，第93～117页。

② 〔西晋〕司马彪撰《续汉书》，收入〔南朝宋〕范晔撰，〔唐〕李贤等注：《后汉书》志二八《百官五》，中华书局，1965年，第3624页。

③ 可参王彦辉：《里耶秦简（壹）所见秦代县乡机构设置问题蠡测》，《古代文明》2012年第4期，第46～57页。

④ 此时纪年以秦王为准，嬴政尚未称帝，不应称秦始皇元年，原书需调整。

⑤ 详情可参陈侃理：《睡虎地秦简〈编年记〉中“喜”的宦历》，《国学学刊》2015年第4期，第47～50页。

设置情况进行了统计，发现游徼的设置与乡之间并无对应关系，或两三乡置一游徼，而平曲县一乡置两名游徼，即推测《吏员簿》中的游徼数包含门下游徼+部游徼。观察《吏员簿》各县游徼数量，通常在1至6员之间，这是因为部游徼的派出法为县内按方位派出，有东、西、南、北、中（或再分左、右）等不同方位，最多不超出六方位，因而游徼不超出6员。①《吏员簿》中的游徼数应是指部游徼，不含门下吏。

（七）第202页，介绍三国孙吴临湘侯国（县廷）所辖乡情况，依据侯旭东较早的统计，以该县领有20个左右的乡，这一数字过于庞大。实际上随着吴简资料的不断发表，关于临湘侯国辖乡问题的研究取得了较大进展，黄武至嘉禾年间（222—238），本地应有平乡、广成乡、桑乡、都乡、东乡、小武陵乡、中乡、西乡、模乡、乐乡、南乡，共11乡。②

（八）第223页引用长沙东牌楼东汉简牍《诤田自相和从书》讨论邮亭功能的变迁，针对此官文书开头的“监临湘李永”“例督盗贼殷何”，作者理解为，当分别为临湘县的临时令、尉。实际上，东牌楼简初出时，关于此两职学界即进行过热烈的讨论，因李、殷二人皆秉中部督邮书掾檄而开展工作，最有可能为监察系统属吏；侯旭东先生推测监临湘为长沙中部督邮的下属、专察临湘县的部掾，而部掾下设有督盗贼，这种观点值得重视。③

（九）第224页将代表东汉早中期的五一广场简中的“劝农贼捕掾”与代

---

① 汉代游徼的部署情况，参拙文《出土简牍与汉代乡吏性质再思——兼谈汉代乡级治理的两种模式》，第28～33页。

② 参杨振红：《长沙吴简所见临湘侯国属乡的数量与名称》，载卜宪群、杨振红主编：《简帛研究》（二〇一〇），广西师范大学出版社，2012年，第139～144页；徐畅：《三国孙吴临湘侯国辖乡的数量与名称再探》，《人文杂志》2019年第10期，第106～115页。

③ 侯旭东：《湖南长沙五一广场东汉简J1③：264—294考释》，载北京大学中国古代史研究中心编：《田余庆先生九十华诞颂寿论文集》，中华书局，2014年，第113～119页。

表东汉后期的东牌楼简中的“劝农邮亭掾”直接对比，认为后者由前者改称而来，进一步认为此职前称“贼捕”，后号“邮亭”，反映亭的职掌重心由治安事务转移至邮传事务。这一论断恐嫌草率。首先，劝农+某某掾皆属东汉郡县中外出分部巡行之掾，《续汉书》注称“制度掾”，[①]其职名因时因事（设置时所厘之务）而随时调整，本身就具有不确定性，很难说东汉前期就没有邮亭掾，后期就没有贼捕掾之设；其次，长沙市中心出土各批次东汉简牍的性质尚未最终确定，但很可能分属县廷不同部门，具有不同的性质，若五一广场简属贼曹文书，自然常见贼捕掾活动，应避免将不同时段、不同部门/机构文书中的吏职信息做直接对应。

（十）第227～232页，作者根据《晋书》卷二四《职官志》及太康年间全国范围内县领乡的情况推测，西晋大部分时间县只领一乡，负责户口赋役籍帐的乡史（乡治书史）在县衙执勤，而乡正（或乡啬夫）或已不再普遍设置。实际上这一现象并非肇始于西晋，三国孙吴已如此，走马楼吴简所见长沙地方的乡，已很少有乡啬夫之置，而有乡书史。乡级事务，由县廷派驻下乡的劝农掾、乡书史以及更基层的里吏、岁伍、月伍等所分有。[②]

（十一）第310页，关于目前所见最早的纸本户籍“前秦建元二十年籍”，释文和缺文推补采用张荣强先生的研究，[③]甚当（其中“次丁男三”“小女二”非文书原文，应置入方括号内），但对张文推补之“小女二”，作者理解为“九岁的想和不知年龄的晏女弟某”，恐未安。晏女弟身已物故，小女二应当

---

① 《续汉书·百官志》县道官“各署诸曹掾史”条本注曰：“诸曹略如郡员，为廷掾，监乡五部，春夏为劝农掾，秋冬为制度掾。”〔南朝宋〕范晔撰，〔唐〕李贤等注：《后汉书》志二八《百官五》，第3621～3622页。

② 参拙文《走马楼简所见孙吴“乡劝农掾”的再研究——对汉晋之际乡级政权的再思考》，《文史》2016年第1辑，第23～50页。

③ 张荣强：《〈前秦建元籍〉与汉唐间籍帐制度的变化》，《历史研究》2009年第3期，第16～38页。

指代九岁的想和驹女弟。[1]

近年来，在我国境内，简牍及纸本出土文献呈井喷式涌现，相比传世文献，出土资料多为基层行政运转中产生的公文档案，或乡里民户因纳税、服役产生的簿籍，为研究者转换视角，自下而上（history from below）地观察秦汉、魏晋至隋唐的地方行政与基层社会，提供了第一手的新鲜资讯；自然也带来了县、乡、里制度的研究热潮。但与正史的典制书写相比，出土资料具有特定的时间、空间性格，将不同时段、不同地域的资料杂糅而论一代的基层制度，呈现出的画面就有可能仅仅是一种“选精”“集萃”，难以诠释在运行过程中复杂多变的、“活”的制度。

我们期待着本书作者在完成乡里制度通史之后，能稍驻足汉唐间的某一时段、某一区域，开展“解剖麻雀”与“深耕”，或许在土地、村庄与天空之外，能看到不一样的，早期中国乡村的“风景”。

附记：本文为国家社科基金一般项目“长沙走马楼三国吴简未刊竹木牍文书分类整理与综合研究”（21BZS003）的阶段性成果。部分内容以《百里不同制》为题刊2021年9月15日《上海书评》。兹进行修改补充（特别是第五部分），望以此为定本。

① 关于此籍的最新研究，参张荣强：《再谈〈前秦建元二十年籍〉录文问题》，《史学史研究》2015年第3期，第120 ~ 122页。

朱子彦著《司马懿传》评介

楼　劲

20世纪90年代以来，有好几家出版社刊行过不同作者撰写的司马懿小传或大传。可知人与论世相得益彰却非易事，更何况是汉末三国和魏晋之际这样变动迅疾而波谲云诡的时代，又是司马懿这样一个生平和事业至为复杂，古典名著和现代影剧中均有其形象、话题的人物。这些司马懿传记的陆续出版，正说明相关认识可以不断推进，继续展开研究和讨论的余地是比较大的。2020年，人民出版社出版了朱子彦先生所著的《司马懿传》，笔者通读以后，觉得此书在认知司马懿及其所处时代上较之以往多有推进，在相关历史问题的研究上也特有所长，允为近年以来魏晋史研究的力作，值得引起学界同仁关注。其研究特点和贡献约可概括为如下数端：

一是通过对司马懿这个关键人物所涉史事的清理，推进了司马氏何以代魏并统一全国这个魏晋史基本问题的研究。

司马懿既是司马氏集团及其执政代魏和主导灭蜀平吴的奠基人，对其家世、生平及其功业的讨论，自可在很大程度上解释司马氏集团所以形成，其为何能成功代魏并最终结束三国局面的原因。以此为文眼，全书遂得有序组织涉及司马懿的各种史料和问题，恰当安排讨论的结构，更重要的是抓住了历史人物研究和评介必据当时历史主题为之定位的关键。本书绪言题为《司马懿历史形象再思考》，即“从历史的大处或大局着眼”，点评了历代抹在传主脸上的重重色调，提出了司马懿作为曹操身后一统天下事业的实际继承人的问题。这就交代了作者力图通过司马懿相关史事研究，进一步解决司马氏何以代魏并统一全国这一魏晋史上众说纷纭问题的思路。

以下各章的内容安排：第一、二章述司马氏家世交游、出身入仕诸况，梳理秦汉以来司马氏家族的发展，尤其司马懿高、曾、祖、父、兄弟之婚宦与社会关系，以及司马懿本人的学识志尚等值得注意的问题，以明其功业之根基所在。第三、四、五、六章述司马懿入仕后辅佐曹操、曹丕父子，逐渐进入曹魏权力中心的宦途经历，阐发其拥曹代汉之抉择果断，治事处世之所虑深远。继以第七、八、九、十章述其在魏明帝麾下军谋通神，政略过人，终为重臣而羽翼渐丰。最后以第十一、十二、十三、十四章分述其平定辽东势不可当，与曹爽博弈十年蓄势待发，发动高平陵事变执掌政柄，平定淮南初叛及身后安排，则传递了司马懿权势登顶及其面临诸多挑战时能人所不能、忍人所不忍的枭雄本色和人格特征。全书48万余字，就各章内容的扎实和落脚点而言，作者不仅是要以一般人物传记所不备的搜剔考证，来具体展示司马氏的家世门风、社会关系，其入仕登进履历与长年经营的成果，以及由此见其所以为枭雄的素质、才能、意志条件，更是要以远较以往充分的史实，来深入揭示上述内容所寓的政治作用和社会影响。其结果则是为司马懿何以成为曹操身后无可比拟的政治家、军事家，司马氏何以代魏并统一全国的问题，建立了一条比较扎实可靠的因果链条。与以往释司马氏代魏往往强调其蓄谋积势之阴狠刻深，发动政变之行险侥幸，善后处理之反覆好杀相比，这条链条于平实中见高明，看重的是事态的逐步展开和诸要素的综合作用，展现的是到什么地步做什么事而又不免出岔的实际历史逻辑。这在解释司马氏集团崛起和魏晋禅代过程诸多不无矛盾的现象和问题时，确实有着较强的说服力。

二是由司马氏集团之崛起观察其所处时代之走向，亦由时代演化而见司马氏集团之状态，深化了对司马氏集团和魏晋时代特色的认识。

从汉末豪族至魏晋以来的士族，主导社会走向的阶层集团经历了持续演化定型的过程，这是极大地影响了当时社会面貌、特色的时代主题。司马氏之崛起不仅足为其缩影，更是士族性状趋于定型的重要推手。本书第一章对司马氏家世及相关史事的考订，先述东汉时司马懿之高、曾祖终于完成了由“将种”转为“诸生”家的变迁；继述其祖司马儁曾任颍川太守，以此为司马氏得以与诸多汝颍之士结缘的背景；再到其父司马防历职清要，曾举荐曹操，所生八子俱知名汉魏间号称“八达”，其中司马懿等三子后来遂入操幕府获其重用。正是在此基础之上，作者着力说明了曹魏时司马氏已与荀、钟、陈氏等诸多名门显贵为通家之好，尤其门风之讲礼勤学，子弟之博通经史而文武干济，更深合时世所尚而亟得人心。这就从家族渊源、婚宦交游、才行门风等基本方面，从人脉资源、成员素质、权势地位与政教氛围交相催动的角度，展示了士族由汉代豪族蜕出演成，逐渐进至历史舞台中心而主导社会的具体进程，同时也凸现了司马氏集团得以应时崛起的深厚积累和机缘所来。相较于前贤的研究，这些史实的考证、梳理，不但丰富了史界关于谯沛、汝颍集团势力消长与曹氏衰而司马氏兴的研究成果，更从整个时代递嬗与士族发育定型的主题出发，揭示了司马氏既同一般“素族”之通经擅文而“传礼来久”，又如诸多开辟君王之家的出将入相而擅乱中得势。这就为解释司马氏在汉末以来的崛起及其何以推动社会进入士族时代提出了新的问题，引人深思士族形成过程的阶段性及其背后的要素结构，也深思士族与军事活动及军权和皇权的关联。

三是从司马懿其人其事切入观察三国史上的一系列事件，有助于进一步把握魏、蜀、吴鼎立联动之大势及相关问题。

在三国鼎立的关系格局中，司马懿亲身参与或影响过其间发生的诸多事件，因而司马懿传记的撰写，很可以是一个加深理解三国史大势的过程。本书在这方面多有开掘，如第三章述建安二十年（215）司马懿为曹操府僚随军平张鲁、取汉中后，力主进取巴蜀机不可失，初次体现了其卓越的战略识断。作者为之以较大篇幅勾勒了当时的魏、蜀、吴动态与一些重要事件之间的联系：建安十九年（214）刘备初定益州，因蜀人未附、各方矛盾而立足不稳；孙权遂命吕蒙、鲁肃率军西进索还荆州，刘备不得已率主力东下江陵御吴；于是曹操乘机出兵，并于次年攻取汉中，刘备遂向孙权求和以湘水为界分占荆州；继而曹操因朝中“内忧”等原因，未纳司马懿等攻蜀之计而班师，留曹洪、夏侯渊等驻守汉中，刘备方能从建安二十二年（217）起倾力夺取汉中这个势在必争的门户要地。作者正是通过理清这些事件的关联，衬出了司马懿乘胜进兵益州之策的高明洞见，又更为深入地刻画了三国鼎立局面形成初期的大势走向。本章进而围绕建安二十四年（219）关羽北进先胜后败的襄樊战役，对当时魏、蜀、吴联动和司马懿居间所起作用的讨论，亦有不少足以彰显司马懿识见和当时大势的独到认识。尤其论及蜀失荆州以后三国鼎立局面进入中后期的态势，以及司马懿劝阻曹操徙荆州及汉川之民，进而力主前线之军“且耕且守”，指出其推进军屯之举，为后来司马氏灭蜀、平吴“奠定了坚实的物质基础”。在第十二章中作者基此续论正始年间司马懿主持在淮南、北地区兴修水利以广屯垦的重大意义，则进一步说明了曹魏所以取得战略优势要在长期大规模屯田，揭示了司马懿对三国鼎立局面如何破局的洞见，实际也交代了西晋灭吴战略的由来。

四是理性、审慎把握魏晋时期的禅让易代问题，为司马懿研究和评介提供更为准确、合理的认识框架，也拓展了各时期禅代问题的研究。

司马懿参与了汉魏禅代过程，又是魏晋禅代的最初奠基人，其毕生事业和毁誉皆与之相关。同时，这两次禅代又是六朝至唐末五代历次禅代的样板，对整部中古政治史及相关领域均有重大影响。这都决定了司马懿研究与评介不能不面对禅代问题，意味着对此问题的研究、认识具有重大历史意义和学术价值。本书第五章除了论述司马懿作为东宫旧臣的政治态度，以及其在汉魏禅代时上表劝进之事，更通盘讨论了汉魏与魏晋禅代问题。其中论“禅代与禅让的区别”，明确了传说中的尧、舜、禹禅让与汉以来所行禅代，其是否“公天下”和以圣传圣等前提完全不同，后者乃是家天下时期的一套权力让渡方式和程序。在就汉魏禅代讨论“假戏为何要真演”的问题时，作者认为这是当时公认的政治伦理、统治正当性要求及曹氏集团面临的内、外问题交相作用的结果，目的是使政权易姓得以“和平过渡，平稳交接”，最终则“解决了在封建皇权专制时代，权臣如何易代鼎革的一大难题”，因而“具有划时代的意义”。与之相应，作者还提出了“原始禅让制”与“帝制时代的禅代制”两阶段说，揭示了后者“更像是禅让与征诛的混合体”的特征，又具体比较了汉魏与魏晋的禅代登基典仪，指出了其对后世的影响，检讨了历代关于汉魏晋禅代评价有欠中肯理性，往往以“攘夺篡位”等纲常伦理判断取代其历史内涵的开掘等问题。作者对这些问题研究有素，所论各节多有卓见，本章实为学界进一步研究魏晋禅代问题提供了新的基础，可以代表迄今中古禅让易代问题研究的前沿水平。

五是相关史实、掌故的考订、辨析多有贡献，这不仅使本书内容、观点尤显坚实，对相关领域和问题的研究更有其恒久价值。

魏晋时期和司马懿其人的复杂，也表现为其所涉史事与记载的参差不一，容易留下疑难悬案。本书的一大贡献和特点，是对不少牵动面较广的史实做了较为确切的考证，足资今后学界研究参考。如第八章对司马懿述讨吴方略时提到的“东关”地望，即在前人研究基础上明确了其实即武昌，而不可能是《资治通鉴》胡注所认今安徽含山西南的濡须坞。作者对此的考证衬托了司马懿讨吴战略的高明，又紧扣了当时魏、吴对峙形势与相关兵要地理，澄清了此“东关”所以是武昌的然与所以然。又如第九章述司马懿与诸葛亮相峙于关陇之事，其间考证了诸葛亮相府自建兴五年（227）准备首次北伐时即一分为二，其北驻汉中者称为“府营”，至建兴七年（229）为御魏又徙“府营”至汉水南岸定军山麓的史实。作者考订其事发生的时间、地点和原因，是因其既关系到刘备身后的蜀国政治局面与对魏态势，又可以帮助理解司马懿、诸葛亮对阵之时涉及汉中的诸多问题。本章述建兴九年（231）诸葛亮第四次北伐的“卤城之战”，对《汉晋春秋》与《晋书·宣帝纪》所载魏、蜀战损之况大相径庭的考辨，得出前者所记近实，“俘斩万计”则为《宣帝纪》掩盖司马懿空前惨败之夸饰的结论。这也是本书有鉴于司马氏代魏后的诸多记载增删或曲笔，在史料利用和考订上更为审慎、精详的体现。

书中对不少历史过程均有细腻辨析，如第四章述曹操时期拥汉与拥曹势力的消长，第十一章阐发主持平定辽东对于司马懿权位势力上升的节点意义和重大影响，第十二章明确正始时期司马懿权势并非远逊曹爽，第十三章以下至两篇附录展现高平陵政变后拥曹势力仍颇强大，以至于司马懿、师、昭父子三人各面临一乱一叛。这都较为准确地刻画了司马懿所处的历史场景，有助于澄清其并非早有不轨篡逆之志，再锲而不舍地阴谋达成此志，而是按当时公认之途处世登进，直到他拥有的权势声望终于让他身不由己的事实。这样的考证辨析在书中不胜枚举，足见作者研究的平实和真知灼见。

当然在高度评价其书，看到其众多卓荦之处的同时，笔者亦愿在此指出书中的若干不足：

本书对司马懿生平活动所涉的制度多有考释，其中大部分都甚得宜，并在说明相关问题时起到了重要作用，但也有一些解释不够准确或有错误。如第二章述司马懿曾拒绝曹操征辟，所据为《晋书·宣帝纪》载懿“建安六年，郡举上计掾。魏武帝为司空，闻而辟之”云云之事。作者在解释其事时，引据了《后汉书·杨秉传》等资料，以“上计掾”位望不足、登进受限，为司马懿“待价而沽”，辞此辟召的原因之一。这显然是冗余而有误的说明，《杨秉传》载郡国计吏“终桓帝世”不复留拜，司马懿举上计吏时已无此限。况其若应操辟召，就不是以计掾，而是为公府僚属入仕，这是当时公认位望甚高易致通达的晋身之途，且正好衬托了《宣帝纪》下文称其“不欲屈节曹氏”，虽可登进通途而亦不就的原意。此外，本书也有制度内涵开掘不够的问题，如第十二章述司马懿议立州大中正及其对九品中正制演化和汝颍集团势力的意义，均堪称精彩，却未能联系下文司马懿对正始改制审官择人、除重官、改服制三事的反对来进一步讨论；尽管作者也点明这种反对“表明了士族集团对正始改制的态度”，但对二事背后的政治实际和制度取向仍未做阐述。进而言之，书中附录二讨论了司马昭执政时定律令、改官爵、罢屯田为编户等一系列改制活动，也未能联系正始改制时司马懿的立场态度，阐发其不仅为司马氏代曹和晋的建立奠定了基础，也为士族集团的定型和士族时代的到来提供框架、保障的意义。这些本来均可以进一步烘托全书主旨，凸显士族时代到来的具体进程和制度体现，却因前后文联系和内涵开掘的不足而留下了遗憾，窃为作者惜之。

据其《跋》语，本书写作期间，作者曾大病三次，看阅清样时仍在胸腺瘤手术后的放疗过程中，其学术信念和毅力令人钦佩，在赞叹之余，也应看到其病中定稿所遗的若干疏误。如第五章检讨后世关于禅代的观点，引钱大昕《潜研堂文集》卷三六《与邱草心书》对历代托名“征诛”与“禅让”的一段议论，所引“易姓改物”云云至省略号部分，原在文末而现在置之于开头，显属史料核对之失。诸如此类或其他文字表述等问题，均甚期待作者在再版此书时加以订正。

【第四部分】

学界动态

《梁书》百衲本及张元济《梁书校勘记》校读琐记

赵灿鹏

中华书局原点校本《梁书》采用“不设底本，择善而从”的校勘方式，修订本是底本校勘。这两种古籍整理方式，在文献学的历史上都渊源有自，[①]但在古籍文本基本定型的情况下，采用底本校勘是比较审慎的做法。《梁书》修订工作选择百衲本作为底本，前后经历了一个较为曲折的过程。10余年间，修订组成员反复研读《梁书》百衲本及张元济《梁书校勘记》，偶或有粗浅的感想，每随手记于卷端。《梁书》修订本于2020年6月出版之后，我们重温这些不成熟的笔记，尝试进行整理，今将其中主题较为集中的部分内容汇为一编，敬请方家教正。

一

《梁书》修订工作起初的方案，是用《中华再造善本》影印上海图书馆藏

① 承蒙华东师范大学古籍研究所教授刘永翔师赐教，西汉刘向、歆父子整理先秦文献，采用的就是“不设底本，择善而从”的校勘方式（参见笔者2019年6月18日访谈笔记）。

宋刻宋元明递修本（下文省称“三朝本”）为底本。该本时代较早，文字错误较少，内容基本完整，是现存《梁书》古本中比较完善的一种。但是这个版本的缺陷在于，文字残缺与漫漶不清的情形比较多见。三朝本还有“邋遢本”的俗称，[①]不为无因。我们用两卷修订样稿（卷一《武帝纪》上、卷五四《诸夷传》）进行统计，卷一缺字6处、漫漶11处，小计17处；卷五四缺字4处、漫漶21处，小计25处；两卷共计缺字10处、漫漶32处，总计42处；平均每卷大约有20处。《梁书》全书56卷，三朝本文字残缺与漫漶的数目很可观。根据修订工作例则，关于文字残缺与漫漶之处的校补，需要出校说明。如果采用三朝本作为底本，势必增加大量不必要的校勘记，无助于学者的阅读研究工作。

在三朝本以下的古本中，首先考虑的是明万历三年（1575）南京国子监刊本（下文省称“南监本”），但南监本不容易找到完整的初刻本。[②]此外《梁书》有明万历三十三年（1605）北京国子监刊本（下文省称“北监本”），明崇祯六年（1633）汲古阁刊本（下文省称“汲本”），清乾隆四年（1739）武英殿刊本（下文省称“殿本”），清同治十三年（1874）金陵书局刊本（下文省称“局本”）。北监本、殿本有多处根据《南史》改字的问题；汲本号称依据宋本刊刻，但文字较多讹误；局本以汲本作为底本，吸收其他版本的部分校订成果，但时代较晚，古书面貌已发生较大变动。综而言之，这些版本都不是理想的选择。

修订组与审定专家经过反复讨论，最终确定改用《梁书》百衲本作为修

① 参见叶德辉：《书林清话》卷六《宋蜀刻七史》，古籍出版社，1957年，第147页。

② 明南监本“二十一史”，为明清时期读书人常用的正史版本，将近300年间大批量刷印的结果，致使书版经过频繁的补修及抽换。目今海内外藏书机构所藏南监本《梁书》，属于明万历年间原版者，实在是屈指可数（参见赵灿鹏：《流动的〈梁书〉：书影背后的版本线索》，《上海书评》，2020年12月17日）。修订工作中主要使用的日本内阁文库藏南监本，卷叶也有少许残缺。

订底本。百衲本所据以影印的，是北平图书馆藏宋大字本（缺卷以上海涵芬楼藏三朝本配补）。此本今藏台北故宫博物院，著录作宋绍兴间刊明初修补本，刻印甚精，在《梁书》存世古本中，是时代较早的一个善本。百衲本经张元济等文献学者仔细校勘修正，可视作集宋元明旧本、清武英殿本及其他参校版本之长于一身的整理本，文字讹误较少，具有较高的版本价值。[①]

应该指出的是，《梁书》百衲本也存在一些墨钉、缺字及文字漫漶的情形。我们做了统计，全书有墨钉40处、缺字16处、漫漶5处，共计61处。[②]如果除去其中4处缺字为各种古本共同的情形，可以忽略不计的话，共有墨钉、缺字、漫漶57处，平均约每卷1处，数量不算太大。

修订过程的一个重要环节，是将百衲本与其母本进行通校，我们使用了台北“国家图书馆”藏北平图书馆宋大字本缩微胶片影像，中山大学历史学系教授景蜀慧师并至台北故宫博物院借阅原书做了比对核校，藉此弥补百衲本因描润校改造成错误有失古本原貌的缺陷。修订实践证明，这是一个正确

① 参见王绍曾：《试论敢为天下先的张元济先生——从整理〈百衲本二十四史校勘记〉重新认识〈百衲本二十四史〉的版本价值》，载《中国典籍与文化论丛》编辑部编：《中国典籍与文化论丛》第七辑，北京大学出版社，2002年，第262～271页。

② 详细情形如下：卷一墨钉1处（25b）；卷二漫漶1处（24a）；卷三缺字1处（6b，此处各本皆缺）；卷四漫漶1处（4b），墨钉1处（9b）；卷五墨钉4处（14a、b）；卷十缺字1处（6b）；卷十二缺字1处（10b）；卷十三墨钉1处（11b）；卷十四墨钉1处（15a）；卷十六墨钉1处（7b）；卷十七漫漶1处（6b），墨钉1处（8a）；卷十八墨钉1处（7a），缺字1处（8b）；卷二十墨钉2处（11a）；卷二十一缺字1处（19b）；卷三十二缺字2处（1b，此处各本皆缺；11a）；卷三十四缺字2处（9b，13b，此二处各本皆缺），墨钉1处（12a）；卷三十八缺字3处（12a、b），墨钉2处（14b）；卷三十九墨钉2处（12b）；卷四十墨钉1处（7a）；卷四十一墨钉1处（11a）；卷四十七缺字1处（12a）；卷四十八墨钉1处（17a），缺字1处（24a）；卷五十一漫漶1处（13b），墨钉3处（25a、b，26b）；卷五十三墨钉1处（1b）；卷五十四墨钉13处（1a、b，5a、b，17a），漫漶1处（14b），缺字1处（24a）；卷五十六缺字1处（8a），墨钉2处（15a，31a）。张元济《百衲本跋》云：“是本前后有墨丁三十六，空格九，凡缺七十六字。”统计数字略异。

的选择，由此凸显《梁书》百衲本的版本价值。

在评价百衲本“二十四史”的版本价值时，如果我们能够秉持“循名责实”的严谨态度，立足于百衲本在各史版本系统内的地位进行讨论，就比较容易达成恰当而不偏颇的认识。可以说，百衲本是在一个特殊的文献时代，通过一种特殊的整理方式，产生的一种特殊的版本形态。在最优情况下，百衲本的性质是一种集宋元明旧本及其他参校版本之长的整理本。[①]综合各种因素加以衡量，百衲本《梁书》集中体现了这种特殊版本的正面性质。

二

唐姚思廉撰《梁书》56卷，商务印书馆于1933年12月出版的百衲本，影印的底本由两部分组成。一为北平图书馆藏宋大字本（残，存40卷），一为配补的上海涵芬楼藏三朝本。实际上，北平图书馆藏残宋本，40卷之数有少许不足，卷二九缺一叶（第十四叶，即该卷末叶），卷三〇缺六叶（第一至六叶，第六叶有部分残存），故前人有云残宋本“缺十六卷半”[②]。

上海涵芬楼藏三朝本《梁书》，见载于《涵芬楼烬余书录》：

史部（235—303）

① 参见王绍曾：《试论敢为天下先的张元济先生——从整理〈百衲本二十四史校勘记〉重新认识〈百衲本二十四史〉的版本价值》，载《中国典籍与文化论丛》编辑部编：《中国典籍与文化论丛》第七辑，第262～271页；此处并参考中华书局徐俊先生于“衲史今昔”讲座中的报告。当然，学者对百衲本“二十四史”的批评意见，有些在学理上也能成立。如《新唐书》《宋史》百衲本在配补时，为求版面一致，改动配补本行款，这种做法与当时的文献需求、印刷条件等因素有关，似乎不必苛责前贤，但显然不合乎现当代古籍整理影印出版保持古书原貌的基本理念。

② 张人凤编：《张元济古籍书目序跋汇编》附录二《〈百衲本二十四史〉拟用版本一览》，商务印书馆，2003年，第1254页。

梁书五十六卷　宋刊元明递修本　十四册[1]

可知此本未毁于1932年上海“一·二八”战火，疑尚存于天壤之间。

现今存世的《梁书》三朝本约有10部（以及约4部残本）。修订中使用了6部三朝本，即上海图书馆，中国国家图书馆（2部），台北“国家图书馆”，日本静嘉堂文库、内阁文库等藏本；上海图书馆藏三朝本是《中华再造善本》影印本的底本。在版本调查时发现，上海图书馆另外藏有一部三朝本（残），存55卷（缺卷二六），10册。经过比对，我们发现这7部三朝本的版刻特征，与百衲本配补使用的三朝本都有不同。

目前百衲本配补本还不能确认，有待继续寻求。海内外公共藏书机构所藏三朝本《梁书》，我们未曾寓目的，有复旦大学图书馆、华东师范大学图书馆、南京图书馆藏等3部，以及浙江图书馆、宁波天一阁（存44卷）、武汉大学图书馆藏等3部残本。

但是，百衲本配补本的版刻完善程度，与修订中使用的几种三朝本相比，似有逊色之处。试举几例：

（一）卷一〇《邓元起传》（10：17a），百衲本配补本缺上半，上海图书馆（下文省称“上图”）、中国国家图书馆（下文省称“国图”）藏三朝本之一不缺字。

（二）卷二二《太祖五王·安成康王秀传》（22：4b），百衲本配补本缺末三行，国图藏三朝本之一版面完整无缺，上图、日本静嘉堂文库（下文省称“静嘉堂”）藏三朝本只缺每行上部三字。

（三）卷二二《太祖五王·始兴忠武王憺传》（22：21b），“寻迁中军将军、中书令”句，百衲本配补本“中军”二字残缺，乃据北监本、汲本、殿

① 张元济著，陈先行整理：《涵芬楼烬余书录》第三册，商务印书馆，2018年，第271页。

本补；[①]国图藏三朝本之一不缺字，作“中卫”。根据《梁书》卷二《武帝纪》中、《南史》卷五二《梁宗室下·始兴忠武王憺传》、《汉魏六朝碑刻校注》〇三一六徐勉《萧憺碑》，此处以作“中卫将军”为是。

（四）卷四五《王僧辩传》（45：13b），“宠章既隆”句，百衲本配补本“既”字漫漶不清，上图、静嘉堂、国图藏三朝本之一作“既”。[②]

在这些例证中，百衲本补字时发生的错误，修订组做了必要的订正。

三

在未能寓目的《梁书》三朝本中，有一种可能值得特别注意，这就是罗振玉“大云书库”旧藏本。

罗氏后人罗继祖先生于1984年出版著作《枫窗脞语》，其中《书板》一篇，将此书版本情况做了简要的揭示：

> ……故七史世称三朝本，以经宋元明三朝递修，而后印者字极漫漶，又称邋遢本。吾家有《梁书》一部，费西蠡念慈故物，有其签识。全书补板极多，能辨为原板者十不二三，末卷尾题下有墨书“无脱误”三小字，下钤“礼部员外郎吴郡杨仪校”十字楷书木戳，盖嘉靖中（公元1522 — 1566年）重加补缉校订之本，司其事者杨五川仪也。[③]

据罗氏记述，此书原为清人费念慈所藏。费念慈（1855—1905），字屺怀，号西蠡，江苏阳湖（今常州）人，光绪十五年（1889）进士，授翰林院

① 张元济著，王绍曾等整理：《百衲本二十四史校勘记·梁书校勘记》，商务印书馆，2001年，第57页。

② 此处百衲本据北监本、殿本补字作“所”，误（参见赵灿鹏：《流动的〈梁书〉：书影背后的版本线索》，《上海书评》，2020年12月17日）。

③ 罗继祖：《枫窗脞语》，中华书局，1984年，第141页。

编修，工书画，以金石目录之学著称于世。[①]

书后有校语，以及明嘉靖年间礼部官员杨仪的木刻印记，说明该书为南京国子监补修版叶时使用的工作本，颇为珍贵。[②]杨仪（1488—1564），江苏常熟人，字梦羽，号五川，明嘉靖五年（1526）进士，历任工部主事，转兵、礼二部，升郎中，官至山东按察副使。撰辑有《格物通考》《南宫集》《高坡异纂》等著作，今存《骊珠随录》《古虞文录》《明良记》等数种。家有“七桧山房”“万卷楼”，多聚宋元旧本，为明代著名藏书家、刻书家。[③]

罗继祖先生云“能辨为原板者十不二三”，此语意义模糊，难知究竟。据统计，台北故宫博物院藏残宋本，共有刻版703叶，其中南宋绍兴年间刊刻原版70余叶，南宋中期补版130余叶，合计宋版约有210叶，比例达到全部书版的三成。而修订中使用的6部三朝本，其中俱未见南宋绍兴年间原版，南宋中期补版只有约20叶之数。二者的差距是非常大的。[④]罗氏所藏《梁书》三朝本，既然有明人校语及礼部官员木刻印记，则其中宋版书叶数目如何，是否比较这6部三朝本为优？是我们关心的一个事情。

罗继祖先生于2002年去世，此后罗氏“大云书库”旧藏古籍流散，进入古籍拍卖市场。《梁书》三朝本于2007年由上海嘉泰公司拍卖成交（拍卖时间：2007年7月1日星期日14:30，拍卖地点：上海明天广场JW万豪酒店五楼宴会

---

① 关于费氏生平，参见张维骧：《清代毗陵名人小传稿》卷九，常州旅沪同乡会，1944年，第24页。

② 关于明嘉靖初年南京国子监补修二十一史版刻的情况，参见［日］尾崎康著，乔秀岩等编译：《正史宋元版之研究》，中华书局，2018年，第171～175页。

③ 关于杨氏生平，参见（万历）《常熟县私志》，民国二十三年抄本，卷一五，第17叶上、下；（康熙）《常熟县志》，清康熙二十六年刻本，卷二〇，第27叶上、下；罗继祖：《三助堂书跋·三朝本〈梁书〉》，《古籍整理研究学刊》1987年第1期，第10页；江苏省常熟市虞山镇志编纂委员会编：《虞山镇志》，方志出版社，2017年，第206页。

④ 参见赵灿鹏：《流动的〈梁书〉：书影背后的版本线索》，《上海书评》，2020年12月17日。

厅）。拍品介绍：《梁书》，南宋蜀刻大字本元明递修，一函十册，后有罗继祖先生长跋[①]，眉山七史三朝递修本。以35万元起拍，56万元落槌。[②]这部《梁书》的买主不知是私人还是公共图书收藏机构，我们希望将来有机会能够看到。

四

今存世《梁书》宋刊本（版叶未经明嘉靖初年大规模补修者），仅有台北故宫博物院藏残宋本一部，计14册。[③]

据南监本《梁书》目录后载南京国子监司业周子义的识语，明万历初年校刊《梁书》时，曾以礼部宋本参校。中国国家图书馆藏明崇祯六年汲古阁刊清叶万等批校本《梁书》目录后，录有清人何煌题跋，记清雍正四年（1726）吴门薄自崐于南京购得礼部官书宋本《梁书》残本7册，为明代严嵩（1480—1567，字惟中）钤山堂旧藏。又清人莫友芝记载，嘉庆年间汪士钟（1786—？，字阆源）藏有《梁书》宋本，“每册有礼部官印，旧藏张氏石鼓亭，面页有元时阅借官书云云五行木印，隶书。板式极宽大，半页九行，行十八字”。[④]检汪士钟编《艺芸书舍宋元本书目》，宋板书目史部有《梁书》一部。[⑤]

---

① 拍品介绍中所谓罗继祖先生长跋，当即曾经刊布之题跋（罗继祖：《三助堂书跋·三朝本〈梁书〉》，《古籍整理研究学刊》1987年第1期）。

② 参见韦力：《中国古籍拍卖述评》，紫禁城出版社，2011年，第225页。

③ 根据［日］尾崎康《正史宋元版之研究》（第488 ～ 527页）关于南北朝七史版本的调查研究，《宋书》存世宋刊本有5部，《南齐书》有2部，《梁书》有1部，《陈书》有5部，《魏书》有13部，《北齐书》有1部，《周书》有2部。在笔者浅见，古籍存佚的原由，除了战争、动乱等极端因素，主要是出版印刷供应与阅读需求（包括流行状况、阅读频率及损耗程度等方面）之间的动态关系所致。这方面值得做深入的书籍史研究。

④ 〔清〕莫友芝撰，张剑、张燕婴整理：《郘亭知见传本书目》卷四，《莫友芝全集》第四册，中华书局，2017年，第265页。

⑤ 〔清〕汪士钟编：《艺芸书舍宋元本书目》，《丛书集成初编》据《滂喜斋丛书》本排印本，商务印书馆，1939年，第5页。按：与《百宋一廛赋》等二种合刊。

明清时人所见几种明代礼部官书宋本《梁书》，未见近今书目著录，疑佚。但是，国图藏明汲古阁刊清叶万等批校本，录有宋代以来多位学者的札记及批校，值得学者重视。其目录第二叶上粘有浮签一，文曰：

> 硃笔临钱宗伯批阅本。/墨笔临熊蘖庵本。评语杂录/宋元明名人。又临何小山校宋本。

按钱宗伯指钱谦益（1582—1664），字牧斋，为明清之际的文坛领袖。蘖庵是熊开元（1599—1676），字鱼山，湖北嘉鱼人，明亡弃家为僧，隐于苏州之灵岩，名正志，号蘖庵，《明史》卷二五八有传。小山是何煌（1668—？）的字号，为清初著名学者何焯（1661—1722，称义门先生）之弟。所谓“临”，当是原样迻录，弥足珍贵。

目录后录有清何煌跋云：

> 雍正丙午秋试日，薄秀才自崐于故都买得残官本七册。明年丁未元旦，荷其雨雪泥途，慨以假我。/别去即开较此一卷。其书为礼部官书，严维中秩宗日窃出，盖以钤山堂藏书印，而吏（鹏按：疑当作礼）部官书印/尚可辨识也。予往得毗陵藏书家庄氏京都所收《隋书》亦尔。《隋书》无缺，惜此失其半矣。六十衰/朽何煌记。

目录卷端下部有题识：

> 薄自崐元修本七册。纪失二之六。/传失一至三，七之二十三，二十七、二十八。

此亦当为过录何煌识语。所谓“元修本”意即宋刻元修本，依照学界讨论正史宋元古本的通例，简称为“薄自崐残宋本”。

将台北故宫博物院藏残宋本（下文简称“台北残宋本”）与薄自崐残宋本进行比较，二者在篇卷存佚方面互有参差，详细情形列表如次：

表1　《梁书》台北残宋本及薄自岷残宋本篇卷存佚一览

序号	册数（台北残宋本）	卷次	纪传序次	篇卷存佚		备注
				台北残宋本	薄自岷残宋本	
1	第1册	卷一	纪一	存	存	
2	第2册	卷二	纪二	存	佚	
3	第2册	卷三	纪三	存	佚	
4	第3册	卷四	纪四	存	佚	
5	第3册	卷五	纪五	存	佚	
6	第3册	卷六	纪六	存	佚	
7	第□册	卷七	传一	佚	佚	
8	第□册	卷八	传二	佚	佚	
9	第□册	卷九	传三	佚	佚	
10	第□册	卷一〇	传四	佚	存	
11	第4册	卷一一	传五	存	存	
12	第4册	卷一二	传六	存	存	
13	第4册	卷一三	传七	存	佚	
14	第5册	卷一四	传八	存	佚	
15	第5册	卷一五	传九	存	佚	
16	第5册	卷一六	传一〇	存	佚	
17	第5册	卷一七	传一一	存	佚	
18	第5册	卷一八	传一二	存	佚	
19	第6册	卷一九	传一三	存	佚	
20	第6册	卷二〇	传一四	存	佚	
21	第6册	卷二一	传一五	存	佚	
22	第□册	卷二二	传一六	佚	佚	
23	第□册	卷二三	传一七	佚	佚	
24	第□册	卷二四	传一八	佚	佚	

续表

序号	册数（台北残宋本）	卷次	纪传序次	篇卷存佚		备注
				台北残宋本	薄自岷残宋本	
26	第7册	卷二六	传二〇	存	佚	
27	第7册	卷二七	传二一	存	佚	
28	第7册	卷二八	传二二	存	佚	
29	第8册	卷二九	传二三	存	佚	台北残宋本缺末叶
30	第8册	卷三〇	传二四	存	存	台北残宋本缺第一至六叶，第六叶有部分残存
31	第8册	卷三一	传二五	存	存	
32	第8册	卷三二	传二六	存	存	
33	第9册	卷三三	传二七	存	佚	
34	第9册	卷三四	传二八	存	佚	
35	第10册	卷三五	传二九	存	存	
36	第10册	卷三六	传三〇	存	存	
37	第10册	卷三七	传三一	存	存	
38	第10册	卷三八	传三二	存	存	
39	第11册	卷三九	传三三	存	存	
40	第11册	卷四〇	传三四	存	存	
41	第11册	卷四一	传三五	存	存	
42	第□册	卷四二	传三六	佚	存	
43	第□册	卷四三	传三七	佚	存	
44	第□册	卷四四	传三八	佚	存	
45	第□册	卷四五	传三九	佚	存	
46	第12册	卷四六	传四〇	存	存	
47	第12册	卷四七	传四一	存	存	
48	第12册	卷四八	传四二	存	存	

续表

序号	册数（台北残宋本）	卷次	纪传序次	篇卷存佚		备注
				台北残宋本	薄自崐残宋本	
50	第□册	卷五〇	传四四	佚	存	
51	第13册	卷五一	传四五	存	存	
52	第13册	卷五二	传四六	存	存	
53	第13册	卷五三	传四七	存	存	
54	第14册	卷五四	传四八	存	存	
55	第□册	卷五五	传四九	佚	存	
56	第□册	卷五六	传五〇	佚	存	

通过比对可以看出，卷七至九（传一至三）、卷二二至二五（传一六至一九），计有7卷，为台北残宋本及薄自崐残宋本共同缺失的部分；而卷一〇（传四）、卷四二至四五（传三六至三九）、卷四九至五〇（传四三至四四）、卷五五至五六（传四九至五〇），以及卷三〇（传二四）缺失的第一至六叶，计9卷有余，为台北残宋本缺失而薄自崐残宋本特有的部分。如果这些特有部分的版本异文记录存留至今，无疑可以弥补台北残宋本的缺陷，有助于百衲本疑难问题的重新审视与再研究。

这里试举一例。《梁书》卷一〇《夏侯详传》“并督光成、弋阳、汝邓五郡众赴之”句（修订本第215页）。“汝邓”二字，三朝本以下无异文。原点校本改作“并督光城、弋阳、汝阴三郡众赴之”，原校勘记：“按《南齐书·州郡志》豫州下有‘光城郡’，无‘光成郡’，有‘汝阴郡’，无‘汝邓郡’，‘五’亦为‘三’之讹，今并改正。”按：此处疑有脱讹，但原点校本改字似乎证据不足。按《南齐书》卷一四《州郡志》上，豫州有南汝阴郡、西汝阴郡、汝阳郡、汝南郡等，“汝邓”似难断定为“汝阴”之讹。[①]据清叶万

① 此处参考原中华书局编辑王芳军先生的审稿意见。

等《梁书》批校本过录标示，“汝邓”之“邓”字，薄自崐残宋本为墨钉。可知三朝本“邓”字，是明嘉靖初年补修版叶时所增，疑误。

但是我们经过细致的阅览，发现在薄自崐残宋本特有的部分，有关版本异文的校语及标示较少，具有显著学术价值者似仅此一见。叶万等批校本卷一二末（第八叶下，第一行下部）录有识语一行，当亦出何煌之手，文曰：“雍正丁未王正二日，假钤山堂残本，校传四、六、五卷。”[①] 书中其他卷末，未见类似题识。或许何煌并未完成薄自崐残宋本的通校工作，没有充分留下宝贵的异文记录，至为可惜。

五

张元济整理出版百衲本“二十四史”的工作，可能始于民国十四年（1925）校勘《梁书》。今存《梁书校勘记》包括《梁书校勘记》（定本）1册；以及参考本2册，其中1册题《梁书传真举疑》，另1册题《梁书校勘记》（参考本）。[②]《梁书校勘记》（参考本）为张元济手校原稿，封面题“十四年九月九日”，可证。[③] 从一定意义上说，《梁书校勘记》是《百衲本二十四史校勘记》的开端。

关于《百衲本二十四史校勘记》（下文省称“衲史校勘记”）的学术价值问题，过去学者的看法不尽一致，有些学者持负面的观点，认为衲史校勘记

① 按：前揭目录卷端过录何煌题识云：“纪失二之六。传失一至三，七之二十三，……”此处“传四、六、五卷”文字疑有倒错，当指薄自崐残宋本第二册，为传四、五、六，计三卷。卷一二即传六，正合。

② 张元济著，王绍曾等整理：《〈梁书校勘记〉整理说明》，《百衲本二十四史校勘记·梁书校勘记》，第1～2页。按《梁书》百衲本于1933年12月出版。《梁书校勘记》（定本）出于蒋仲茀之手，在1937—1938年间完成，但颇多删汰，似不符合全校的意义。

③ 参见张人凤等：《张元济年谱长编》，上海交通大学出版社，2011年，第718页。

价值有限。[①]根据我们统计，中华书局“二十四史”原点校本，有14种引用衲史校勘记，其中南北朝九史征引条目较多（《周书》达77条），这是衲史校勘记价值体现的明证。[②]在很大程度上，读者的不同立场决定了对校勘记价值认识的差异。随着古籍出版、学术研究的环境机缘与观念认识的变化，今人的看法比较前人有进一步的深化。从20世纪90年代开始，商务印书馆整理出版了16种衲史校勘记；[③]特别是21世纪初期，中华书局点校本“二十四史”修订工程的展开，使得衲史校勘记的功用得以充分发挥。

王绍曾先生等整理《百衲本二十四史校勘记》时，各史校勘记皆与百衲

---

① 比如据顾廷龙先生引述，“有人认为有用的已入《校史随笔》，余下的都没有用了”。（顾廷龙：《我与商务印书馆》，《顾廷龙全集·文集卷》，上海辞书出版社，2015年，第486页）又如张元济百衲本“二十四史”校勘工程的主要负责人蒋仲苇，20世纪40年代遇见顾廷龙先生，说校勘记已无用。80年代商务印书馆有关方面负责人提出的意见，尤其具有代表性，云：“校勘记只是各本互校，只记字互异，并无成段文字。上偶有菊老用红笔在某一条加圈或打问号，或书一查字，绝无按语性质之说明。……照现有形式不大可能成版，对读者说用处也有限。”（王绍曾：《〈百衲本二十四史校勘记〉整理后序》，收入氏著：《目录版本校勘学论集》，上海古籍出版社，2005年，第813、820页）

② 中华书局“二十四史”原点校本，引用张元济衲史校勘记的具体情形为：（1）《旧五代史》1条；（2）《辽史》1条；（3）《宋史》2条；（4）《北齐书》4条；（5）《后汉书》5条；（6）《魏书》5条；（7）《梁书》5条；（8）《晋书》6条；（9）《南史》11条（其中1条为引《陈书校勘记》）；（10）《陈书》13条；（11）《北史》15条；（12）《宋书》25条；（13）《南齐书》33条（其中1条为引张元济《百衲本南齐书跋》）；（14）《周书》77条。徐俊先生于“衲史今昔”讲座报告中指出，南北朝诸史引用张元济校勘记的条目较多，是因为其点校工作完成于中华书局“翠微校史”的典型规范时期。

③ 《百衲本二十四史校勘记》实有23种（其中《明史》无校勘记），未公开出版。中华书局点校“二十四史”期间，从商务印书馆借阅校勘记稿本，点校工作历经数十年，几经动荡，校勘记稿本后来不知去向。20世纪90年代，中华书局清理库房，发现16种校勘记稿本，归还商务印书馆之后，已经整理出版。2017年，中华书局于档案库中新发现校勘记稿本4种，为《晋书》《北齐书》《周书》《北史》，计24册，实为幸事（参见聂溦萌：《重新发现的百衲本〈北齐书〉〈周书〉〈北史〉校勘记述论》，《文史》2021年第2辑，第103 ~ 104页）。

本对勘，凡批修补而未修补、未批修补而已修补者，皆于备注栏内注明。其中《梁书校勘记》一种，未批修而修者18条；未批补而已补者16条。[①]当时限于文献条件，未能与百衲本之母本对勘，故各史校勘记未出校说明而百衲本已经修补者，皆未列出，备注统计仍有漏略。

在点校本《梁书》修订过程中，通校台北故宫博物院藏残宋本时，凡百衲本已作修补，而未见于《梁书校勘记》者，皆逐一记录。今依据《百衲本二十四史校勘记》整理体例，制作表格列举如次，供学者研究参考：

表2　未见于《梁书校勘记》之百衲本修补条目

序号	卷	叶	行	残宋本	百衲本	殿本	备注
1	纪卷一	十四	前一行	□镇守守两城	应镇守守两城	应（三、南、北、汲、局。）	残宋本“应”字漫漶。百衲本修
2	纪卷二	十	前一行	□□□巳以扶南国王	五月丁巳以扶南国王	五月丁（三、南、北、汲、局。）	残宋本“五月丁”三字缺。百衲本补
3	纪卷二	十	前二行	耶跋摩为安□□□	耶跋摩为安南将军	南将军（三、南、北、汲、局。）	残宋本“南将军”三字缺。百衲本补
4	纪卷四	一	前一行	□□四	纪第四（三、南。）		残宋本“纪第”二字缺（“第”字存下半）。百衲本补修
5	纪卷四	一	前二行	散骑常侍姚思廉□	散骑常侍姚思廉撰（三。）		残宋本“撰”字左下部笔画残缺。百衲本补
6	传卷七	十九	前一行	书事之宫靡（三。）	书事之官靡	官（南、北、汲、局。）	残宋本“宫”字当为“官”之断板。百衲本修

① 张元济著，王绍曾等整理：《〈梁书校勘记〉整理说明》，《百衲本二十四史校勘记·梁书校勘记》，第2页。

续表

序号	卷	叶	行	残宋本	百衲本	殿本	备注
8	传卷十二	十一	后九行	冯翊戍王	冯翊戍主	主（三、南、北、汲、局。）	残宋本“王”字笔画缺点。百衲本修
9	传卷一四	三	后三行	天与我玉印	天与我王印	玉（三、南、北、汲、局。）	残宋本“玉”字不误。百衲本误修
10	传卷一五	五	前一、二行	并加秩中二千不	并加秩中二千石	石（三、南、北、汲、局。）	残宋本“不”字误。百衲本修
11	传卷廿一	五	前一、二行	洽兄弟群□□居此职	洽兄弟群从递居此职	从递（三、南、北、汲、局。）	残宋本“从递”二字漫漶。百衲本修
12	传卷廿一	十二	前三行	昭明大子薨	昭明太子薨	太（三、南、北、汲、局。）	残宋本“大”字笔画缺点。百衲本修
13	传卷廿二	一	后九行	时魏将吕颇率众五万奄来攻郡	时魏将吕颇率众五万奄来攻郡	吕（三、南、北、汲、局。）	残宋本“吕”字误。百衲本修
14	传卷廿三	十二	后九行	常在弟中习骑射	常在第中习骑射	第（三、南、北、汲、局。）	残宋本“弟”字误。百衲本修
15	传卷廿六	八	后四行	州民李升等入百人表请树碑颂德	州民李升等八百人表请树碑颂德	八（三、南、北、汲、局。）	残宋本“入”字误。百衲本修
16	传卷廿七	二	前五、六行	抵掌可述	抵掌可述	抵（三、南、北、汲、局。）	残宋本“抵”字笔画缺点。百衲本修
17	传卷廿七	十二	前九行、后一行	思展足于□野	思展足于南野	南（三、南、北、汲、局。）（国图藏殿本章钰过录傅增湘校语“南，大。”①）	残宋本“野”上字漫漶（当作“大”）。百衲本误修

① 参见赵灿鹏：《流动的〈梁书〉：书影背后的版本线索》，《上海书评》，2020年12月17日。

续表

序号	卷	叶	行	残宋本	百衲本	殿本	备注
18	传卷廿九	二	后四行	所谓股鉴不远	所谓殷鉴不远	殷(三、南、北、汲、局。)	残宋本“股”字误。百衲本修
19	传卷三十	一	后八、九行	验之□日	验之今日	今(三、南、北、汲、局。)	残宋本“今”字缺。百衲本补
20	传卷卅二	十一	后三行	岂止日庂忘饥	岂止日仄忘饥	仄(三、南、北、汲、局。)	“庂”同“仄”，残宋本“庂”字不误。百衲本修
21	传卷卅二	十六	前一、二行	几所营造	凡所营造	凡(三、南、北、汲、局。)	残宋本“几”字笔画缺点。百衲本修
22	传卷卅三	十四	前一行	侍	侍	侍(三、南、北、汲、局。)	残宋本“侍”字漫漶。百衲本修
23	传卷卅三	十四	前一行	歷阳太守	歷阳太守(三、南、北、汲、局。)	歷	残宋本作“歷”。百衲本修
24	传卷卅四	七	前二、三行	野挨兴伏(三。)	野埃兴伏	埃(南、北、汲、局。)	残宋本“挨”字误。百衲本修
25	传卷卅四	九	前四、五行	永平十六年[illegible]月二十一日己酉	永平十六年三月二十一日己酉	五(三、南、北、汲、局。)	残宋本“[illegible]”字漫漶。百衲本误修
26	传卷四一	三	后九行	不□盐酢	不暾盐酢	暾(南、北、汲、局。)	残宋本“暾”字漫漶。百衲本修 ○三作“敢”，误
27	传卷四二	五	后一行	月寽赠之官	將赠之官	將(三、南、北、汲、局。)	残宋本“月寽”字误。百衲本修
28	传卷四二	十四	前九行	揎之为棺殓殡之(三。)	植之为棺殓殡之	植(南、北、汲、局。)	残宋本“揎”字误。百衲本修

以上共计28条，为《梁书校勘记》未见而百衲本已作修补，即通常所谓“暗改”者。

另外，还有一些百衲本版刻修补情形及相关问题，难以列表展示，顺带略做说明：

（一）残宋本卷三〇（传二四），第七叶右半叶上部有坏版，右下角有缺字及漫漶，左半叶亦有漫漶；百衲本进行修补描润，从而使版面焕然一新，而《梁书校勘记》未做说明。

（二）残宋本卷四一（传三五），第三叶版心页码误作“五”，第五叶版心页码误作“二”，故编次错乱；百衲本均已做修改，而《梁书校勘记》未出校说明。

（三）《梁书》卷一二《韦叡传》“倏忽之间，桥栅尽坏。而道根等皆身自搏战”句，残宋本缺“之间桥栅尽坏而”七字，百衲本已作修补，《梁书校勘记》（第40页，传卷六，叶九，后九行）备注栏：“修。按此条《传真举疑》仅云空‘间桥栅尽坏’五字，不知孰是。”此处残宋本“之”字尚存上部少许笔画，“而”字上部残缺严重，故有缺七字、五字之异说。

以上就《梁书》修订底本百衲本的选择、配补三朝本的版刻特征、罗振玉旧藏三朝本的文献意义、清人薄自崐残宋本的篇卷存佚，以及未见于张元济《梁书校勘记》的百衲本修补条目等5个方面内容，进行简要的叙述和讨论，希望藉此可以深化我们对《梁书》百衲本的版刻结构、文字特征、版本谱系、校勘方式及《百衲本二十四史校勘记》学术价值等问题的认识。限于时间与学力的不足，目前的文稿只是一个初步的讨论。

补记：本文部分报告于“衲史今昔：张元济校勘手稿与‘二十四史’修订工程中的百衲本”讲座（北京大学人文社会科学研究院、北京大学中国古代史研究中心主办“书志学与书籍史系列”第20讲，2021年10月9日），承蒙徐俊、史睿、苏芃、聂溦萌、苗润博先生等师长朋友赐教，谨致谢忱！

“史料、视角与方法：魏晋南北朝史专题研讨会”会议综述

司家民

2021年4月10—11日，由中国魏晋南北朝史学会主办，山东大学历史文化学院、中国历史研究院古代史研究所魏晋南北朝史研究室承办的“史料、视角与方法：魏晋南北朝史专题研讨会暨中国魏晋南北朝史学会第十三届理事会会议”在山东青岛召开。山东大学党委副书记张永兵、中国魏晋南北朝史学会会长楼劲出席开幕式并致辞，山东大学历史文化学院院长方辉主持开幕式。

张永兵在开幕致辞中指出，魏晋南北朝史上承秦汉、下启隋唐，这一历史时期重大问题的研究讨论，对于理解古今中国历史的发展、把握历史规律和大势、掌握事业发展的历史主动具有重要意义。山东大学将继续发挥优势特色，勇担时代使命，以精深扎实的史学研究，为加快构建中国特色历史学学科体系、学术体系、话语体系，为繁荣兴盛中国历史科学做出贡献。

楼劲在致辞中围绕会议的主题“史料、视角与方法”，对近年来中古史研究提出了4点建议：一是要清醒认识外界形势和自身定位，对历史负责是史学从业者毕生的修行；二是提倡对学界提出的重大问题作持续跟进研究，促进

历史知识的有效增长；三是要用方法解决问题；四是要注重学术标准。

主题报告阶段，中国历史研究院《历史研究》副主编周群做《开启魏晋南北朝史研究的新时代》报告，从新时代对中国史学的要求出发，结合魏晋南北朝史的历史地位与研究现状，认为魏晋南北朝史研究应该始终将服务中华民族的伟大复兴作为研究的出发点，努力形成魏晋南北朝史研究的当代中国学派，不断推动国人树立正确的历史观，增强文化自信。浙江大学历史系孙英刚教授做《魏晋南北朝时期犍陀罗对中国文明的影响》报告，探究了中国古代文明对犍陀罗文明的吸收与包容，认为中国文明从开始就积极拥抱外来文明元素，展现出高度的包容特质；他还强调了早期汉译佛典的权威性，认为它们才是最接近原典的佛经，是研究者应高度重视的研究资料。山东大学历史文化学院韩吉绍教授做《中古人口迁徙与买地券信仰》报告，从人口流动视角探讨了买地券的产生与发展，认为买地券伴随着土地私有制、墓葬信仰和人口流动而产生，又因人口流徙而广为传播。中古人口迁徙与信仰变迁相互交融，买地券实为风云变幻的中古社会在冥世的一个缩影。

小组讨论分成两个组进行，每组根据议题又分成3场，来自国内30余所高校和科研机构的50余位学者展开热烈讨论。

第一组第一场围绕的议题是中古时期儒学的发展方向和现实价值。中国历史研究院楼劲研究员的《魏晋以来儒学发展及相关问题》反思了20世纪以来的儒学衰落说，楼劲总结了“儒学社会化或深入人心程度、古文经学兴盛所代表的经学发展、玄学所代表的儒学前沿讨论和对不同理论的兼容并蓄能力，以及儒、释、道之间的相互激发和共同推进、政治与制度的儒家化进程走向高峰等一系列事态”，进而提出了儒学常识化的论断。中国历史研究院戴卫红研究员的《吐鲁番文书中〈论语〉白文本的习书与抄写：兼论汉末魏晋南北朝时期〈论语〉研究及其传播》一文，细致梳理了吐鲁番文书《论语》写本，并考察了中古时期《论语》注、疏的发展脉络以及流布，可知中古时期儒学文献在百济、日本的传播状况。中国历史研究院杨英研究员的《曹魏、西晋郊礼重构及其对郑玄、王肃说之择从》，探讨了曹魏至西晋时期中古郊礼的重要变革——曹魏依从郑玄说，西晋《新礼》则依王肃说。杨英研究员指出，“曹魏、西晋郊礼对郑玄、王肃说的择从，是整体国家礼仪在重构过程中，各组成部分之间不断调适的运行片段”。中国历史研究院刘凯助理研究员的《经典与现实间的“落差”：以刘宋北郊的五次迁徙为例》，考察了祭地礼仪中经典记载与现实实施间的地位落差问题，他以刘宋北郊5次迁徙为例，探讨了北郊的地位与现实政局的关系。

第一组第二场以地域、文化和民族、边疆作为主要议题，其中上半场讨论了5篇文章。华东师范大学章义和教授首先对40年来魏晋南北朝地域研究进行了归纳，他在《四十年来魏晋南北朝地域研究综述》中总结了地域研究的3种研究路径，即地域集团说、政区研究、地方行政制度研究。湖北文理学院叶植研究员的《起伏流变的秦汉魏晋南北朝荆楚文化——〈秦汉魏晋南北朝荆楚文化史〉绪论》，则从荆楚文化史的时限、地理范围与演变、时代背景与特征、荆楚文化的基本面貌与流变等角度，阐述了秦汉魏晋南北朝荆楚文化的发展概况。武汉大学魏斌教授的《城楼、沙洲与寺院：南朝夏口的城市风景》一文，叙述了中古时期夏口城市风景的形成，并借此探讨影响和塑造江南地方城市的因素。此外，中国历史研究院陈志远助理研究员的《傅大士弥勒分身形象的思想渊源》细腻解读了南朝傅大士教团的弥勒分身信仰，他指出，“傅大士的弥勒分身形象既不同于兜率天宫静默说法的上生信仰，也不同于将世界整体带入美好世界的下生信仰，而主张弥勒居于兜率天的漫长时间里分身下化”，反映了南朝佛教在庶民社会和地方僧团中的新变化。山东大学孙齐副研究员的《中古道教碑刻研究概说》，概述了目前中古道教碑刻的基础资料，并结合最新研究状况，阐明了以碑刻材料为中心来重绘中古道教史的研究路径。

下半场的5篇论文，首先是陕西师范大学王欣教授的《唯物史观与魏晋民族史研究》，王欣教授以马长寿先生《乌桓与鲜卑》一书为例，通过展现马先生结合本土经验对唯物史观在民族史研究中的运用，展示了理论对历史研究的重要价值。浙江大学冯培红教授的《从领护官看五凉的民族动向》对十六国时代的五凉以及前秦凉州刺史的领护官进行了系统考察，他指出，“这些领护官都是汉晋官职，除了汉人建立的前凉、西凉外，卢水胡北凉国主的领护官亦由东晋、刘宋任命，即便是十六国北方政权所授或后凉吕光自署的领护官，也是完全仿照汉晋官制”。山东大学谭世宝教授的《姑臧、卧龙、鸾鸟、休屠等城的名实源流考》，则对姑臧等城的创立时间及其名实源流进行了考证，并认为姑臧等城是由汉人始建并以汉语命名。陕西师范大学吴洪琳教授在《十六国北朝时期的白部及其相关问题》中，对十六国北朝时期史籍中出现的“白部”的族属等问题进行了考证，认为“白部”属于乌桓，而非鲜卑；“白部”后被并入北魏政权之中。陕西师范大学冯立君副教授的《中古辽西诸郡与胡汉关系新探》以辽西诸郡为中心，运用长时段视角，探讨北族与中央政治互动、边郡在“内外之际”的转换、北族文明演进中的政治遗产等问题。陕西科技大学刘烨女史的《鲜卑在陕南的进出及其对南北朝民族关系和政治局势的影响》，梳理了北朝的鲜卑政权在南朝长期控制的陕南地区的活动情况，她认为这对“当地族际之间的交往与交融起到了促进作用，成为北方政权最终统一南方的重要原因之一”。

第一组最后一场讨论主要涉及史料，尤其是正史文本的研究。中国历史研究院陈爽教授的《文本散逸与佚文措置——南北朝诸家正史校勘刍议》一文，以《太平御览》中发现的若干正史史料为例，说明了唐宋类书的史料价值，此外，他指出了南北朝正史校勘中的佚文措置问题，对于正史校勘工作具有重要价值。中山大学景蜀慧教授的《国家图书馆藏宋刻宋元递修本〈陈书〉残本分析》介绍了一种龚心钊旧藏的宋刻《陈书》残本，该残本可用于《陈书》早期版本的比对校勘。此外，在《〈西魏书〉编纂始末及其对西魏国史的建构》一文中，宁波大学唐燮军教授认为，谢启昆《西魏书》“为后人了解、研讨西魏史事提供了足资参考的完整文本，而且纠正了魏收《魏书》对西魏政权的矮化，同时迎合了长期以来世人对魏氏人品及其‘秽书’的厌恶心理”。南开大学夏炎教授的《〈朱岱林墓志〉与魏晋南北朝青齐家族再认识》则从墓志入手，展示了北朝朱氏的家族史，并指出“北魏后期青齐地区的家族已然超越了姓族的阶层区隔，实现了以乡里关系为基础的家族交往。在这一交际关系中，青齐移民群体起到了主导作用。在北魏后期的青齐地区，家族的地域性已然超越阶层性成为当地家族发展的重要推动力”。山西大同大学马志强教授在《北魏元氏与勋臣八姓婚姻探讨》中，分析了史书和石刻文献中元氏与勋臣八姓的婚姻事例，他指出，“平城时期元氏最主要的婚配对象是勋臣八姓；前期以具有浓厚鲜卑部族色彩贺氏、刘氏和穆氏为主，后期则以汉化程度比较高的于氏、陆氏子弟为主；几乎无一不带有浓郁的政治色彩”。

第二组的前半部分主要探讨了政治史、制度史等问题。陕西师范大学黄寿成教授《从姚羌势力辨析所谓“五胡乱华”之说》一文，以姚羌势力为例，对“五胡乱华”旧说进行了辨析。黄寿成教授认为姚羌势力“所建立的后秦政权多以汉魏旧制为各政权的政治制度”，且“以群雄身份与前秦残余势力争夺关中”。华东师范大学李磊教授的《十六国前期正统性建构中的符号策略与政治表达——以石虎“天人之望”的营造为中心》考察了石虎建构其统治合法性的手段，他认为，石虎对“天人之望”模式的营建，“表明十六国初期的政治发展仍处于汉魏晋王朝的历史延长线上”。吉林大学沈刚教授《东晋的义兵》探讨了东晋体制之外自发组织的义兵，主要对义兵首领的身份、兵源，以及他们与皇权之间的关系进行了探究。青岛大学杨恩玉教授《正名与探源：九品官人法的几个基本问题探讨》则对九品官人法的名称、内涵与性质以及中正评定的品第名称之争等问题进行了探讨，他认为中正的人选与品评贯彻了“核之乡闾”的宗旨和精神。

上海师范大学汤勤福教授在《魏晋南北朝乡村聚落的变迁》中，以“三国的坞堡垒壁”“两晋南北朝的乡村里居与坞堡垒壁并相纠结”“南北朝时期村落”为线索，梳理了中古时期乡村聚落的演变。北京师范大学张荣强教授的《〈西凉建初籍〉与魏晋时期的职役户籍》一文，重点对《西凉建初籍》的内容进行了考据，他认为《西凉建初籍》"是敦煌地方行政机构编造的郡县兵户户籍"。南京师范大学晋文教授《秦汉魏晋南北朝土地制度的嬗变》系统梳理了战国、秦代的授田制和赐田制，汉初的名田（授田）制，魏晋南北朝时期的屯田制、占田制和均田制，认为它们"均具有鲜明的时代特点，是顺应历史和社会发展的产物"。南京师范大学李天石教授的《从出土文献看鄯善王国的财产继承法及相关问题》一文，利用尼雅遗址出土的佉卢文资料，对3—5世纪鄯善王国财产继承法及相关法律问题，进行了系统分析，并以之与汉唐中原及罗马相关法律进行比较。此外，在《北魏对工程交通的军管体系》中，北京师范大学严耀中教授对北朝独特的制度——工程交通的军管体系的形成背景、特点及影响进行了系统叙说。

吴简、壁画等新材料也是第二组学者探讨的主要方面。扬州大学李文才教授在其《吴简"吏户""吏民"问题研究20年及其学术省思》一文中，表达了他对走马楼三国吴简研究中"吏户""吏民"问题的关注与省思。北京师范大学徐畅副教授的《再谈汉、吴简牍中的"长沙太守中部督邮书掾"》考察了东汉、三国不同时段内，长沙郡下监察区（部）的划分、督邮的设置等情况，并探析了东汉至三国长沙督邮部的增置及原因。厦门大学王明前副教授的《长沙走马楼吴简嘉禾吏民田家莂所见东吴土地国有制》，对吴简嘉禾吏民田家莂所见的东吴土地所有制进行了细致梳理，他认为，"国有土地上国家政权的强大作用，决定了租佃农业劳动者农奴化的境遇"，"苛重的赋税负担造成社会生态的恶性循环"。河西学院贾小军教授在《魏晋十六国河西墓葬壁画中的"儿童图"浅析》中，对魏晋时期河西墓葬壁画中的儿童图进行了考察，并以此揭示了魏晋时期儿童生活的诸多细节。吉林大学邵正坤教授在《北魏〈樊奴子造像记〉研究》一文中，根据拓本以及诸家录文，对北魏《樊奴子造像记》所涉及的问题进行了介绍与考索，主要是对其中所涉地名、职官的考察。郑州大学周忠强在其《新见邢劭佚文考》中，对近年出土的北齐《李礼之墓志》进行了整理，并据此对墓志作者邢劭进行了研究。

第二组的最后一场讨论主要关注的是魏晋南北朝的器物与对外交流问题。宁波大学尚永琪教授的《佛教造像中的“狮子座”研究》对佛教狮子法座的形成与流传状况进行了考察，他指出“狮子座的出现与应用，必然是同狮子文化的盛行有关系”，“随着狮子文化的逐渐东传，狮子文化逐渐脱离了狮子的原产地，其影响也就日益式微”。上海师范大学姚潇鸫教授则在《伊朗遥可说：东汉魏晋时期带管动物形器造型溯源》中辨析了“东汉中期至魏晋时期中土流行的带管动物形器”与“古代伊朗西、北部地区长期使用的带管动物形来通”的关系，表明了古代中国与伊朗之间的广泛交流。南京师范大学薛海波副教授的《六朝建康丝绸贸易新探》将六朝建康丝绸贸易作为欧亚海上丝路贸易的重要组成部分，他认为“六朝建康丝绸贸易没有缓解六朝通货紧缩的形势，相反是加剧通货紧缩，是导致财富迅速集中到六朝统治集团，小农商贩大量破产的重要原因”。山东大学李森教授在《中国早期职贡图的新发现》中，对北齐《贸易商谈图》画像石的出土地——青州傅家庄进行实地考察并结合文献分析，将其重新命名为《职贡图》，他认为墓中出土的系列图像所表现的是与北齐崔氏家族有关的职贡主题。扬州大学王永平教授的参会论文为《南北融通与文质兼备——南北朝后期入北河东柳氏人物之文化风尚及其影响》，文中指出，“其时正值北朝取鉴南学之关键时段，柳氏人物在此过程中发挥其融南北的特点，并将南朝风尚与关中地域社会结合，表现出文质相合、‘辞兼文质’的风貌”。

会议闭幕式上，山东大学儒学高等研究院《文史哲》编辑部孙齐副研究员、北京师范大学历史学院徐畅副教授分别代表两个分会场讨论组做总结发言，武汉大学历史学院魏斌教授做大会总结发言。

纵观整个会议，发表的论文涉及议题广泛，内容丰富，学术质量很高，像楼劲对魏晋儒学衰落说的反思以及儒学常识化的论断是方法方面的重要收获，孙英刚对早期汉译佛经文本价值的重视与陈爽对前刻本时代正史佚文的考索是史料方面的两大收获。总之，此次会议展现了魏晋南北朝史研究的学术前沿，在研究方法、研究视角、资料来源等方面形成诸多共识，必将推动魏晋南北朝史研究的深入发展。

本次会议得到山东鲁信置业有限公司大力支持。中国魏晋南北朝史学会成立于1984年，山东大学为七个发起单位之一。在魏晋南北朝史研究方面，山东大学积淀深厚、特色鲜明，已故著名历史学家王仲荦先生为开创者，其代表作有《魏晋南北朝史》《北周六典》《北周地理志》等，为海内外学者所推重。

本卷作者暨译者工作或学习单位

柴　栋　　日本东北大学大学院文学研究科博士研究生
蔡宗宪　　台湾中兴大学历史系副教授
陈志远　　中国社会科学院古代史研究所助理研究员
冈部毅史　日本大阪公立大学学术情报科职员
姜虎愚　　北京大学哲学系博雅博士后
刘　凯　　中国社会科学院古代史研究所助理研究员
李自强　　中山大学历史学系博士研究生
楼　劲　　中国社会科学院古代史研究所研究员
陆　帅　　南京师范大学社会发展学院副教授
司家民　　山东大学历史文化学院博士生
孙　齐　　山东大学儒学高等研究院《文史哲》编辑部副研究员
梶山智史　南开大学历史学院副教授
徐　畅　　北京师范大学历史学院副教授
杨　懿　　宁波大学浙东文化研究院讲师
张　潇　　上海师范大学人文学院博士生
赵义鑫　　华东师范大学历史学系博士生
赵灿鹏　　暨南大学古籍研究所教授、北京大学人文社会科学研究院邀访学者